braumüller

NORBERT PETER
MARCO SELTENREICH

LACHEN

FAKTEN ZU HUMOR, FRÖHLICHKEIT UND LEBENSFREUDE

braumüller

Wenn wir können, sollten wir uns für das Lachen entscheiden. Für unsere Kinder.

Norbert Peter
Marco Seltenreich

INHALT

Sie werden lachen …
Ein Vorwort

„Wer lächelt, statt zu toben, ist immer der Stärkere."
Lao Tzu (legendärer chinesischer Philosoph
aus dem 6. Jahrhundert v. Chr.)

Erinnern Sie sich an jenen Moment, als Ihnen in der Schule Ihr großer Schwarm zum ersten Mal zugelächelt hat? Oder als Sie – unsicher und ängstlich – am ersten Tag im neuen Job von Ihrem zukünftigen Kollegen mit einem freundlichen, offenen Lächeln begrüßt wurden?

Situationen, in denen wir mit Freundinnen, Freunden oder der Familie zusammen herzlich gelacht haben, gehören zu den schönsten Erfahrungen und Erinnerungen. Nicht zu vergessen sind die Momente, in denen es uns gelang, unsere Partnerinnen und Partner, unsere Kinder oder andere Menschen, die uns die Welt bedeuten, zu einem unkontrollierbaren, herzlichen Lachen zu bewegen. Und jeder erinnert sich für immer an den Typen in der Klasse, dessen schräges, ungewöhnliches Lachen absurd und gleichzeitig so herrlich ansteckend war.

Lachen kann uns aber auch ganz schön in Schwierigkeiten bringen. Und zwar meistens dann, wenn wir es gerade nicht steuern können, obwohl der Moment und die Situation ganz und gar nicht passend oder angemessen für Heiterkeit sind. Aber Lachen ist eben auch ein wichtiges Ventil für die Psyche, um mit Unsicherheit, Angst, Peinlichkeit oder Abscheu umzugehen.

Es ist erstaunlich, was ein komplexes Zusammenwirken von ein paar Gesichtsmuskeln bewirken kann, wie es auf emotionaler Ebene verbindet und wie lange man sich daran erinnert – nicht immer nur positiv übrigens. Wir träumen nicht nur vom Lächeln unserer Liebsten, sondern auch von dem kalten, unheimlichen Grinsen angsteinflößender Serienkiller und Horrorfilm-Protagonisten. Es schrillen alle Alarmglocken, schenkt uns ein Mensch, der uns ganz offensichtlich nicht wohlgesinnt ist, ein falsches Lächeln. Und verstecken sich Politikerinnen und Politiker oder Autoverkäuferinnen und Autoverkäufer hinter einer starr-lächelnden Maske, hinterlässt das bei uns einen schalen Nachgeschmack.

Lächeln und Lachen sagen uns in Sekundenbruchteilen mehr über die Persönlichkeit eines Menschen und wie er zu uns steht als jede andere körperliche Regung, zu der wir fähig sind. Und doch verschwenden wir kaum einen Gedanken daran, was Lachen bewirkt und wie wichtig und einflussreich es in so gut wie allen Lebensbereichen ist. Uns fällt eher auf, wenn es nicht präsent ist. Dann erscheint uns die Welt grau, leer und sinnlos. Wir sehnen uns nach einem Lächeln, das den Tag für uns rettet.

Lachen ist weitaus mehr als ein Ausdruck der Freude, Freundlichkeit oder Begeisterung. Es ist nicht nur der soziale Kitt der Menschlichkeit, sondern verbessert zudem auf persönlicher Ebene die Lebensqualität, die Gesundheit und die Art und Weise, wie wir miteinander agieren.

Wir alle tun es. Wir alle können es, reagieren darauf, ohne es in irgendeiner Form lernen zu müssen. Höchste Zeit also, dass dem Lachen ein Buch gewidmet wird, in dem die vielen Aspekte und Facetten dieser zutiefst menschlichen Eigenschaft gründlich beleuchtet werden.

Doch eines vorweg: Dieses Buch ist KEINE Witzesammlung! Dazu gibt es bereits reichlich Lesestoff. Wir betrachten in diesem Werk das tatsächliche physische Lachen, Kichern, Grinsen, Schmunzeln und Losbrüllen und seine spannende und erstaunliche Wirkung auf andere. Wir streifen durch die Geschichte, tauchen in die Welt der Wissenschaft ein und beleuchten Hintergründe von lachbezogenen Ereignissen, über die Sie wahrscheinlich noch nie etwas gehört bzw. nachgedacht haben.

Sie können sich aber sicher sein: Humorvoll wird es allemal! Denn Lachen ohne Humor ist nahezu ein Ding der Unmöglichkeit. Es wäre also gelacht, wenn Sie dieses Buch trotz aller penibel recherchierten Fakten und erstaunlichen Tatsachen nicht auch vortrefflich unterhält.

Und was bringt Ihnen das alles? Nun, zum einen versorgen wir Sie mit genügend Stoff, damit Sie bei der nächsten Party oder in der nächsten Kaffeepause Ihre Mitmenschen mit interessanten Fakten versorgen können, zum anderen gibt es aber rund ums Lachen tatsächlich etwas für Sie ganz persönlich zu entdecken.

Egal, ob Sie sich selbst als heiteren Menschen betrachten oder zum Lachen in den Keller gehen: das *Lachwissen* wird sie verändern – spätestens wenn Sie darüber staunen, was ein Verhalten, das wir selten unter Kontrolle haben, aber trotzdem begünstigen oder eindämmen können, für einen immensen Einfluss auf die menschlichen Erfahrungen hat.

Lachen ist gesund – das wissen wir alle oder haben es zumindest als wahr vorausgesetzt. Warum es tatsächlich gesund macht, wird Sie erstaunen und ermutigen, öfter, herzlicher und befreiter loszulachen.

Somit wünschen wir Ihnen nicht nur gute Unterhaltung bei der Lektüre dieses Buches, sondern auch eine Menge breites Grinsen, überraschtes Auflachen und staunendes Schmunzeln.

Norbert Peter und Marco Seltenreich, März 2023

KAPITEL 1

GESUNDES LACHEN

Lachen für Körper und Seele

„Einmal lachen hilft besser als dreimal Medizin zu nehmen."
Chinesische Weisheit

In diesem Kapitel:

Heilendes Lachen: Was alles beim Lachen im Körper passiert
Wir staunen darüber, wie Lachen Menschen mit Krebs, Diabetes, COPD und anderen Krankheiten helfen kann und finden heraus, was genau das Zwerchfell „erschüttert".

Es lacht! Lachen im Gehirn
Wir machen uns auf die Suche nach dem Epizentrum des Humors und verstehen endlich, warum wir uns nicht selbst kitzeln können.

Lacharbeiter am Krankenbett: Warum Clowndoktoren heilen helfen
Wir erfahren, weshalb die NASA einen Clown zum Mars schicken will und beleuchten, was Spaßmacher in Operationssälen zu suchen haben.

Lachyoga: Löwenlachen und Lachdusche
Wir entdecken, dass Lachen für eine geregeltere Verdauung sorgt und erproben uns an diversen Lachübungen, die uns nur am Anfang etwas erzwungen erscheinen.

Wissenschaftlich lachen: Was genau macht eigentlich ein Gelotologe?
Wir wagen uns auf die lustige Seite der Wissenschaft, stoßen dort auf den „Witzigsten Witz der Welt" und lassen uns darüber aufklären, wie man „falsches Lachen" erkennt.

Lachen als wesentlicher Teil der Persönlichkeit und des sozialen Status
Wir ergründen die Frage, was Humor und Intelligenz verbindet und sehen uns an, wie sich unser Lachen im Laufe des Lebens verändert.

Jeder tut es. Jeder kann es. Doch nicht jeder will es. Das Lachen begleitet uns durch unser Leben, begegnet uns täglich, aber wir wissen sehr wenig darüber. Warum lohnt es sich, dass wir uns mehr dafür interessieren? Es macht einen wesentlicher Teil unseres Seins aus und hilft, unsere Mitmenschen – und auch uns selbst – besser zu verstehen. Doch es gibt noch einen Grund: Lachen hilft uns in schwierigen Lebenslagen, bei Krankheiten und fördert womöglich sogar unsere selbstheilenden Kräfte, wie zahlreiche Studien, Versuchsreihen bzw. erstaunliche Selbstversuche zeigen. Wir wollen aber schon darauf hinweisen, dass Selbstversuche nicht allgemeingültig und auch Studien mitunter wissenschaftlich umstritten sind.

Ärztinnen und Ärzte, die das Ansehen von Komödien verschreiben? Was nach überspitzter Satire klingt, könnte vielleicht in naher Zukunft eine medizinisch anerkannte Therapieform sein. Lachen hat unmittelbare positive Auswirkungen auf Körper und Seele, jeder weiß es aus eigener Erfahrung. Wie weit diese Kraft tatsächlich reicht, ist dann aber doch mehr als überraschend.

Umfassende, belegbare Erkenntnisse verdanken wir nicht nur der (noch relativ jungen) Lachwissenschaft, sondern auch einer Vielzahl von Pionierinnen und Pionieren, die in Ausnahmesituationen Ungewöhnliches ausprobiert und ihre Erkenntnisse weitergegeben haben. Auch neu erworbenes Wissen kann ansteckend sein.

Nach der Lektüre dieses Kapitels werden Sie Ihr eigenes Lachen mehr zu schätzen wissen.

Das Zusammenspiel von Körper und Seele ist seit Jahrhunderten bekannt. Dass ein *gesunder Geist* und *gesunder Körper* unmittelbar zusammenhängen, kennen wir alle von dem lateinischen Zitat „mens sana in corpore sano"[1]. Doch wussten Sie, dass es von einem Satiriker stammt?

Das Originalzitat vom römischen Dichter Juvenal (60 – 127 n. Chr.) war allerdings länger und wurde in Folge auch oft fehlinterpretiert, sogar ideologisch missbraucht: Ein trainierter Körper sei Voraussetzung für geistige Exzellenz. Der ursprüngliche *Juvenalsatz* besagte etwas anderes. Das vollständige Zitat lautet „orandum est, ut sit mens sana in corpore sano“[2] (Man sollte darum beten, dass sich ein gesunder Geist mit einem gesunden Körper verbinden möge.).

Das klingt auf den ersten Blick sehr ähnlich, hat aber eine andere Bedeutung. Juvenal beschrieb jene Wechselbeziehung und Balance, die Körper und Seele gesund halten bzw. machen. Also genau das, was die moderne Wissenschaft heutzutage langsam wiederentdeckt und was sich auch in der modernen Wellnessbewegung widerspiegelt.

Dass bei der Originalbotschaft aus dem alten Rom auch eine gehörige Portion Humor und Lachen mitschwingt, hatten zumindest Lateinschülerinnen und -schüler immer schon begriffen, die „mens sana in corpore sano“ in der Studentensprache scherzhaft als verballhornten Hinweis auf die schlechte Qualität des Mensaessens zweckentfremdeten.

Seien Sie also darauf vorbereitet, dass Sie in diesem Kapitel zwar jede Menge wertvolles, wissenschaftlich fundiertes Wissen, aber auch eine Menge Spaßvögel kennenlernen, die auf ungewöhnliche Weise dazu beigetragen haben, dass uns dieses Wissen wieder zur Verfügung steht und vielleicht bald auch schon auf Rezept erhältlich ist.

In jedem Fall wird das Lachen Ihre Lebensqualität spürbar verbessern!

Heilendes Lachen: Was alles beim Lachen im Körper passiert

Lachen ist ein wesentlicher Teil des menschlichen Ausdrucksvermögens. Körpersprache zum Beispiel ist eine Kommunikationsform, die meist unbewusst eingesetzt wird. Wenn man jedoch bedenkt, wie bedeutend nonverbale Kommunikation für unsere Gesamtwahrnehmung ist, verheißt dies ein enormes Potenzial, unsere Kommunikation dank Lachwissen bewusster zu gestalten. Dies gelingt uns, wenn wir verstehen, warum jeder von uns individuelle Botschaften sendet, manchmal sogar, ohne es zu bemerken. Wenn wir unser Lachen als wesentlichen Teil dieser nonverbalen Ausdrucksbandbreite kennenlernen, erfahren wir automatisch mehr über uns selbst.

Doch Lachen kann natürlich noch viel mehr. Es wird vereinzelt in der Krebstherapie bzw. bei der Behandlung vieler anderer Krankheiten und Leiden unterstützend eingesetzt und hat Einfluss auf so gut wie alle Funktionen unseres Körpers.

Lachen ist komplex, divers und überraschend facettenreich

Unser Lachen ist vielseitig. Das fällt schon rein äußerlich auf. Jeder Mensch lacht anders: Auch jeder einzelne von uns weist diverse Spielarten dieses Vorgangs auf.

Vom Schmunzeln oder Lächeln zum Grinsen bis zum lauten Lachanfall: Wir kennen viele verschiedene Bezeichnungen dafür. Dennoch haben wir keinerlei Probleme, die verschiedenen Facetten des Lachens zu erkennen und zu identifizieren, weil sie uns als willkommener Ausdruck der Unbeschwertheit und Lebensfreude zutiefst vertraut sind.

Dabei verrät uns am offensichtlichsten unsere Mimik: Der Mund öffnet sich, die Mundwinkel ziehen nach oben, die Zähne und vielleicht sogar das Zahnfleisch werden sichtbar. Damit automatisch verbunden ist eine Bewegung der Wangen. Auch um die Augen ist Bewegung wahrzunehmen, leichte Falten sind zu sehen. Die Augen lachen ja bekanntlich mit!

Unter Umständen wird Tränenflüssigkeit produziert, weil wir emotional bewegt sind. *Ich habe Tränen gelacht!* ist ein treffender Ausspruch. Bei einem heftigen Lachanfall können die Tränen aber auch mechanisch durch das Zusammenpressen der Augen und das Verzerren des Gesichts freigesetzt werden. Die umgebenden Muskeln aktivieren dabei den Tränensack.

Wenn die Augen nicht mitlachen, ist dies übrigens ein Indiz dafür, dass ein Lachen als *nicht echt* empfunden wird: Bei einem überzeugenden, authentischen Lachen ist das ganze Gesicht aktiv. Im Gegensatz dazu ist ein angedeutetes Lächeln oder gespieltes Lachen zumeist nur um die Mundpartie wahrzunehmen (mehr dazu später).

Manchmal spielt sich das Lachen nicht nur im Gesicht ab. Die Spannung, die den ganzen Körper befällt, führt zu einem Schütteln, manchmal auch zu Ausweichbewegungen wie dem Schwenken des Kopfes, dem Klatschen der Hände, dem Schlagen auf die Schenkel oder gleich zu einer Krümmung des ganzen Körpers. Viele halten sich den Bauch oder wenden sich überhaupt mit dem ganzen Körper vom Anlass der Erheiterung ab.

Das innere Lachen

Aber nicht der gesamte Prozess dessen, was das Lachen mit uns körperlich macht, ist unmittelbar sichtbar. Auch im Körper setzen Vorgänge ein, die etwas auslösen, aber für das Gegenüber nicht zu sehen sind.

Die Atmung

Beim Lachen verstärkt sich unsere Atmung. Es beginnt mit einem plötzlichen Ausatmen, das ruckartig unterbrochen wird. Dabei dauert das Ausatmen länger als das Einatmen. Gegenüber der Ruheatmung kommt es zu einer merklichen Reduktion des Lungenvolumens. Wenn das Lachen nicht lautlos ist, kommen zusätzliche Muskelpartien, wie das Zwerchfell und die Bauchmuskeln, ins Spiel. Der Mensch benötigt je nach Lautstärke des Lachens mehr Atemluft und verbraucht mehr Sauerstoff. Nach dem Auslachen beruhigt sich die Atmung wieder.

Nicht ganz so intensiv läuft das Lächeln ab. Das Zwerchfell bleibt entspannt, während die Bauchmuskeln sanft kontrahieren. Hier wird beim verlängerten Ausatmen nicht mehr Sauerstoff benötigt.

Lachen und das Zwerchfell

Das Zwerchfell verdankt seinen Bekanntheitsgrad vor allem dem Lachen. Wann im Alltag wird dieser Muskel ansonsten schon erwähnt? Dabei ist er primär für die Atmung zuständig, fällt uns aber nur dann unangenehm auf, wenn wir Schluckauf haben.

Auch unter seinem zweiten Namen, *Diaphragma* (*Trennwand*), ist der zentrale Atemmuskel kaum bekannt. Oder hätten Sie vermutet, dass er eine wichtige Unterstützung unserer Brustatmung (im Volksmund auch als *Bauchatmung* bezeichnet) darstellt?

Das Zwerchfell trennt die Brust- und die Bauchhöhle voneinander. Die Kontraktion des Atemmusekels ermöglicht im Zusammenspiel mit diversen anderen Muskeln die Einatmung. Neben seiner Funktion als Atemmuskel ist das Zwerchfell auch am Lachen beteiligt.

Wie funktioniert das? Lautes Lachen sorgt für heftige Bewegungen des Muskellappens. Die Erschütterung des Zwerchfells wirkt wie eine

Massage auch auf die benachbarten Organe. Das schätzen nicht nur wir Menschen, sondern auch andere Säugetiere. Abseits der Säuger gibt es nur eine einzige Tierart, die über eine Art Zwerchfell verfügt: Auch bei den Krokodilen ermöglicht das Zwerchfell die Atmung, wird aber nicht durch Lachen beansprucht, denn Krokodile (Reptilien) lachen nicht.

Lachen und COPD

Forschende der Universität Basel[3] beobachten das Lachen wohlwollend. Sie scheinen darin sogar einen Verbündeten im Kampf gegen eine tödliche Krankheit gefunden zu haben.

Die chronisch obstruktive Lungenerkrankung (COPD) ist überhaupt nicht zum Lachen. Weltweit gehört sie laut WHO bereits zu einer der häufigsten Todesursachen, gleich hinter koronaren Herzerkrankungen und dem Schlaganfall. Die Tendenz bei der Verbreitung ist steigend.

Bei COPD verengen sich die Atemwege. Husten und Atemnot sind die Folge. Durch Probleme beim Ausatmen bleibt immer mehr Luft in der Lunge zurück, wodurch nur schwer frische Luft eingeatmet werden kann.

Warum diese Erkrankung trotzdem zum Lachen ist? Weil das Lachen einen heilsamen Einfluss hat.

Wer lacht, atmet in mehreren Stößen hintereinander aus. Die Atemmuskulatur zieht sich rhythmisch zusammen, die Luftbewegung beim Ein- und Ausatmen beschleunigt sich. Durch die Aktivität verschiedener Muskeln in der Brust wird das Zwerchfell massiert. Aufgrund dieses mechanischen Vorgangs kann das Zuviel an Luft, das in der Lunge festsitzt, ausgestoßen werden.

Zurück in die Schweiz: Im Universitätsspital in Basel holten sich die Medizinerinnen und Mediziner ungewöhnliche Hilfe, um im Rahmen einer Studie die Wirkung des Lachens auf COPD-Erkrankte zu beobachten: Den erfahrenen Baseler Clown und Humorberater Pello. Dieser brachte mit jeweils einer halbstündigen Performance die Menschen in kleinen Gruppen zum Lachen. An diesem Versuch nahmen auch kerngesunde Kontrollpersonen teil.

Gleich nach dem Auftritt des Spaßmachers wurde der Luftgehalt in der Lunge der Probandinnen und Probanden gemessen. Bei einem Teil ließ sich eine Reduzierung feststellen. Nach einigen Stunden war dieser Effekt allerdings wieder verpufft.

Das Fazit: Zurückhaltendes Lächeln wirkte sich bei allen Teilnehmerinnen und Teilnehmern positiv auf deren Atmung aus. Starkes Lachen allerdings empfanden jene mit eingeschränkter Lungenfunktion als Belastung.

Die Stimmung der Teilnehmenden wurde auch mittels Fragebögen erhoben. Gemeinsam mit Videoanalysen ergab sich folgendes Bild: Stimmung und Wohlbefinden waren bei den Kranken und bei den Gesunden angestiegen. Die Verbesserung der Lungenfunktion stand in unmittelbarem Zusammenhang mit der guten Stimmung. Das psychische Befinden übte also nachweislich einen positiven Einfluss aus.

Dieser Zusammenhang ist umso signifikanter, da bis zu 60 Prozent der COPD-Betroffenen auch an Depressionen leiden. Mit einer gezielten Humor-Intervention kann im Idealfall also die Atmung und die seelische Stimmungslage verbessert werden.

Ergebnis der Studie: Eine Atemtechnik, die Lächeln beinhaltet, könnte die bisherigen Therapien sinnvoll ergänzen.

Übrigens: COPD ist nicht ansteckend. Lachen schon.

Aufpassen bei Asthma!

Lungenfachärztinnen und -ärzte warnen: Im schlimmsten Fall führt Lachen zu Atemnot bzw. auch zu Asthmaanfällen. Gerade Menschen, die bereits an Asthma erkrankt sind, müssen beim Lachen mit einem Anfall rechnen (und haben deswegen oft auch Angst davor). Es wird vermutet, dass Lachen zu einer verstärkten, tieferen Atmung führt. Ein Hyperventilationsreiz kann zu einer Verkrampfung der Bronchien führen, was wiederum Husten und Atemnot zur Folge haben kann. Bei Asthmakranken kann bereits ein Kichern diesen folgenreichen Hustenreiz auslösen.[4]

Das Phänomen ist so verbreitet, dass es sogar einen eigenen Namen trägt: LIA („Laugther induced Asthma"). Eine Studie[5], durchgeführt am NYU Medical Center in New York, zeigte, dass vor allem jene betroffen sind, die medikamentös nicht optimal eingestellt sind. Immerhin: Mit dieser Erkenntnis kann man Asthma-Erkrankte besser medizinisch betreuen und ihnen die Bedeutung einer punktgenauen Medikamententherapie anschaulicher vermitteln.

Lachen wirkt positiv auf die Psyche

Lachen lenkt ab. Stress und negative Emotionen treten dabei zumindest kurzfristig in den Hintergrund, was sich wiederum positiv auf die Psyche auswirkt. Ein Prinzip, das unter anderem auch beim Lachyoga berücksichtigt wird (dazu später).

Bei Stress schütten wir unter anderem die Hormone Adrenalin und Kortisol aus. Der Körper wird damit in Alarmbereitschaft versetzt. Er bereitet sich so auf Kampf oder Flucht vor. Die Atemfrequenz erhöht sich, der Puls beschleunigt sich, ein steigender Muskeltonus führt zu Verspannungen. Das kann auf die Dauer anstrengend und sogar schädlich sein, da chronischer Stress die Zellfortsätze im Hippocampus schädigt.

Beim Lachen aber baut man genau diese Hormone ab. Andere werden mobilisiert. Freigesetzte Endorphine lösen Glücksgefühle aus. Serotonin, ein weiteres *Glückshormon*, sorgt dann für Gelassenheit und Zufriedenheit.

Lachen und Krebs

Die Amerikanerin Christine Clifford erkrankte 1994 an Brustkrebs. Schon ihre Mutter war an Krebs gestorben. Nach ihrer eigenen Diagnose fürchtete Clifford nun, dass ihr dasselbe Schicksal bevorstünde wie ihrer Mutter. Sie bekämpfte den Krebs auf ungewöhnliche Weise: Mit ihrer Familie lustige Filme anzusehen, wurde zum Ritual. Diese Verbindung des gemeinschaftlichen Lachens gab ihr Kraft. Durch ihre Bücher „Not Now … I'm Having a No Hair Day: Humor & Healing for People with Cancer"[6] und „Our family has cancer too"[7] teilte sie ihre positiven Erfahrungen und ermutigte Betroffene. Dabei betrachtete sie Lachen immer nur als unterstützendes Verfahren. Traditionelle Heilmethoden wie Chemotherapie und Bestrahlung sind für Clifford unverzichtbar: „Lachen sollte nur in Verbindung mit herkömmlichen Therapien angewandt werden."[8]

Auch der Psychoneuroimmunologe Lee Berk[9] führte Testreihen mit Menschen durch, die sich Comedy-Programme ansehen, da ihn die Wirkung von Humorvermittlung auf den Körper interessierte. Er isolierte zwei Gruppen in verschiedenen Räumen – einer wurden Filmkomödien vorgeführt. Währenddessen wurde den Zuschauern Blut abgenommen. Ergebnis: Das Betrachten der humorvollen Darbietung senkte den Kortisolspiegel. Die Stresshormone nahmen ab.

In einer weiteren Versuchsreihe entschloss sich Berk dazu, bestimmte Zellen des Immunsystems genauer zu betrachten: Jene natürlichen

Killerzellen, die unter anderem für die Bekämpfung von Krebs zuständig sind. Berk entnahm die Zellen den Probanden erneut während sie Komödien anschauten und lachten. Die entnommenen Zellen wurden anschließend mit Krebszellen zusammengeführt. Auch hier zeigte sich: Die Fähigkeit, die Krebszellen zu zerstören, stieg bei jener Gruppe, die etwas zu Lachen bekommen hatte, markant an.

Auch auf die Frage nach der richtigen Dosis Humor hat Berk eine Antwort: Das sei von Individuum zu Individuum unterschiedlich. Wer sich neu auf diese ungewöhnliche Form der Therapie einlassen möchte, solle klein anfangen und dann einen Mittelweg finden. Denn wer ständig lauthals lache, sei anschließend vielleicht nur kraftlos.

Gleichzeitig warnen auch jene Medizinerinnen und Mediziner, die die positive Kraft des Lachens erkannt haben, immer wieder davor, die medizinische Behandlung komplett durch Lachen zu ersetzen. „Man kann die Streptokokken nicht einfach weglachen!“[10], sagt Neuroimmunologin Esther Sternberg. Sie hat sich in ihrer Forschung damit befasst, wie Nerven, Moleküle und Hormone die Interaktion zwischen Immunsystem und Gehirn beeinflussen.

Auch wenn der Erfolg von Lachtherapien wissenschaftlich umstritten ist, kann man festhalten: Eine positive Einstellung kann Menschen einen stärkeren Willen geben, ihre Krankheit zu besiegen. Humor kann diese Einstellung begünstigen.

Lachen und Spondylitis ankylosans

Das Erfolgspotenzial von richtig eingesetztem Lachen zeigte sich auch im Leben des Wissenschaftsjournalisten Norman Cousins. Er litt an Spondylitis ankylosans, einer äußerst schmerzhaften Autoimmunerkrankung der Wirbelsäule mit geringer Lebenserwartung für die Betroffenen.[11]

Nachdem ihm die Schulmedizin nicht mehr helfen konnte, beschloss Cousins, selbst zur Tat zu schreiten. Er setzte dabei auf Vitamin C und … Lachen. Seine Selbstbehandlung: Er sah sich regelmäßig Komödien an. Bereits durch das Lachen wurden die Schmerzen spürbar weniger. Zudem stellte er fest, dass er nach einer halben Stunde Komödienkonsum, rund drei Stunden ohne Schmerzen schlafen konnte. Das Happy End: Nach zwei Jahren *Lachtherapie* war er schmerzfrei.

Seine Erfahrungen schrieb er in seinem Buch „Anatomy Of An Illness" nieder (auf Deutsch erhältlich als „Der Arzt in uns selbst: Wie Sie Ihre Selbstheilungskräfte aktivieren können"). Das Buch diente auch als Vorlage für eine Verfilmung.

Wie ist dieser Erfolg medizinisch zu erklären? Der therapeutisch eingesetzte Humor führte zu einer Entzündungshemmung und in Folge zu einer generellen Verbesserung der Lebensqualität.[12]

Lachen und Diabetes

Rund jeder zehnte Erwachsene leidet weltweit unter Diabetes. Was hat das mit Lachen zu tun? Im Rahmen einer Studie[13] wurden Menschen mit der Diagnose „Diabetes Mellitus Typ 2" lustige Filme vorgeführt – mit erstaunlichem Ergebnis.

Hier begegnen wir einem alten Bekannten: Lee Berk von der kalifornischen Universität Loma Linda hatte 2009 gemeinsam mit Stanley Andrew Tan, einem Endokrinologen und Diabetesspezialisten, die Möglichkeit untersucht, Erkrankte mit Humor zu behandeln.

Wie wir im Abschnitt *Lachen und Krebs* gelesen haben, hatte Berk schon in früheren Untersuchungen festgestellt, dass schon die Vorfreude auf das Anschauen einer Komödie zu einer erhöhten Bildung von Wachstumshormonen und Endorphinen führt. Dies wirkte stimmungsaufhellend. Nebenbei wurden weniger Stresshormone produziert. Als Endokrinologe sah Tan sich den Einfluss von Hormonen auf Krankheiten genauer an.

Das Duo wählte 20 Menschen aus, die neben Diabetes auch an erhöhten Blutfettwerten und Bluthochdruck litten. Alle Patientinnen und Patienten erhielten die notwendige Medikation zur Standardbehandlung dieser Krankheitsbilder. Die Hälfte davon bekam zusätzlich täglich eine halbe Stunde Lachen verordnet – *einzunehmen* durch das Anschauen lustiger Filme.

Bei einem Kontrolltermin nach rund zwei Monaten waren interessante Ergebnisse messbar. Die Lachtherapie hatte zur Folge, dass die Konzentration der Stresshormone Adrenalin und Noradrenalin zurückgegangen war. Auch jene Werte, die die Blutfette und den Entzündungsfaktor anzeigen, hatten sich gesenkt.

Ein Jahr später beeindruckte das Messergebnis ein weiteres Mal: Das *gute* HDL-Cholesterin war durchschnittlich um ein Viertel gestiegen, der Entzündungsmarker CRP um zwei Drittel gefallen. In der Vergleichsgruppe ohne Bespaßung waren deutlich schlechtere Werte gemessen worden.

Schlussfolgerung: Eine halbe Stunde Heiterkeit pro Tag zeigte bereits messbare Veränderungen im Hormonhaushalt, was sich positiv auf den Krankheitsverlauf des Diabetes auswirkte.

Auch in Europa wurde das anerkennend zur Kenntnis genommen: Die Studie von Tan und Berk sei nach Meinung der „Deutschen Gesellschaft für Endokrinologie“ ernstzunehmende klinische Forschung. Eine positive Lebenseinstellung unterstützt die Betroffenen beim Umgang mit der Zuckerkrankheit. Resümee der Fachleute: „Nichts spricht dagegen, Heiterkeit mit in die Diabetes-Therapie zu integrieren.“[14]

Die komische Ader: Lachen und die Blutgefäße

Das Anschauen von spaßigen Filmen diente auch dem Kardiologen Michael Miller und seinem Team vom Medical Center der University of Maryland als Ausgangsbasis für ein Experiment[15]. Das vorweggenommene Resümee: Manche Filme erweitern nicht nur den Horizont des Betrachters, sondern auch dessen Blutbahnen.

Die Versuchsanordnung im Detail: Gesunde Nichtraucher wurden zu einem Kinobesuch eingeladen. In einem der beiden Säle wurden Ausschnitte aus Filmen gezeigt, die Stress auslösen – wie etwa „Saving Private Ryan". Der Film von Steven Spielberg spielt unter anderem am D-Day bei der Landung der amerikanischen Truppen in der Normandie und begleitet dort eine Gruppe Soldaten bei der Rettungsaktion des Soldaten James Francis Ryan, dargestellt von Matt Damon.

Um jenen, die den Film nicht kennen, einen Eindruck vom erzeugten Stresspegel für die Zuschauer zu vermitteln, hier ein Auszug aus einer Filmkritik: „Noch bevor überhaupt der Name des Gesuchten erwähnt wird, eröffnet Spielberg seinen Film mit einer 20minütigen Sequenz, die alles in den Schatten stellt, was bisher im amerikanischen Kino versucht worden ist, um Krieg darzustellen."[16] Dem Regisseur gelingt es, „... dieses Inferno auf eine Weise zu inszenieren, die das Publikum mit hineinreißt in eine Dokumentation des Massentodes, der nichts Artifizielles mehr anhaftet, sondern die sich ausnimmt wie ein bisher unentdeckt gebliebenes Stück Film eines Kriegsberichterstatters."[17]

Der Gruppe im anderen Saal wurde eine harmlose Komödie vorgesetzt: Der Streifen „Kingpin" mit Woody Harrelson und Bill Murray als Bowling-Rivalen bekam weniger exzellente Kritiken. Hier schrieb ein Kritiker vom selben Filmportal: „Ein von sinn- und zielloser Tabuüberschreitung bestimmter Film, dessen derber und rücksichtsloser Humor die zitierten Sportfilm-Standards gegen den Strich kehrt."[18] Oder wie es anderes ein Fachmedium ausdrückte: „Dämliche Bowling-Komödie mit Fäkalhumor: Gebt ihnen die Kugel“[19].

Das gewünschte Ziel wurde auch mit schonungslosem Schwachsinn erreicht: Das Auditorium amüsierte sich. Und zwar so gut, dass die Durchblutung der Oberarmarterie deutliche Unterschiede zu jenen zeigte, die sich den Kriegsfilm ansahen. Fast alle Zuschauerinnen und Zuschauer der Komödie zeigten erweiterte Blutgefäße mit einer Steigerung von durchschnittlich 22 Prozent. Folglich waren ihre Blutgefäße besser mit Sauerstoff versorgt. Demgegenüber hatten die gestressten Probanden überwiegend eine verringerte Durchblutung: Sie nahm um 35 Prozent ab. Diese Werte waren auch 45 Minuten nach der Vorführung der Filme noch messbar.

Miller verglich den erzielten Effekt durch die *Humortherapie* mit körperlichem Training im Fitnesscenter. Dieses sollte durch das Anschauen von Komödien nicht ersetzt werden. Aber täglich 15 Minuten lachen wäre eine sinnvolle Ergänzung.[20]

Es lacht! Lachen im Gehirn

Was in uns lässt uns eigentlich lachen? Was gibt den entscheidenden Ausschlag, damit wir lächeln oder losbrüllen? Das will auch die Wissenschaft wissen und forscht nach den Ursachen.

So wurde zum Beispiel nachgewiesen, dass sich Menschen, Menschenaffen, aber auch Ratten ähnlich verhalten, wenn sie gekitzelt werden. Es handelt sich um eine spielerische Begegnung mit Artgenossen. Damit es für alle erkennbar keine ernste Angelegenheit ist, wird dabei gelacht.[21]

Vor allem bei Tieren ist das Lachen ein nützliches Signal beim sogenannten *Rough-and-Tumble-Play.* Das *Playface* wird gezeigt, das auch beim Lachen zur Anwendung kommt. Spielerisch werden so wichtige motorische Abwehrreaktionen einstudiert. Die Reaktion im Gehirn ähnelt bei Mensch und Tier gleichermaßen jener, die beim Schmerzempfinden auftritt. Kitzeln wird also als *ungefährliche Bedrohung* wahrgenommen.

Forscherinnen und Forscher haben beobachtet, dass das forcierte bzw. stoßartige Ausatmen beim Lachen und beim Erkennen der *Nicht-Gefahr* bei Menschen und anderen Primaten einer spielerischen Attacke gleicht. Bestätigt wurde dieser Ansatz auch bei Ratten. Wurden sie gekitzelt, stellten Forscherinnen und Forscher Aktivitäten im Großhirn fest, die auch beim Spiel mit Artgenossen zu beobachten waren – und das sogar dann, wenn das Tier gar nicht wirklich gekitzelt wurde. Es reichte eine Andeutung oder die Beobachtung anderer Tiere, die gerade gekitzelt wurden.[22]

Lachen Menschen entwickelter?

Was hat das aber mit dem menschlichen Lachen zu tun, das ja mitunter erst nach weit komplexeren Reizen auftritt? Man bedenke nur die Text-Kompositionen in manchen kabarettistischen Wortspielen! Steht der Mensch bereits auf einer höheren Evolutionsstufe? Humor als *Kitzel des Geistes*? Intelligente Formulierungen, bei denen man in die Falle tappt, aber eben nicht verzweifelt, weil es ja nur *Spiel* und kein verbaler Angriff, keine Prüfungssituation ist, sondern nur ein Witz? Ein Team rund um die Neurowissenschaftlerin Elise Wattendorf beobachtete die neuronale Aktivität beim Kitzeln und Lachen und stieß auf eine interessante Aktivität in einem seitlichen Bereich der Hirnrinde. Es wird vermutet, dass in dieser Hirnregion sog. *Inkongruenzen* erkannt werden. Lachen wird oft ausgelöst, wenn unsere Erwartung nicht mit der tatsächlich eintreffenden Situation übereinstimmt. Dies ist beim Kitzeln der Fall wie auch bei dem komplexeren, spontan durch Humor ausgelösten Lachen. Insgesamt ist ein ganzes Netzwerk im Gehirn daran beteiligt, Humor zu verarbeiten.[23]

Schon in sehr frühen Arbeiten von Neurologen wurde dem Hypothalamus eine grundlegende Funktion im Auslösemechanismus des Lachens zugesprochen. Am Institut für Anatomie und Zellbiologie der Uni Freiburg bestätigte sich schließlich, dass dieser maßgeblich für das Lachen zuständig ist.[24]

Aber die Forschung gab sich noch nicht zufrieden. Das Team um Wattendorf wollte dem Ausgangspunkt des Lachens im Gehirn noch mehr auf die Schliche kommen. Paradoxerweise begab man sich dazu zuerst einmal an die vom Hirn am weitesten entfernte Körperstelle: Die Fußsohle.

Die Forscherinnen und Forscher der Universität Freiburg kamen auf die Idee, Menschen an ihren Fußsohlen zu kitzeln und deren Hirnaktivität währenddessen mittels Kernspintomografie zu messen. Nicht nur das: Die Probanden hatten obendrein die Aufgabe, während sie gekitzelt wurden, zu sprechen. Dies war leichter gesagt als getan. Doch nur so ließ sich über Messungen im Gehirn ein Areal lokalisieren, das mitverantwortlich dafür war, dass Gekitzelte unkontrolliert lachen.

Der Fund: Eine Ansammlung von Nervenzellen im Hirnstamm mit der Bezeichnung *Nucleus ambiguus*, die bei Gekitzelten andere Schaltkreise im Gehirn überlagern, die im *Normalbetrieb* für Emotion und Kontrolle zuständig sind. Aus diesem Grund reagieren wir so ungezügelt unkontrolliert, wenn uns andere kitzeln, und völlig unbeeindruckt und beherrscht, wenn wir uns selbst zu kitzeln versuchen.[25]

Lacharbeiter am Krankenbett: Warum Clowndoktoren heilen helfen

Spaßmacherinnen und Spaßmacher findet man nicht nur im Zirkus, sondern auch an anderen überraschenden Orten. Wenn in naher Zukunft eine Raumfähre Richtung Mars abhebt, soll laut NASA auch eine Clownin oder ein Clown mit an Bord sein. Die Reise zum Nachbarplaneten bedingt für die Besatzung jahrelanges Zusammenleben auf engem Raum, da benötigt man jemanden, der mit Humor Spannungen abbaut. Kein Wunder, dass Humoraffine auch woanders zum Einsatz kommen, wenn deeskalierende Qualitäten gefragt sind.

Wie kommt gerade die NASA auf einen Clownbedarf im Weltraum?[26] Herauskristallisiert hat sich dies in der Antarktis. Dort stellte man auf Forschungsstationen fest, dass Clowns am ehesten dazu geeignet sind, Stress in Gruppen abzubauen und die Stimmung in Teams positiv zu beeinflussen.

Clowns ist hier natürlich nur ein Platzhalter für heitere Menschen, die für befreiendes Lachen sorgen, Witze erzählen und sich Problemen aus humoristischer Perspektive nähern. Diese gruppendynamischen Qualitäten kann also z. B. auch eine Köchin oder ein Koch einbringen. Wichtig ist nur die Erkenntnis, dass Humor zum Einsatz kommt, um das Miteinander auf engstem Raum kooperativer zu gestalten.

Clowns – wie alles begann

Hergeleitet wird das Wort *Clown* unter anderem vom *Klunni*, einem Tölpel in der germanischen Sprachwelt, der wiederum einer *clumsy per-*

son (einer ungeschickten Person) in der englischen Sprache entspricht. Er taucht später auch noch wahlweise als *Harlekin* oder *Bajazzo* auf, bis wir ihn im Laufe des 19. Jahrhunderts in der Zirkusmanage antreffen.

Berühmte Clowns im Zirkuszelt waren der Schweizer Grock und der Spanier Charlie Rivel – beide Multitalente, wie es für Clowns typisch ist: Sie sprachen zumeist mehrere Sprachen, spielten Musikinstrumente, jonglierten mit allem, was sie in die Hände bekamen, hatten artistische und schauspielerische Fähigkeiten und verstanden sich darauf, meisterhaft bunt geschminkt vor ihr Publikum zu treten.

Clowns im Spital

Clowns gehen aber auch in Kliniken, um dort Lebensfreude zu verbreiten – allerdings nicht immer mit roten Nasen. Mitunter sorgen sie mit ihrer Kunst auch für ein Lachen bei Kindern, die todkrank sind und verbessern ihre Lebensqualität.

Die „Roten Nasen Clowndoktoren" verweisen auf eine Vielzahl von Experimenten und Studien, die genau das bestätigen: Junge Patientinnen und Patienten, die von Clowns besucht werden, haben weniger Angst, verspüren weniger Schmerzen bei invasiven Operationen und zeigen generell gesteigertes Wohlbefinden.[27]

Basis für diese spezielle Zusammenarbeit ist ein Schulterschluss mit Gesundheitseinrichtungen. Mittlerweile wird *Gesundheitsclownerie* auch schon professionell in Abläufe und Prozesse in Krankenanstalten eingebunden.

Als Beispiel sei der Prozess in der Universitätsklinik in Aarhus, Dänemark, angeführt: 30 Minuten vor der Operation treffen die Kinder und ihre Eltern im Wartebereich ein und werden dort von einem Klinik-Clown und dem medizinischen Team in Empfang genommen. Der Clown spielt mit dem Kind, zeigt ihm Tricks und schmiedet in lustiger

Sprache mit ihm gemeinsam Pläne, um das Krankenhauspersonal *zu ärgern*. All das führt zu einer Ablenkung und einer Veränderung des Fokus. Denn darum geht es, das Kind soll sich entspannen und seine Angst verlieren. Zuletzt bekommen die kleinen Patientinnen und Patienten noch einen magischen Stein geschenkt, der alle bösen Gedanken und Dinge sammeln soll.

Clowns, die im Vorfeld von den Ärztinnen und Ärzten eingewiesen und optimal vorbereitet werden, begleiten dann das Kind in den OP-Bereich. Dort setzt der Clown oder die Clownin sein/ihr Programm fort, lenkt das Kind mit Musik und Seifenblasen ab und schreckt auch nicht davor zurück, mit entsprechenden Geräuschen und Mimik *das Furzen* der Ärztin oder des Arztes vorzutäuschen. In der Zwischenzeit führt das Anästhesie-Team seine Arbeit professionell durch. Sobald das Kind betäubt ist, begleitet der Clown die Eltern und versucht auch ihre Furcht und Anspannung zu mildern.

Organisierte Clownhilfen

Ihren Ursprung hatte die Idee in Amerika: 1981 gründete der Schauspieler Michael Christensen die „Big Apple Circus Clown Care“[28]. Ausgehend davon wurden erstmals Clowns und Pantomimen in Kinderkrankenhäuser geschickt. Den Anfang machte New York.

1991 wurden die „CliniClowns Austria“[29] als erster Verein dieser Art in Europa gegründet. Sie bezeichnen sich auf ihrer Website als „das Original“, auch um sich gegenüber anderen Clown-Organisationen abzugrenzen. Die „Roten Nasen“ sind seit 1994 aktiv.

In Deutschland schickte der bekannte Arzt und Komiker Eckart von Hirschhausen erstmals 2008 über seine Stiftung „Humor hilft heilen“[30] Klinikclowns in Krankenhäuser und Pflegeeinrichtungen. Dort will man zudem Pflegekräfte besser in ihrer Arbeit begleiten, indem man sie speziell im Bereich Stressreduktion, Motivation und Resilienz schult. Auch die Humorforschung wird unterstützt.

Ähnliche Einrichtungen gibt es viele. Unter dem „Dachverband Clowns in Medizin und Pflege in Deutschland e.V."[31] finden sich zahlreiche Organisationen, von den „Berliner Klinikclowns" bis zu den „Rostocker Rotznasen".

In der Schweiz sind die „Traumdoktoren"[32] unterwegs, ausgesandt und ausgebildet von der „Stiftung Theodora". 75 Clowns, darunter die lustigen Zeitgenossen „Dr. Firlefanz", „Dr. Floh" und „Dr. Hatschi", besuchen Kinder mit Ukulele, Blumen, Zaubertricks und anderen Dingen, die Spaß versprechen. Um eine optimale Zusammenarbeit mit dem klinischen Personal zu garantieren, erhalten alle Clowndoktoren eine multidisziplinäre Ausbildung in Zusammenarbeit mit dem Institut und der Hochschule für Gesundheit „La Source".

Clownpioniere

„CliniClowns" sind gerne mit Künstlernamen und als Duo unterwegs. Die allerersten „CliniClowns" waren übrigens der Wiener Arzt und Zauberer Roman Szeliga und die Schauspielerin und gebürtige Irin Kathy Tanner als „Dr. Jux, Facharzt für Lachtherapie" und „Dr. Chaos". Heute sind rund 75 ihrer Kolleginnen und Kollegen in ganz Österreich aktiv – nicht nur bei schwerkranken Kindern, sondern auch auf geriatrischen Stationen. Dort sorgen sie mit Spielsituationen für willkommene Abwechslung.

Die Arbeit weitet sich sukzessive aus. Auch in Impfstraßen und in Flüchtlingsunterkünften können Clowns helfen, wie zum Beispiel die „Roten Nasen International" in Griechenland. Für solche Projekte zuständig fühlen sich unter anderem auch die „Clowns ohne Grenzen"[33]. Wer jetzt sofort an die „Ärzte ohne Grenzen" denkt, hat die richtige

Assoziation. Auch deren Clownkolleginnen und -kollegen reisen weltweit in Krisengebiete, um vor Ort Trost zu spenden und den Humor als Alternative anzubieten.

Neuerdings sind Clowns auch im Wiener Allgemeinen Krankenhaus (AKH) anwesend, wenn bei Kindern Missbrauchsverdacht besteht.

Horror-Clowns: Nicht ganz so lustig

Das alles funktioniert natürlich nicht bei Menschen, die unter Coulrophobie leiden – einer krankhaften Angst vor Clowns. Sie betrifft eher Kinder als Erwachsene und beruht darauf, dass man das Verhalten von Clowns nicht einschätzen kann, da sie sich abseits der Norm bewegen. Dazu könnte auch maßgeblich beigetragen haben, dass Clowns als Schreckgestalten im Horror-Genre immer beliebter werden. So hat sich zum Beispiel der Clown Pennywise in mehreren Verfilmungen von Stephen Kings Erfolgsroman „It“ (Es) besonders eingeprägt.

Teddybärenpatienten bauen Ängste ab

Nicht nur für Kinder mit Coulrophobie gibt es noch ein weiteres Projekt, das in vielen Teilen der Welt die Angst vor dem Spitalsaufenthalt nehmen soll: die Teddybärenkrankenhäuser. Kinder bringen ihre Lieblingskuscheltiere und lassen diese dort an ausgewählten Tagen von Medizinstudentinnen und -studenten *verarzten*. Kinder lernen somit, dass Ärztinnen und Ärzte auch ihnen helfen, sollte es ihnen schlecht gehen. Dadurch fürchten sie sich nicht mehr vor dem Spital und dessen Personal.

Die Idee zündete in den 1990er-Jahren in Skandinavien: Nach und nach eroberten die Plüschtiere die Universitätskliniken in weiten Bereichen des Globus. In Österreich war erstmals in Innsbruck Station. In einer Spitalssimulation wurden Kinder zu Eltern von *kranken* Teddybären. In der Zwischenzeit ordinieren die *Teddydocs* beispielsweise auch in Bulgarien, den Niederlanden und Chile.

Auch in Berlin gibt es eine Teddyklinik. Eine Woche im Jahr wird sie am Charité-Campus errichtet. Neben 50 Behandlungstischen mit Beratung wartet eine Radiologie, ein OP-Bereich und eine Station zum Gipsen auf den Forscherdrang der Jüngsten. Auch der Vorsorge wird ausreichend Platz eingeräumt: Hygienemaßnahmen werden thematisiert, aber auch auf Gefahren im Straßenverkehr wird hingewiesen. Ein Organteddy und ein Skelett führt in die Körperkunde ein. Auch ein Einsatzwagen steht bereit. Rettungsmaßnahmen werden so kindgerecht vermittelt.

Natürlich kommt auch der Humor nicht zu kurz, wenn der Teddy in die MR-Röhre geschoben wird oder, wie in der Grazer Kinderklinik, die Kids zum Naschen aufgefordert werden, wenn es um das Blutbild geht: Dabei werden Gummibärchen unterschiedlicher Farben in körpereigene und -fremde Anteile sortiert. Kinder dürfen mit einer Pinzette die Aufgabe des Immunsystems nachspielen, die entsprechenden Süßigkeiten entfernen und verspeisen.

Lachyoga: Löwenlachen und Lachdusche

Sie werden kaum ein Foto von Dr. Madan Kataria finden, auf dem er nicht lacht. Der Arzt aus Mumbai gilt als Begründer des Lachyogas und lacht in seinen „Lachclubs“ aus Leidenschaft. Kataria ist von der heilsamen Wirkung des Lachens überzeugt. Es reduziere die Gefahr für Herzinfarkte, da das Lachen Stress abbaue, die Verdauung anrege und wirke sich unter anderem positiv auf die Durchblutung aus. Außerdem, so Madan Kataria, stärke das Lachen die Muskulatur rund um den Kopf. Auch die Lungen und somit unsere Atmung profitierten davon.

Braucht es noch mehr gute Gründe, um der Sache eine Chance zu geben? Madan Kataria veranstaltete 1995 den ersten „Lachclub“ und setzte damit den Keim für eine globale Bewegung. Mittlerweile gibt es weltweit tausende solcher Lachclubs[34].

Der Erfolg wundert den Gründer nicht. Das Lachen hat für ihn Potential zu einer universellen Heilmethode, weil es unabhängig von Religion, Sprache, Herkunft oder gesellschaftlicher Stellung eingesetzt werden kann. Auch monetäre Hürden fallen bei den Lachclubs weg, denn die Teilnahme ist kostenlos. Dabei basierte das erste Lachen bei diesen Zusammenkünften gar nicht auf Yoga. Anfangs hatte der Inder immer einen Gast eingeladen, der Witze erzählte. Das Problem: Nach einer Weile kannten alle die Witze. Kataria wusste sich zu helfen und griff auf eine Atemtechnik aus dem Yoga zurück. Überraschender Effekt: Das inszenierte Lachen kippte stets in echtes, herzhaftes Lachen über. Ganz nach dem Motto „Fake it until you make it“ ist dies nun das größte Erfolgsrezept der Lachyoga-Zusammenkünfte. Die Idee war goldrichtig: Es trafen sich Gleichgesinnte. Menschen, die glücklich sein wollen. Die Treffen fanden im Freien und in der Früh statt. Danach nahm man entspannt den Tag in Angriff. Teilnehmende gaben an, danach deutlich leistungsfähiger zu sein: „Ziel des Lachens ist, Sonne in unser Gemüt zu lassen. Gelingt es, hat man den Schlüssel zu einem erfüllten Leben gefunden. Man muss die Dinge nur positiver angehen. Man fühlt sich den ganzen Tag über entspannt. Lachen ist wirklich die beste Medizin."[35]

Bei der Methode des Lachyogas werden Atemübungen mit körpersprachlichen Ausdrucksformen verknüpft. Dazu gehören zum Beispiel Aufwärmübungen, die durch rhythmisches Lachen und Klatschen die Bauchmuskulatur und das Zwerchfell aktivieren. Beim sog. „Löwenlachen", das in verwandter Form auch beim Yoga praktiziert wird, stecken Teilnehmer die Zunge beim Lachen aus dem Mund. Beim „Zank-Lachen" wird mit dem Zeigefinger in einer Art Drohgebärde auf den Gegenüber gedeutet, selbstverständlich laut lachend. Bei der „Lachdusche" sonnt sich ein Kreis von Teilnehmerinnen und Teilnehmern im Lachen jener, die von außen die innere Gruppe anlachen. Beim „Steigerungslachen" wiederum startet man mit einem Lächeln, das, wie der Name schon sagt, immer intensiver zum hemmungslosen Lachen ansteigt.[36] Das Überwinden von Hemmungen sei ein Ziel dieser Übung, denn sie blockieren unser Leistungspotential, so Kataria.[37]

Lachyoga wird mittlerweile auch in Schulen, Universitäten, Fitnesszentern, Kliniken und sogar in Haftanstalten angeboten. Nicht nur um des Lachens willen. Oder wie es der indische Arzt formuliert: „Wir lachen nicht, weil wir glücklich sind – wir sind glücklich, weil wir lachen."[38]

Lachyogis treffen sich außerdem jährlich bei Kongressen, um sich fortzubilden und ihre Idee weiter zu verbreiten. Denn Lachen will gelernt sein und gelehrt werden: Lachyogaleiterinnen und -leiter werden von Lachyogalehrerinnen und -lehrern ausgebildet, die wiederum bei Master-Trainerinnen und -Trainern in die Schule gehen.

Wer jetzt noch zögert, den nächsten Lachclub der Stadt aufzusuchen, kann in modernen Zeiten auch erste Schritte digital setzen. Auf seiner Website leitet der Meister selbst die ersten Schritte an: Suchen Sie nach „*Learn from the Laughter Guru*"![39]

Seit der Corona-Pandemie wurde das Angebot im Netz erweitert. Über einen Zoom-Link blieben die Lachclubs auch in den Lockdowns aktiv: Dreimal die Woche konnte man zu fixen Zeiten mit Madan Kataria und seiner Frau Madhuri lachen.

Beim Lachyoga gelten auch gewisse Einschränkungen: Personen mit Angina Pectoris meiden die Teilnahme an solchen Veranstaltungen besser. Ähnliches gilt unter anderem bei einem Bandscheibenvorfall, Inkontinenz oder schweren Depressionen. Auch bei einem Leistenbruch wünscht sich der Lachexperte eine vorherige medizinische Freigabe vom Hausarzt, da beim Lachen der Druck zwischen Brustkorb und Becken zunimmt.

Und wundern Sie sich nicht, wenn eines Nachmittags rundherum alle zu lachen beginnen. Es könnte sich um ein spezielles Friedensprojekt handeln: An jedem ersten Sonntag im Mai um 14 Uhr mitteleuropäischer Zeit wird der Weltlachtag der Yoga-Fans begangen. Eine Minute lang wird dabei global für den Weltfrieden gelacht.

Wissenschaftlich lachen: Was genau macht eigentlich ein Gelotologe?

Die Gelotologie (vom griechischen „gelio"=„lachen") befasst sich mit den Auswirkungen des Lachens, sowohl psychischer als auch körperlicher Natur. Oft sind es Expertinnen und Experten mit medizinischem und/oder psychologischem Hintergrund, die das Lachen wissenschaftlich untersuchen. Die Schwierigkeit dabei: Obwohl Menschen mehrheitlich dem Lachen sehr gewogen sind und es als primär positiv erleben, lässt sich das Lachen schwer in Zahlen fassen. Und auch jene Ergebnisse, die bei den verschiedenen Versuchsanordnungen herauskommen, sind nicht immer ganz unumstritten.

Als Begründer der Lachwissenschaft gilt der Psychiater William F. Frey: Er gründete 1964 das Institut für Gelotologie in Palo Alto, Kalifornien. Wenn man die psychischen Faktoren rund um das Lachen bedenkt, scheint es naheliegend, dass ein Psychiater sich der Thematik annimmt. Im deutschen Sprachraum zählt der Psychotherapeut Michael Titze[40] zu den Pionieren der Lachforschung. Mittlerweile gibt es weltweit bereits hunderte Forscher, die sich mit der Materie befassen. Doch was untersuchen sie eigentlich genau?

Da wäre zum Beispiel ein Zugang über die psychoneuroimmunologische Forschung. Dort steht die Wechselwirkung zwischen dem Nervensystem und der Immunabwehr im Vordergrund. Die Hypothese: Eine positive Gemütslage unterstützt die Gesundheit. Aber auch die Mimik und die Töne, die beim Lachen entstehen, können Untersuchungsgegenstand sein – genauso wie der immer fröhliche Bruder des Lachens, der Humor in all seinen Facetten.

Der witzigste Witz der Welt

Dabei treibt die Forschung rund um dieses lebensbejahende Thema manchmal auch kuriose Blüten. Rund um die Jahrtausendwende (2002) machte sich der britische Psychologe Richard Wiseman daran, den „Witzigsten Witz der Welt" zu finden. Seine Herangehensweise: Im Internet sammelte er über sein „*LaughLab*" Witze aus 70 Ländern und stellte sie zur Bewertung frei.[41]

Wiseman, Anhänger der Skeptikerbewegung – die bekanntlich sehr darauf achtet, dass Erkenntnisse wissenschaftlich beweisbar sind – kam auf diesem Weg zu 40.000 Witzen. Rund 350.000 Menschen gaben ihre Bewertungen derselben ab. Und am Ende gab es einen Punktesieger, der ins Deutsche übersetzt folgendermaßen lautet:

> „Zwei Jäger sind im Wald, als einer von beiden kollabiert. Er atmet nicht mehr und sein Blick ist starr. Der andere Jäger greift zu seinem Telefon und ruft den Notarzt:
> ‚Mein Freund ist tot. Was muss ich tun?'
> Die Notrufzentrale antwortet:
> ‚Beruhigen Sie sich. Ich kann Ihnen helfen. Vergewissern Sie sich zuerst, dass er auch wirklich tot ist.'
> Stille am anderen Ende, dann hört man einen Schuss.
> Zurück am Telefon fragt der Jäger:
> ‚Gut, und jetzt?'"[42]

Neu war dieser Witz nicht. Er basierte auf einem Sketch von Spike Milligan, dargebracht in der englischen „*Goon Show*" aus dem Jahr 1951. Eingesandt worden war er von Gurpal Gosal, einem Psychiater aus Manchester. Dieser gab an, den Witz auch gerne bei Klientinnen und Klienten einzusetzen. Seine Erklärung: Nach dem Witz würden sich Menschen immer besser fühlen, weil er zeigt, dass es immer andere gibt, die noch verrücktere Dinge tun als man selbst.

Hand aufs Herz: Fanden Sie diesen Witz wirklich rekordverdächtig lustig?

Letztlich lässt sich laut psychologischen Erkenntnissen so manchem Persönlichkeitsstil eine gewisse Art von Humor zurechnen. Dennoch sind wir verleitet, hier noch eine Plattitüde zu strapazieren: Humor ist und bleibt Geschmacksache.

Lachen: Echt oder falsch?

Auch der Authentizitätsgrad des Lachens steht auf dem Prüfstand. Ein Hinweis auf ein *echtes Lachen* ist zum Beispiel, dass es spätestens eine halbe Sekunde nach dem Impuls einsetzt. Aussagekräftig ist auch die Region rund um die Augen: Aktivierte Lachfalten oder ein kurzes Schließen der Augen sind ein Indiz für Glaubwürdigkeit.

Der Sprechtrainer und Schauspieler Michael Rossié behauptet in seinen Vorträgen, dass er ein falsches Lächeln sofort erkennt: „Wenn nur der untere Teil des Gesichts lacht und die Augen bleiben völlig ruhig: Das ist ein falsches Lächeln.“[43] Auch ist dabei die Reihenfolge begleitender Handlungen zu beachten: „Ich sehe Sie, ich lächle und dann gebe ich Ihnen die Hand.“ Die falsche Reihenfolge wäre: „Ich sehe Sie, ich gebe Ihnen die Hand und ich lächle.“[44] Dauert das Lächeln zu lange, ist es für den Kommunikationscoach ebenfalls ein Indiz dafür, dass es sich um ein falsches, vorgetäuschtes Lächeln handelt. Beim Wiedersehen ist für Rossié ein Lächeln nur echt, wenn es während dem anschließenden Gespräch aus dem Gesicht verschwindet.

Das Duchenne-Lächeln

Im 19. Jahrhundert setzte der französische Mediziner Guillaume Duchenne bei der Erforschung des Lächelns auf Elektrotherapie.[45]

Mit im Gesicht angebrachten Elektroden untersuchte er die Wirkungsweise der unterschiedlichen Muskeln und kam zu einem erstaunlichen Ergebnis: Bei einem echten Lächeln werden der große Jochbeinmuskel und der Augenringmuskel gleichzeitig symmetrisch aktiviert. Die abgeleitete Erkenntnis: Nur wenn auch die Augen *mitlächeln*, ist das Lachen echt. Der Lohn für diese Entdeckung: Wird der spontane Ausdruck positiver Emotionen von einem Lächeln begleitet, spricht man heute vom „Duchenne-Lächeln".

Das falsche Lächeln

Die Lach-Forschung neigt dazu, das Wort *falsch* zu umgehen. Denn auch ein Lächeln oder Lachen, das nicht aus der spontanen Emotion bzw. einem humoristischen Lachimpuls entspringt, hat eine soziale Funktion, die mit dem Wort *falsch* ungenügend dargestellt wird.

Die Psychologin Paula Niedenthal[46] von der Universität in Wisconsin und ihre Kollegen identifizierten primär drei Kategorien des Lächelns: Das „Lächeln aus Freude", wie jenes einer Mutter, die ihr Baby ansieht. Das „Dominanzlächeln", wie es Vorgesetzte gerne aufsetzen. Als Beispiel nennt sie den einstigen britischen Premier Tony Blair. Dieses Lächeln unterstreicht Macht und sozialen Status. Und schließlich das „Lachen, das freundliche Absichten ausdrücken soll" – auch als „soziales Lächeln" bekannt. Es dient der Kommunikation mit dem Umfeld, etwa bei einem Gruß oder bei einer Beschwichtigung.

Lachen für Sekundenbruchteile

Darüber hinaus sieht Niedenthal das Lächeln auch als Mittel einer besseren Verständigung. Damit man die Befindlichkeiten und Absichten seines Gegenübers besser erkennt, hat sich beim Menschen eine emotionale Spiegelreaktion als instinktiver Automatismus entwickelt.

Dies betrifft mehr Bereiche des täglichen Lebens als uns auf den ersten Blick bewusst ist. Wenn man jemanden ansieht, der lächelt, dann lächelt man unwillkürlich mit – eventuell nur ganz kurz für Millisekunden. Doch das reicht bereits, um sich Situationen zu vergegenwärtigen, in denen man selbst lächeln musste – und schon ist man imstande, die Emotionen des anderen genauer zu erfassen. Die Erinnerung an die Emotion führt dazu, dass man sie selbst auch empfindet. Das ist die Basis für ansteckendes Lachen[47].

Lachen ist primär ein soziales Phänomen. Wir lachen etwa 30-mal öfter in Gesellschaft als allein. Beobachtet wurde zudem, dass Frauen öfter miteinander lachen als Männer, Freunde öfter als einander Unbekannte. Das Lachen und Lächeln zwischen zwei oder mehr Menschen hat aber nicht nur Bedeutung für die unmittelbar Involvierten. Auch Unbeteiligte, die eine Szene beobachten, sind laut einer Studie[48] mehrheitlich imstande zu beurteilen, ob ein Lachen echt ist und welche Emotionen im Spiel sind – und zwar über kulturelle Grenzen hinweg.

Auch die unfreundliche Seite des Lachens sei erwähnt: Lachen kann bedrohlich wirken und verletzend. Spott und Schadenfreude werden von höhnischem Lachen begleitet, das obendrein besonders laut sein kann.

Ausgelacht: Die Gelotophobie

Es gibt auch Zeitgenossen, die mit dem Lachen überhaupt nicht zurechtkommen, weil sie unter Gelotophobie leiden. Der deutsche Psychoanalytiker Michael Titze (wir haben ihn eingangs bereits erwähnt) ist an der Forschung dazu maßgeblich beteiligt.

An Gelotophobie leiden Menschen, die Angst haben, von ihren Sozialpartnern ausgelacht zu werden. Dabei halten sie ständig Ausschau nach Anzeichen von Spott, deren Ziel sie sein könnten, und fürchten, lächerlich zu wirken.

Diese spezielle Form einer sozialen Phobie kann laut Titze zum „Pinocchio-Syndrom“[49] führen: Im Bemühen, sich möglichst unauffällig zu verhalten, wirken die Betroffenen dann verkrampft, unbeholfen und hölzern in ihrer Art. Herzrasen, Erröten, Zittern, Schwitzen und Kurzatmigkeit können Symptome sein. Besonders bitter: Genau aufgrund dieses Verhaltens kann diese Phobie in einer selbsterfüllenden Prophezeiung enden. Die Betreffenden werden dann tatsächlich ausgelacht und erleben genau jenen Alptraum, den sie unter allen Umständen vermeiden wollten.

Betroffen sind davon häufig Menschen, die in ihrer Kindheit zu starken Loyalitätsanforderungen ihrer Eltern ausgesetzt waren. Sie mussten starre Rollen übernehmen, um bestimmten elterlichen Bedürfnissen zu entsprechen. „Bei Nichterfüllung dieser Rollen wird das Kind durch einen beschämenden Liebesentzug, indirekte Vorwürfe und Schuldzuweisungen gedemütigt“, erläutert Titze: „So wird das Kind seiner natürlichen Spontanität beraubt und in seiner Lebendigkeit gehemmt.”[50] Dadurch kann es auf Außenstehende starr und unnatürlich wirken, was wiederum zum Ausgelachtwerden führen kann.

Therapeutischer Humor: HumorCare

Darüber hinaus gehört Michael Titze auch auf eine andere Art und Weise zu den Wegbereitern dieses Forschungsfeldes: 2001 gründete er den Verein „HumorCare“, der nicht nur eine wichtige Plattform für die Lach-und Humorforschung darstellt, sondern sich die Vernetzung von Fachleuten und Bildungseinrichtungen sowie die Organisation von Kongressen und Fortbildungsangeboten zum Ziel gesetzt hat.

Der Verein will außerdem eine gemeinsame Basis wissenschaftlich orientierter Humoranwendung unter Berücksichtigung eigener ethischer Richtlinien schaffen. „In diesem Zusammenhang soll insbesondere dem Missbrauch von schädlichem und unreflektiertem Humor (Sarkasmus, Zynismus, Lächerlichmachen, Mobbing) vorgebeugt werden.“[51] Betroffen sind davon unter anderem Therapeutinnen und Therapeuten, die mit den Mitteln des Humors mit ihrem Klientel arbeiten.

Lachen als wesentlicher Teil der Persönlichkeit und des sozialen Status

Lachen ist universell, es wird weltweit in der zwischenmenschlichen Kommunikation erkannt. Gleichzeitig hat jeder Mensch sein ureigenes Lachen, einzigartig wie ein Fingerabdruck. Lachen ist eine Form der menschlichen Interaktion und dient uns in der Verständigung mit anderen. Emotionen werden deutlicher erkennbar. Nahezu erstaunlich ist, dass dieser wesentliche Teil unserer Kommunikation meistens unbewusst funktioniert und reflexartig ausgelöst wird. Richtiges Lachen wird uns nicht gelehrt. Wer kennt schon sein persönliches Lachen, wer hat es schon bewusst beobachtet oder je versucht, es zu steuern oder zu ändern?

Unser Lachen ist äußerst komplex und hat eine enorme Spannweite in seinen möglichen Erscheinungsformen. Eine lauthals und herzhaft lachende Frau kann innerhalb von Millisekunden eine Tonhöhe von 1.000 Hertz erreichen. Die Lachmelodie wird unbewusst gesteuert, das Grunzen, Keuchen, Schnattern oder Johlen entfährt uns unwillkürlich, kann also kaum authentisch nachgeahmt werden. Dafür spricht auch, dass das Gegenüber in der Folge sehr gut erkennt, ob das Lachen ein falsches oder ein echtes ist.[52]

Wie verändert sich das Lachen eines Menschen im Laufe seines Lebens?

Wie auch alle anderen unserer Ausdrucksformen, wie zum Beispiel die Stimme, ist Lachen einer Entwicklung ausgesetzt, nicht zuletzt aufgrund der körperlichen Veränderungen. Schließlich ist Lachen auch eine physische Herausforderung. Über 80 Muskeln kommen zum Einsatz – und das nicht ausschließlich im Gesicht.

Noch wesentlicher als die Frage, ob sich das Lachen verändert, ist die Frage, ob wir überhaupt lachen. Denn da zeige sich schon in relativ jungen Jahren eine markante Veränderung: Kinder lachten durchschnittlich 400-mal am Tag, während es Erwachsene nur noch 20-mal täten. Solche Aussagen kursieren auf diversen Webseiten. Oder auch diese: Erwachsene lachten im Durchschnitt 17,5-mal pro Tag, Kinder 300–400-mal bzw. Erwachsene lachten nur sechs Minuten am Tag. Obendrein schwingt oft mit, dass das Lachen im Alter weiter abnimmt und auch in unserer Zeit seltener wird. Zumindest die Angabe „400-mal täglich" beim Kind darf angezweifelt werden. Aber der Trend erscheint plausibel: Kinder lachen tendenziell öfter als Erwachsene. Wobei in der Sozialwissenschaft auch das Umfeld untersucht wird. Es lacht sich nicht immer und überall problemlos. Kinder können unter belastenden Umständen aufwachsen, zum Beispiel oft allein sein.

Lachen gilt vorwiegend als Gemeinschaftserlebnis, oft in spielerischer Umgebung. Es ist Teil der Kommunikation, zu der es eines Gegenübers bedarf. Was natürlich auch für Erwachsene gilt: In einem freundlichen Kreis von Menschen wird leichter und öfter gelacht. Lachen kann die Lebensqualität steigern und die gesundheitliche Situation verbessern. Und das ist wiederum ein Grund, öfter gut gelaunt zu sein und zu lachen.

In seiner Studie über Humor bei Kindern zeigt der Psychologe Paul E. McGhee, dass Kinder im Laufe ihres Heranwachsens ihren eigenen Humor entwickeln.[53]

Bereits ab den ersten Lebenswochen passen sich Kinder dem Gefühlsleben ihrer Eltern an. Sie nehmen Unruhe oder Ängstlichkeit ihrer Eltern wahr, aber auch Geborgenheit und neigen dazu, diese Emotionen zu übernehmen – wenn nicht gerade andere Bedürfnisse dominant sind wie Hunger. Ein sechs Wochen altes Baby reagiert vielleicht schon mit einem Lächeln, wenn es angesprochen wird. Für körperliche Außenreize, wie Kitzeln, kann man bereits ein Lachen bekommen.

Ab dem ersten Lebensjahr sind die Kleinen auch schon für Slapstick empfänglich. Gegenstände am falschen Platz regen an: Schuhe an den Händen, der Löffel an der Nase … Wenn etwas nicht zusammenpasst, besteht ein Grund zum Lachen.

Mit der Entwicklung der Sprache dringen die Kinder in neue Sphären vor. Mit zwei bis drei Jahren führen Sprachwitze zu Gelächter. Wieder ist das Nichtzusammenpassende der Auslöser, nur jetzt eben auf sprachlicher Ebene, zum Beispiel, wenn die Katze plötzlich kräht wie ein Hahn. Was ebenfalls schon das Lachen anregt, sind Tabu-Wörter im Umfeld des *Töpfchens. Kacka* ist in diesem Alter bewährt lustig und hält sich in diversen Varianten bis ins hohe Alter als Lachimpuls.

Mit sechs Jahren werden Missgeschicke anderer als lustig empfunden. Hier geht es aber nicht um Schadenfreude, sondern eher um das

Eintreffen des Unerwarteten. Jetzt beginnt auch die Zeit der Scherzfragen. Nun hat das Kind Spaß daran, etwas zu wissen, was andere nicht beantworten können. Auch erste Witze werden erzählt.

Mit zehn Jahren werden diese schon so wiedergegeben, dass sie prinzipiell funktionieren, auch wenn Erwachsene sie nicht als originell empfinden. Das Spektrum des Humors erweitert sich laufend. Ironie und Sarkasmus werden mit etwa acht Jahren erkannt und mit der Zeit auch geschätzt.[54]

Pathologisches Lachen: Wenn Lachen zur Qual wird

Es geht hier nicht um bösartiges oder verletzendes Lachen. Nicht um Häme oder Spott, sondern um ein außergewöhnliches Leiden.

Es ist in gewisser Hinsicht ein Alarmsignal, wenn eine Krankenversicherung das Lachen zum Thema macht. Ein Beitrag des deutschen Arbeitskreises Krankenversicherung beginnt harmlos mit der Aufzählung verschiedener Typen des Lachens und beruft sich auf die wissenschaftliche Fachzeitschrift „Journal of Experimental Medicine“ aus den USA. Beim sog. pathologischen Lachen handelt es sich um eine sekundäre Verletzung des Zentralen Nervensystems. Gerade solche Verletzungen sind oft die Ursache für neurologische Erkrankungen.[55]

Als Auslöser braucht es in diesem Fall keine besonders raffiniert präsentierte Pointe eines Komikers oder einen Moment der gesellschaftlichen Freude. Es braucht keine Emotion, der Lachanfall ist ein Anzeichen für traumatische Hirnverletzungen, Alzheimer, Parkinson oder einen Schlaganfall. Auch im Rahmen von dementiellen Erkrankungen kann dies eintreten. Über diesen rein körperlich ablaufenden Lachanfall hat der Betroffene keinerlei Kontrolle. Mitunter kann die Lachattacke auch ins Weinen übergehen.

Dieses Phänomen ist noch kaum untersucht, die Häufigkeit ist unbekannt. Behandelt werden Betroffene bei Bedarf medikamentös.

Lachen und Humor

Lachen und Humor sind zwei Begriffe, die scheinbar untrennbar miteinander verknüpft sind, aber nicht zwangsläufig. Das eine geht ohne das andere. Lachen versteht sich primär als körperlicher Prozess, der reflexartig abläuft. Humor hingegen hat mit der Haltung eines Menschen zu tun, geformt durch Erfahrung, Wertevermittlung und kulturelle Einflüsse.

Der Humor ist bewusst einsetzbar und lässt sich auch qualifizieren. Die Forschung[56] hat hier vier Grundarten ausgemacht:

- verbindend,
- selbststärkend,
- aggressiv,
- selbstentwertend.

Der verbindende und der selbststärkende Zugang zum Humor werden positiv gesehen. Im ersten Fall wird die Zusammengehörigkeit unterstützt, es entsteht eine wohlwollende, entspannte Atmosphäre. Im zweiten Fall holt man sich über den Humor Kraft für herausfordernde, stressige Situationen.

Zum negativen Humorstil zählt man die anderen beiden Varianten. Humor, der eingesetzt wird, um sich selbst besser darzustellen und andere zu entblößen, gilt als aggressiv. Ebenfalls negativ sind Witze, mit denen man sich selbst abwertet. Dabei will man sich schwächer darstellen, um die Sympathien der Umgebung zu bekommen.

Wie wir anderen begegnen, auf andere zugehen, welche Erwartungen wir an Beziehungen haben – also letztlich all unsere Charaktereigenschaften – hat Einfluss auf unsere Art mit Humor umzugehen.

Eine weitere Vertiefung ins Thema bietet die Psychologin Dr. Sonja Heintz, Professorin an der Plymouth-Universität in England. Sie arbeitet in ihrer Analyse mit acht Humorstilen[57]:

- Satire,
- Ironie,
- Sarkasmus,
- Zynismus,
- Nonsens,
- Witz,
- Spaß und
- wohlwollender Humor.

Heintz untersuchte, ob es Persönlichkeitseigenschaften gibt, die speziellen Formen des Humors affin sind. Sarkasmus und Zynismus seien beispielsweise oft anzutreffen bei Menschen mit tiefer sozialer Verträglichkeit, aber wenig Gewissenhaftigkeit. Menschen, die den wohlwollenden Humor mögen, seien sozial sehr verträglich. Auch seien sie extrovertiert wie jene, die Spaß und Witz schätzen.

Außerdem kategorisierte Heintz 24 einzelne Charakterstärken, die in den fünf folgenden übergeordneten Gruppen zusammengefasst werden können: emotionale Stärken, zwischenmenschliche Stärken, Stärken der Mäßigung, intellektuelle Stärken und transzendente Stärken.

Dabei zeigte sich, dass Menschen, die zu Sarkasmus und Zynismus neigen, bei den zwischenmenschlichen Stärken unterdurchschnittlich abschnitten. Wer Spaß schätzt, hat eher Schwächen bei der Mäßigung. Andererseits weisen Menschen, die Witz, Spaß und wohlwollenden Humor mögen, emotionale Stärken auf.

Durch diese Erkenntnisse zum Humor kann man auch lernen, ihn für sich zu nutzen. Zu diesem Zweck gibt es spezielle Humortrainings, die wiederum Erkenntnisse der Humorforschung umsetzen (sollen). Gut erforscht gilt zum Beispiel die Funktionsweise des Witzes.

Lachen und der Witz

Wer einen Witz zu hören bekommt, muss ihn zuerst sprachlich verarbeiten. Zu Beginn wird die Erwartungshaltung bedient, wir erwarten einen für uns logischen Verlauf. Wenn diese Erwartung *enttäuscht* wird, indem eine Pointe uns überrascht, kommt es im Gehirn zu vermehrter Aktivität. Wir versuchen diese neue Erkenntnis in Sekundenbruchteilen zu verarbeiten: Ein Prozess, der sich außen im linken Stirnhirn abspielt.

Bei einem Experiment an der Universität Stanford wurde die Gehirnaktivität rund um einen Witz mittels Magnetresonanztomographie untersucht: In allen Tests war die Parietal-Temporal-Occipital Region aktiv. Das ist ein Areal der Hirnrinde, das sich u. a. auch mit mangelnder Übereinstimmung rund um Informationen beschäftigt.[58]

Also: Bei Gefallen der Überraschung kommt der Bereich im Gehirn zum Zug, der für Gefühle zuständig ist. Kommt dann noch das Okay durch die Kontrollregion der Emotionen, wird der Reaktion freie Bahn gelassen. Die Muskulatur im Gesicht und das Zwerchfell legen los, unterstützt durch die Geräuschkulisse rund um die Stimmbänder.

Der Witz und die Intelligenz

Willibald Ruch, Professor für Persönlichkeitspsychologie und Diagnostik an der Universität Zürich, erklärt in einem Interview dem Schweizer Rundfunk, beim Humor ginge es weniger um den Inhalt als um die Form: „Wir lachen nicht über die Blondinen oder Politiker, sondern über den Aufbau des Witzes. Über welche Art von Humor jemand lachen kann, hängt davon ab, wie fantasievoll jemand mit seinen kognitiven Fähigkeiten umgehen kann."[59]

Eine Untersuchung ergab, dass Personen, die bei Witz, Humor, Satire, Ironie und Nonsens hohe Werte erreichten, ihre Intelligenz selbst auch hoch einschätzten. „Der Effekt war aber nur beim Komikstil „Witz" messbar – und das nur schwach. Humor und Intelligenz stehen also nicht wirklich in Korrelation"[60], erklärte Ruch.

Auch hat Ruch eine Zwillingsstudie durchgeführt. Das Ergebnis eröffnet Spielräume für Persönlichkeitsentwicklung in diversen Witz-Kategorien: Demnach sei die Vorliebe für Nonsens nicht erblich. Allerdings liege der Studie zufolge die Leidenschaft für Schwiegermutter- oder Schottenwitze in der Familie. Der Humorforscher wollte diese Deutung aber nicht überbewerten, weil nur diese eine Studie durchgeführt wurde.

Seine Bilanz zum Thema Witz, beziehungsweise Humor, macht durchaus Werbung für das Genre: „Wohlwollender Humor kann uns helfen, Beziehungen aufzubauen, Insider-Witze zeigen unsere Zugehörigkeit."[61] Destruktiv erscheint da Zynismus in Zusammenhang mit Beziehungen, als Mittel für Kritik eignet sich hingegen Satire ganz gut.

Grundsätzlich sieht Ruch im Humor aber ein geeignetes Instrument, um Krisen besser zu bewältigen. Bei schweren Krankheiten, Trennungen oder Verlust eröffnet Humor neue Blickwinkel. Man kann sich herausfordernden Situationen unter Umständen gelassener stellen, über die Situation lachen – und sie damit erfolgreich bewältigen, wie wir auch im Kapitel "Lachen und Krebs" schon ausführten.

KAPITEL 2

VERTRAUTES LACHEN

Lachen im Alltag

„Lachen reinigt die Zähne.“
Afrikanisches Sprichwort

In diesem Kapitel:

Grundlos unwiderstehlich: Lachen bei Babys
Wir finden heraus, warum Säuglinge wie Schimpansen lachen und warum das Lachen des eigenen Kindes Mütter high macht.

Zähne zeigen (oder auch nicht): Was Lachen offenbart
Wir entdecken, dass makellose Zähne nicht nur sauteuer sind, sondern dass es einstmals ganz andere Schönheitsideale beim Lächeln gab.

Cheeeesee! Lachen auf Fotos
Wir beleuchten, warum man früher auf Fotos nicht lächelte und enthüllen, dass es das berühmte „Vögelchen" des Fotografen tatsächlich gab.

Lacharbeiter im Rampenlicht: Lachen als Existenzgrundlage
Wir fragen Humorexpertinnen und -experten, wie sie damit umgehen, vom Lachen zu leben und was sie in Schwierigkeiten bringt.

Stressmindernd, aber missverständlich: Lachen am Arbeitsplatz
Wir stellen fest, dass Emojis in beruflichen Mails nicht für jeden das Gleiche bedeuten und dass sie dennoch Menschen das Gefühl geben, besser verstanden zu werden.

Nirgends ist Lachen schöner, unverfälschter und willkommener als im täglichen Leben. Egal ob bei der Partnersuche, im Beruf oder in der Gesellschaft von Menschen, die uns viel bedeuten: Gemeinsam zu lachen ist eine Lebensqualität, die wir oft für selbstverständlich halten und deren wahren Wert wir erst erkennen, wenn sie einmal nicht mehr vorhanden ist.

Menschen, mit denen wir regelmäßig lachen, werden uns schneller vertraut. Wir verbinden uns mit ihnen auf einer zusätzlichen, innigen, intimen Ebene. Lebenspartnerinnen und -partner, mit denen wir oft, gerne und herzlich lachen, geben uns Geborgenheit und Sicherheit – auch in schwierigen Situationen und Lebensphasen. Das Lachen mit Freundinnen und Freunden und vor allem das Lachen über uns selbst hilft uns dabei, uns selbst aufrichtiger und klarer zu erkennen und uns zu entwickeln.

Und das Beste: Lachen zählt zur Grundausstattung des Menschen. Wir werden nicht nur damit geboren, sondern lachen sogar schon im Mutterleib. Trotzdem kann uns das Lachen im Alltag auch in Schwierigkeiten bringen. Wer mit seinem Lachen tiefe Einblicke in seine Seele gewährt, kann leichter verletzt werden oder öffnet Missverständnissen Tür und Tor.

Dennoch wäre unser Alltag ohne Lachen nicht nur halb so lustig und erfüllt, sondern unsere Persönlichkeit nur halb so facettenreich und interessant.

Grundlos unwiderstehlich: Lachen bei Babys

Was sind die Gründe, dass sich Millionen Menschen auf Social Media Clips von wildfremden, lachenden Babys ansehen? Ganz einfach. Babylachen ist herzig, unschuldig und echt – und es berührt uns auf eine Art und Weise, die wir nicht erklären können. Wie wir schon in Kapitel 1 gezeigt haben, entwickelt sich das Lachen eines Menschen im Laufe seines Lebens ständig weiter. Doch ganz am Beginn dieser Entwicklung hat es etwas beinahe Magisches.

Die spezielle Wirkung des Babylachens bewegt und bezaubert Menschen interessanterweise auch dann, wenn es sich nicht um das eigene Kind handelt. Es ist eine Universalsprache, die einfach funktioniert und die Erwachsene rund um den Erdball verzückt.

Selbst Charles Darwin (1809-1882), den wir aufgrund seiner vorliegenden Portraitfotografien als etwas griesgrämigen Greis mit Rauschebart vor Augen haben, konnte sich der Faszination des Kinderlachens nicht entziehen. In seinem Werk „Der Ausdruck der Gemütsbewegungen bei dem Menschen und den Tieren“[62] aus dem Jahr 1872 widmete er sich unter anderem dem Lachen von Kleinkindern und griff dabei auf die Beobachtung seines Sohns Doddy zurück.

Wie viele Wissenschaftler nach ihm stellte Darwin fest, dass Babys bis zum Alter von sechs Wochen reflexartig lachen und erst ab dann anlassbezogen lächeln. Er unterschied also zwischen einer reinen Muskelreaktion, die erwachsenen Beobachterinnen und Beobachtern lediglich wie ein Lächeln erscheint, und einem *echten* Lächeln aus Erheiterung oder Fröhlichkeit.

Hätte Darwin damals schon auf die Technik des 21. Jahrhunderts zurückgreifen können, wäre ihm noch weitaus Erstaunlicheres aufgefallen: Die Muskelreaktionen, mit denen Babys jene Gesichtspartien *ausprobieren*, die sie später zum Lachen (und Weinen) benötigen, finden bereits im Mutterleib statt. Per 4D-Ultraschall-Videos lässt sich dieses *Ausdruckstraining* ab dem Ende des zweiten Schwangerschaftsdrittels – also nach ca. 6 Monaten – bei ungeborenen Kindern beobachten.

Aber Babylachen birgt noch viele weitere Geheimnisse und Eigenheiten. Spoileralarm: Keine/r von uns lacht jemals wieder so wie er/sie als Baby gelacht hat!

Affengeil: Babys lachen wie Schimpansen – aber nicht lange

Wenn Sie sich selbst beim Lachen beobachten, werden Sie feststellen, dass Sie dabei ausatmen. Warum ist das an dieser Stelle erwähnenswert? Weil Babys anders sind: Neugeborene lachen erstaunlicherweise ab der sechsten Lebenswoche beim Ein- UND Ausatmen, verlieren diese Fähigkeit aber nach und nach, wie ein Forscherteam der Universität von Amsterdam 2018 herausfand.[63]

Das Kuriose dabei: Lachen beim Ein- und Ausatmen ist ein Verhalten, das die Verhaltensforschung ansonsten von Schimpansen kennt. Tatsächlich ist der Mensch nach den ersten Lebensmonaten der einzige Primat, der nur beim Ausatmen lacht. Wissenschaftliche Erklärung gibt es dafür bislang keine. Obwohl die veränderte Physiologie des Lachens mit keinem konkreten Entwicklungsstadium eines Kleinkindes einhergeht, vermutet die Wissenschaft aber einen Zusammenhang mit der zunehmenden Stimmkontrolle.

Warum uns Babys beim Kitzeltest problemlos in die Tasche stecken

Kleinkinder sind uns auch noch in anderer Hinsicht voraus: Wenn Erwachsene die Beine überkreuzen und blind erkennen sollen, an welchem Fuß sie gekitzelt werden, haben sie Koordinationsschwierigkeiten. Babys meistern bis zum Alter von vier Monaten diesen Test problemlos (indem sie einen Reflex mit dem richtigen Fuß zeigen). Das funktioniert übrigens auch mit überkreuzten Armen.

Die Vermutung der Forscherinnen und Forscher der Universität London, die dieses Phänomen 2015 im Rahmen einer wissenschaftlichen Anordnung entdeckten: Babys registrieren Kitzeln bis zum Alter von vier Monaten nicht als Reiz der Außenwelt, während Erwachsene darauf geeicht sind, Impulse mit ihrem gewohnten Blickfeld abzugleichen und zuzuordnen.[64]

Sprich: Der erwachsene Berührungssinn ist bereits untrennbar mit dem Sehen, Hören und Riechen verbunden, während Babys die Welt noch *unverdrahtet* wahrnehmen. Auch hier stellt sich etwas im Kleinkind ab einen gewissen Zeitpunkt auf einen komplett anderen Modus um und ist danach nie wieder so wie vorher.

Ab wann Kinder wirklich lachen

Ab der sechsten Lebenswoche passiert bei Babys etwas Bemerkenswertes: Sie halten mehr Blickkontakt, werden insgesamt bewusster und lachen anlassbezogen. Die Fachwelt spricht von der Umstellung von einem unbewussten „Engelslächeln" auf ein „soziales Lächeln". Das Kind reagiert ab da nachvollziehbarer auf die Mimik seines Gegenübers. Es reagiert insgesamt interessierter auf die Umwelt, besonders auf die Gesichter der Eltern als seinen wichtigsten Bezugspunkt.

Auch für die Medizin ist diese frühe Phase des Kindes ein wichtiger Zeitpunkt. Bei der Untersuchung zwischen dem 3. und 4. Lebensmonat stellt das „soziale Lächeln" ein wichtiges Indiz für eine unauffällige Entwicklung des Säuglings dar.

Eine der Fragen, die die Kinderärztin oder der Kinderarzt den Eltern stellt, betrifft also das Lächeln des Kindes und auch, welche Geräusche es dabei macht. Denn parallel zur Veränderung des Lächelns signalisiert das Kind mit den ersten bewussten Lauten so etwas wie Gesprächsbereitschaft – und macht dadurch seine Entwicklung nachvollziehbar.

Evolutionstechnisch ist dies ein Zeitpunkt, der durchaus Sinn ergibt. Denn nach 6-8 Wochen mit einem Neugeborenen stellt sich bei den meisten Eltern die erste Erschöpfung aufgrund der neuen Alltagssituation ein, auf die man sich (egal, wie viele Bücher über Elternschaft man zuvor gelesen hat) nicht wirklich vorbereiten konnte. Das bewusstere Lächeln und das erste Kommunizieren des eigenen Kindes sind also eine willkommene *Belohnung* für jede Mama und jeden Papa.

Babylachen macht Mütter high

Auch wenn sich jeder Vater über die sich entwickelnde Bewusstwerdung seines Kindes freut – auf Mütter hat Babylachen eine besonders intensive Wirkung. Das zeigt eine Versuchsanordnung, die 2008 im Baylor College of Medicine in Houston/USA durchgeführt wurde:

28 Müttern wurden Fotos von ihren eigenen und fremden Kindern vorgelegt, die verschiedene Emotionen zeigten. Dabei überwachte man den Blutfluss im Gehirn der Frauen mittels Magnetresonanztomografie.

Überraschendes Ergebnis: Der Anblick des eigenen lachenden Kindes wirkte auf eine Mutter wie eine Droge. Er aktivierte Belohnungszentren im Gehirn und schüttete das Glückshormon Dopamin aus.

Auf ähnliche Weise entstehen Suchterkrankungen. Glückliche Babys machen ihre Mütter also auf gewisse Art und Weise *high*.

Der Vollständigkeit halber sei noch erwähnt, dass bei neutralen oder traurigen Fotos die Gehirne der Mütter kaum Unterschiede zwischen eigenen und fremden Kindern aufwiesen und generell eine weitaus schwächere Reaktion zeigten als bei den glücklich lachenden Aufnahmen.[65]

Zähne zeigen (oder auch nicht): Was Lachen offenbart

Mit jedem herzhaften Lachen präsentieren wir sie: Unsere Zähne stehen bei Heiterkeit, Flirt und Fotos unweigerlich im Zentrum der Aufmerksamkeit. Umgekehrt lassen uns weniger perfekte Zähne weniger breit Grinsen und machen uns insgesamt scheuer und zurückhaltender. Kein Wunder, dass die optische Perfektionierung unserer Zähne ein lukrativer Geschäftszweig geworden ist, dessen meist teuer erworbenes „Produkt" man stolz zur Schau trägt.

Als der englische Fußballklub FC Liverpool in der Champions-League-Saison 2017/18 gegen Spartak Moskau antrat, war bei der Pressekonferenz vor dem Spiel für viele der Fußball plötzlich Nebensache. Die Fachwelt und die Öffentlichkeit blickten vielmehr dem deutschen Liverpool-Trainer Jürgen Klopp gebannt ins Gesicht. Klopps Lächeln, das seit jeher ziemlich breit ausfällt, war .... anders. Der Grund: Der deutsche Erfolgscoach hatte sich in den Tagen vor dem Match die Zähne machen lassen und sah plötzlich aus wie ein anderer Mensch.[66]

Das dentale Umstyling hatte nicht nur das Trademark-Lächeln Klopps, sondern sein ganzes Gesicht verändert. Anstelle von 0815-Zähnen blickte man nun auf eine makellose weiße Kauleiste, die seitdem von ihrem Besitzer selbstbewusst und ausgiebig den Kameras präsentiert wird.

Die wichtige Rolle, die Zähne indirekt für unsere Persönlichkeit und vor allem für unser Lächeln spielen, fällt oft unter den Tisch. Erst, wenn wir aufgrund von ausgefallenen, abgebrochenen oder anderweitig entstellten Zähnen bewusster mit unserem Lächeln umgehen, merken wir, wie sehr unsere Beißwerkzeuge Einfluss auf unser Äußeres haben. Dann halten wir bewusst oder unbewusst die Hände beim Lächeln vors Gesicht, wenden uns ab oder lächeln nur mehr verhalten mit zusammengepressten Lippen.

Zähne: Ein teures Aushängeschild

Gravierende Zahn- und Lachveränderungen über Nacht können sich schon aus Kostengründen nur betuchte Stars leisten. Zahnschönheit hat ihren Preis, ist aber in den meisten Fällen ein lohnendes Investment im Showbusiness.

Zahnarztpraxen werben heute nicht mehr nur mit der Aussicht auf schmerzfreie, gesunde Zähne, sondern mit dem Ideal eines schönen Lächelns. Dafür legt sich jeder, der es sich leisten kann, gerne auf den sonst so gefürchteten Zahnstuhl, den man ansonsten lieber meidet, und greift tief in die Tasche. *Cosmetic Dentistry* ist kostenmäßig die *Champions League* der Zahnmedizin und bringt mittlerweile auch eigene Stars hervor.

Jener Zahnarzt, der Jürgen Klopps Zähne sanierte, durfte sich ebenso in der Presse äußern, wie Dr. Bill Dorfman, der das Lächeln unzähliger Hollywood-Stars (wie George Clooney oder Anne Hathaway) durch eine spezielle Bleaching-Methode aufgehellt hatte.

Normale Kronen sind dabei übrigens out. Wer das Geld hat, setzt auf *Veneers* – eine Art Keramikfassade, die auf die echten Zähne geklebt wird wie falsche Fingernägel. Damit wird jedes Lächeln makellos und weiß. Kostenpunkt: Rund 1.000 Euro pro Frontzahn bzw. bis zu 18.000 Euro für ein „*Smile Makeover*" mit 8-10 Keramikaufsätzen. An dieser Investition soll man dann aber zumindest zehn Jahre lang Freude haben.

Bleichen statt blechen

Wer nicht ganz so gut bei Kasse ist, ordert bei Star-Dentist Bill Dorfman ein „*Zoom!*"-Bleaching. Dabei wird nach gründlicher Reinigung der Zähne Wasserstoffperoxidgel aufgetragen, 15 Minuten mit UV-Licht bestrahlt und das Material wieder entfernt. Eine Stunde, mindestens drei Wiederholungen der Prozedur und rund 600 Dollar später strahlt man mit superweißen Zähnen, die mittlerweile so etwas wie Schönheitsstandard in Hollywood geworden sind – und dadurch auch im Rest der westlichen Welt des Showbusiness.[67]

Wenn man sich auch das Bleichen nicht leisten kann, gibt es mittlerweile aufsteckbare erschwingliche Zahnleisten, die zumindest für Fotos und Selfies die Illusion von makellosen Zähnen liefern.

Schlechte Zähne vertreiben die Selfie-Lust

Das Zahnaufhellen auf natürlichem Wege gelingt leider nicht allen Menschen wie gewünscht. Das britische Healthcare- und Versicherungsunternehmen BUPA befragte im Jahr 2015 rund 2.000 Personen über ihre Zufriedenheit mit dem eigenen Lächeln. Ergebnis: 81 Prozent der befragten Britinnen und Briten war generell unzufrieden mit ihren Zähnen auf Selfies. 28 Prozent vermieden es deswegen, bei Selfies zu lächeln.[68]

Bunte Zähne

Wer jetzt aber der bösen Social Media-Scheinwelt und den hohlen Schönheitsidealen des 21. Jahrhunderts die Schuld gibt, dass Menschen ihr natürliches Lächeln nicht mehr schätzen, sei eines Besseren belehrt: Zahnschönheit war immer schon ein Thema für Menschen – teilweise mit sehr kuriosen Ausprägungen.

So entdeckte die Anthropologin Caroline Arcini vom Schwedischen Denkmalamt im Jahr 2005 einen interessanten Wikinger-Spleen an Skeletten.[69] In den oberen Vorderzähnen von 24 Männern, die auf der Ostsee-Insel Gotland und in der südschwedischen Provinz Schonen (Skåne) gelebt hatten, fanden sich zwei oder drei horizontale Furchen, die mit Wachs oder Fett rot oder schwarz eingefärbt worden waren. Sichtbar wurde dieser Körperschmuck der Träger durch breites Lächeln. Auch bei nordamerikanischen Ureinwohnern waren bereits derart gefärbte Zähne entdeckt worden.

Schwarze Zähne

Weitaus mehr Funde und Belege gibt es für schwarz gefärbte Zähne. In Japan dürfte diese Sitte seit ca. 500 n. Chr. angewandt worden sein. *Ohaguro* (jap. für *Zähneschwärzen*) wurde von Männern und Frauen praktiziert. Teilweise findet es auch heute noch statt.[70]

Unter dem Hofadel und den Samurai symbolisierte das Schwärzen der Zähne zunächst die Treue zum Lehnsherren, später galt es Frauen als Zeichen ihrer Treue zum Ehemann, Prostituierte praktizierten es, um möglichst verführerisch zu wirken.

Ein buchstäblich schwarzer Tag für *Ohaguro* ereignete sich jedoch im Jahr 1873 als die sehr modern auftretende Kaiserin Shōken (1849-1914) sich in der Öffentlichkeit mit strahlend weißen (!) Zähnen zeigte und damit große Aufregung und einen Kulturschock auslöste. Nach und nach verschwand die Tradition, nachdem sie über hunderte Jahre hinweg ein fixer Bestandteil vorwiegend im Leben von heranwachsenden Frauen gewesen war.

Anleitung zum Zähneschwärzen

Die Zubereitung und Anwendung von zahnschwärzenden Mitteln wurde von Generation zu Generation weitergegeben und folgte – ähnlich wie die japanische Teezeremonie – fixen Regeln und Abläufen. Allein die Zutatenliste lässt jedoch erahnen, dass *Ohaguro* alles andere als angenehm gewesen sein dürfte: Das Färbemittel bestand unter anderem aus rotglühendem Eisen, das in Tee, Essig oder Reiswein gegeben und fermentiert wurde. Die erkaltete Mischung, die mit einem Pinsel auf die Zähne aufgetragen wurde, hatte einen intensiv-fauligen Geruch, der allerdings mit der Zeit verschwand. Die Färbung hielt ungefähr 2-3 Tage, was bedeutet, dass die unangenehme Prozedur regelmäßig wiederholt werden musste. Der erneute Farbauftrag hielt dabei nur dann zuverlässig, wenn man die alte Farbe zuvor gründlich mit der Schale eines Granatapfels entfernt hatte.

Interessanterweise entdeckte die Forschung aber, dass die schwarze Paste nicht nur dem damaligen Schönheitsideal diente, sondern auch praktische Vorteile hatte. Sie wirkte Karies und der Demineralisierung der Zähne entgegen.

Auch in Thailand, Vietnam und auf den Philippinen färbten sich Menschen die Zähne schwarz. Einige Urvölker in Südostasien verwendeten kleingehackte Betelnüsse (auch als Areca-Frucht bekannt), um ihre Zähne zu schwärzen. Dort tat man es allerdings aus religiösen Gründen: Man wollte mit weißen Zähnen nicht aggressiv erscheinen und damit die Götter verärgern. Vielleicht fand man aber auch einfach Gefallen an den Nebenwirkungen der eigentlich giftigen Frucht: Deren Inhaltsstoffe wirken anregend und haben eine ähnliche Wirkung wie Alkohol. Das ist wahrscheinlich auch der Grund, warum ihr Konsum bzw. mancherorts sogar ihr Besitz heutzutage verboten ist.[71]

Schiefe Zähne

Ohaguro ist heute fast zur Gänze aus Japan verschwunden. Einer der neueren Trends in puncto *Schönes Lächeln* sind im Land der aufgehenden Sonne schief gewachsene Zähne.

In Japan gelten schiefe Zähne als hip und sexy. Der gefragteste Look sind ausgeprägte Eckzähne, wie sie bei Heranwachsenden natürlich sind. Wer nicht das *Glück* hat, dass sein sog. *Yaeba-Look* über die Jugendzeit hinaus erhalten geblieben ist, rüstet mit falschen Aufklebe-Eckzähnen (*tsuke-yaeba*) nach. Kostenpunkt: ca. 600 Euro.

Regenbogen-Zähne und 3D-Smile-Design

In Amerika wandelte man dafür kurz wieder auf den Spuren der Wikinger. Unter dem Hashtag *#rainbowteeth* entstand im Jahr 2018 ein Hype auf Instagram – ausgelöst durch einen bunten Zahnlack einer US-Firma, der wie Nagellack aufgetragen werden konnte.

Haltbarkeit des ungiftigen Zahnlacks: 24 Stunden.

Haltbarkeit des Hypes: Wenige Monate. Mittlerweile sieht man kaum noch Influencer mit bunten Zähnen.

Zahndesign

Es gibt heute Zahndesign-Technologien, die mittels 3D-Druck auf Basis eines Abdrucks eine komplett neue Zahnfront zu erstellen. Sieht alles nach Wunsch aus, wird eine Korrekturschiene hergestellt, die am Ende zu jenem Lächeln führen soll, das man schon bei der Anprobe an sich gesehen und für gut befunden hat.

Oft wird laut den Marketing-Unterlagen nicht bloß eine „Korrekturschiene" angefertigt, sondern „Ihr persönliches Lächeln". Denn wir wissen ja inzwischen: Für ein Lächeln greift man psychologisch weitaus bereitwilliger in die Tasche als für Zahnkorrekturmaßnahmen.

Cheeeesee!
Lachen auf Fotos

Wer heute tatsächlich noch eine analoge Kamera besitzt und benutzt, ist mit großer Wahrscheinlichkeit im vorigen Jahrhundert geboren, Berufsfotograf oder Fotoenthusiast. Bilder aufzunehmen war vor dem Zeitalter der Digitalkameras bzw. der omnipräsenten Smartphones mit ihren eingebauten Kameras tatsächlich noch etwas Besonderes und Kostspieliges. Fotofilm musste gekauft und entwickelt werden, ehe man überhaupt zu Gesicht bekam, was man vor Wochen im Italien-Urlaub aufgenommen hatte (und die 24 oder 36 Fotos der eingelegten Filmrolle endlich verschossen waren).

Für Menschen aus dem späten 19. Jahrhundert wäre aber selbst das schon unvorstellbar gewesen. Denn lange vor erschwinglichen Kameras für jedermann war die Aufnahme eines Fotos für manche ein einmaliges und relativ teures Lebensereignis – erst recht für Menschen, die vor 1870 (dem kommerziellen Durchbruch der Fotografie) ihr Portrait noch malen lassen mussten, um der Nachwelt erhalten zu bleiben.

Doch ein Thema hatte sich mit dem Aufkommen von Fotoapparaten nicht geändert: In welchem Outfit und mit welchem Gesichtsausdruck sollte man sich für die Ewigkeit abbilden lassen? Spoileralarm: Zu lächeln war keine Option!

Bitte recht ernst!

Wer Portraits auf Gemälden oder alten Fotografien betrachtet, wird so gut wie nirgends lächelnde Menschen sehen. Sich abbilden zu lassen, war lange Zeit ein Privileg für Herrschende und Vermögende und dadurch etwas, das stets von großer Tragweite und Würde begleitet war. Honorige Personen dürften aber auch abseits der Staffelei bzw. von Fotoapparaten nicht sonderlich heiter gewirkt haben, denn Lächeln galt allgemein als Zeichen von Schwäche bzw. Schwachsinnigkeit, das Betrunkene, Tunichtgute oder Dorftrottel zeigten – also Menschen von zweifelhaftem Ruf bzw. jene, die die Kontrolle über ihr Leben verloren hatten.

Sogar Gott hatte eine Meinung dazu – zumindest behauptete das die katholische Kirche zu jener Zeit. „Die Lippen wurden geschaffen, um die Zähne zu bedecken“ war das Credo hinsichtlich der Angemessenheit von Gesichtszügen. Umkehrschluss: Wer lächelt oder grinst, ist des Teufels und zu meiden.

Nur Narren und Kunstschaffende konnten es sich ungestraft (weil ohnehin am Rande der Gesellschaft angesiedelt) erlauben, auf Fotografien einen Hauch von Lächeln zu zeigen. Und nur sogenannte *Volks-*

maler, die mit unbekannten Modellen arbeiteten, wagten sich daran, heitere Emotionen auf die Leinwand zu bringen. Doch die überwiegende Mehrheit der Abgebildeten gab sich konsequent seriös unheiter und fühlte sich wohl dabei. Manche werden wohl auch froh gewesen sein, dass sie ihre Zähne (die seinerzeit alles andere als perlweiß waren) verstecken konnten.

Mit dem Aufkommen von Fotoapparaten kam ein weiterer Grund für das Nichtlächeln auf Bildern hinzu. Da die Verschlusszeiten bei einer Aufnahme relativ lange dauerten, war es weitaus schwieriger, sekunden- oder minutenlang zu lächeln, als mit geschlossenen Lippen geduldig auszuharren. Aber auch hier schwang noch das gesellschaftliche Bewusstsein mit, dass man sich lächelnd der Lächerlichkeit preisgibt.

Mark Twain, einer der meistfotografierten Menschen seiner Zeit, schrieb in einem Brief: "A photograph is a most important document, and there is nothing more damning to go down to posterity than a silly, foolish smile caught and fixed forever."[72]

Die Geburt des Vögelchens

Doch Mark Twain sollte recht schnell von der volksnahen Wirklichkeit eingeholt werden. Als 1925 in Deutschland mit der Leica die erste brauchbare mobile Kleinbildkamera für jedermann auf den Markt kam, waren nicht mehr ausschließlich professionelle Fotografen am Drücker, sondern jeder Normalsterbliche, der sich einen *Schnappschussapparat* leisten konnte. Im Privatleben der Menschen angekommen, war es schnell vorbei mit den ernsten Mienen. Die Menschen wollten ihre Lieben so festhalten, wie sie sie am liebsten sahen: lächelnd und glücklich.

Professionelle Fotografen sahen sich dadurch einer neuen, ungewohnten Kernaufgabe gegenüber: Sie mussten Menschen, die sich fotografieren lassen wollten, nach Jahrzehnten der erwünschten Emotionslosigkeit plötzlich zum Lachen animieren. Manche behalfen sich mit einer kleinen Vogelfigur auf dem Kameragehäuse, die sie per Luftdruck zum Flattern bringen konnten und damit vor allem die jüngeren Kundinnen und Kunden verzückten. Warum gerade ein Vogel? Die alten Fotoapparate erinnerten an Nistkästen und ein Vogel war auf ihnen glaubhaft aufgehoben.

Das erste Exemplar dieses mechanischen *Vögelchens* (angeblich inspiriert durch einen echten sangesfreudigen Vogel im Besitz des cleveren Fotografen C.W. Davis) lässt sich bis ins Jahr 1879 zurückverfolgen. Patentiert wurde es jedoch erst im Jahr 1923 vom Spielzeughersteller Oscar Schwarzkopf und zur gleichen Zeit von einer Spielzeugfabrik in Connecticut. Schon bald zählte die mechanische Aufheiterungshilfe zur Grundausstattung eines Fotostudios. Es war ein Trick, der sich seinerzeit über die ganze Welt ausgebreitet haben muss – zumindest hat er sprachliche Spuren hinterlassen. [73]

Hier ein paar Beispiele für internationale *Vögelchen-Kommandos*:

Deutsch: „Gleich kommt das Vögelchen!“
Englisch: „Watch the birdie!”
Französisch: „Attention, le petit oiseau va sortir!“
Italienisch: „Guarda, che arriva l‘uccellino!“
Kroatisch: „Ptičica!“
Niederländisch: „„„Lach eens naar het vogeltje!“
Polnisch: „Zobacz, ptaszek leci!“
Portugiesisch: „Olha o passarinho!“
Serbisch: „Ptičica ” („птичица“)
Spanisch: „Mira el pajarito!“
Ungarisch: „Itt repül a kis madár“

Und auch in Hollywood hinterließ das *Vögelchen* Spuren: Filme, Kurzfilme und Songs mit dem Titel „Watch the Birdie" finden sich zahlreich von den 1920er- bis in die 60er-Jahre. In kaum einem populären Cartoon wird der Gag mit dem Vogel nicht strapaziert, sobald eine Kamera zu sehen ist. In dem Walt-Disney-Film „Susi und Strolch" („The Lady and the Tramp") von 1955 gibt es zudem einen eigenen *Watch-the-Birdie-Song*.

Sogar in die moderne Popkultur hat das *Vögelchen* Einzug gehalten. Sowohl in „Top Gun", als auch im Bond-Streifen „Living Daylights" kommt bei einer Szene mit der Kamera der gefiederte Freund aller Fotografen als lustiger Ausspruch zum Einsatz, obwohl der mechanische Vogel da bereits längst aus dem Alltag verschwunden war, aber trotzdem auch von den nachkommenden Generationen als natürliches Kommando beim Fotografieren verstanden wurde.

Käse statt Vogel

Doch irgendwann war der Vogel endgültig abgeflogen und ein neues Wort eroberte die Fotografie. Um Menschen dazu zu bringen, die Zähne zu zeigen, ließ man sie nun Worte sagen, bei denen man unweigerlich ein Grinsen aufsetzen musste.

Im deutschsprachigen Raum erfreuten sich dabei *Spaghettiiiiii* oder *Käääääsekuchen* (später auch *Ameisenscheeeeeiße*) großer Beliebtheit. Der internationale Renner war jedoch *Cheeeeese!* bzw. Worte in den jeweiligen Landessprachen, die ähnliche Wirkung auf die Gesichtsmuskulatur hatten.

Hier eine kleine Weltreise durch Fotografenkommandos mit Grinsgarantie:[74]

Argentinien: „Whiskey“
Bulgarien: „Zele“ („Kraut“)
Brasilien: „X“ (der Buchstabe X wird im Portugiesischen wie „cheese“ ausgesprochen)
China: „Qiézi“ (茄子, „Melanzani“)
Dänemark: „Sig appelsin“ („Sag Orange!“)
Finnland: „Muikku“ (eine kleine Fischart)
Frankreich: „ouistiti“ (eine kleine Affenart)
Hongkong: „yat yi saam“ („一,二,三“ , „1, 2, 3“)
Indien: „paneer“ (पनीर, „Käse“)
Iran: „Sib“ (سیب, „Apfel“)
Israel: „tagidu tshiz“ (תגידו צ׳יז, „Sag Käse!“)
Italien: „dì cheese”
Japan: „Chiizu“ (チーズ).
Kolumbien: „Whiskey“
Korea: „Kim chi“ („fermentierter Chinakohl“)
Marokko: „Khbiz“ („Brot“)
Polen: „dzem“ („Marmelade“)
Rumänien: „brânză“ („Käse“)
Russland: „Seer“ („сыр“, „Käse“) oder „Skazhi izyum“ („Sag Rosine!“)
Slowakei und Tschechien: „sýr“ („Käse“, früher „fax“ (mittlerweile outdated))
Spanien: „di/decid patata“ („Sag Kartoffel!“)
Schweden: „Säg omelett!” (“Sag Omelett!”)
Türkei: „Peynir“ („Käse“)

Tradition hin oder her: Mittlerweile kristallisiert sich bereits eine weitere Alternative zu Vogel und Käse heraus. Influencer und Influencerinnen auf Social Media (die Tag für Tag mehr Fotos produzieren, als während des gesamten 20. Jahrhunderts aufgenommen wurden) schwören mittlerweile auf *Yeah!* als Wort, das angeblich das natürlichste Lachergebnis auf Fotos produziert.

Back to the roots: Lächeln verboten!

Wer heute ein Foto für den Reisepass oder ein anderes Ausweisdokument benötigt, fühlt sich jedoch schnell ins 18. oder 19. Jahrhundert zurückversetzt. Denn auf offiziellen Fotos für wichtige Dokumente darf nicht gelacht werden. Ernste Miene ausdrücklich erwünscht! Dies hat im 21. Jahrhundert freilich weniger mit Etikette oder gar Gottes Willen zu tun, sondern mit Sicherheitsvorkehrungen. Verantwortlich dafür ist der Terroranschlag vom 11. September 2001 auf das New Yorker World Trade Center und die nachfolgenden Verschärfungen bei der Überprüfung von Reisedokumenten.

Die ernste Miene in Reisepass, Führerschein und Personalausweis heißt im Fachjargon *Biometrisches Passbild* und erleichtert die digitale Erfassung von unverwechselbaren Gesichtsmerkmalen. Der Augenabstand oder die Beschaffenheit der Wangenknochen können bei verschiedenen Menschen zwar ähnlich sein, die Kombination ist jedoch bei jedem Menschen einzigartig und wird bei neuen Reisepässen in eine Formel umgewandelt und auf einem Chip im Dokument gespeichert. Neben einem Lächeln sind aus diesem Grund auch asymmetrische Portraits und irritierende Hintergründe verboten.[75]

Somit nimmt das Passfoto mit geschlossenem Mund aus unerfreulichen Gründen eine Sonderstellung in der von lachenden Influencer-Fotos überfluteten digitalen Welt ein – und stellt damit auch unfreiwillig eine Erinnerung an Zeiten dar, in denen die Herstellung von Bildern noch ein ehrwürdiges, zeitaufwendiges und ganz und gar ernstes Unterfangen war.

Lacharbeiter im Rampenlicht: Lachen als Existenzgrundlage

Eine sehr interessante Perspektive auf das Lachen liefern jene, die nahezu täglich beruflich damit befasst sind: Wir haben bei ausgewählten *Lacharbeitern* nachgefragt, was das Lachen für sie bedeutet, wie man Menschen zum Lachen motiviert und ob sie von besonderen Erlebnissen berichten können.

Günther Lainer (Kabarettist mit Clown-Erfahrung, Autor)[76]

Günther Lainer, Geburtsjahr 1969, war nicht von Anfang an klar, dass er auf der Kabarett-Bühne landen würde. Nach seiner Schulzeit in Oberösterreich absolvierte er eine Lehre zum Tischler. Danach hängte er noch eine Ausbildung zum Pastoralassistenten an. Der Linzer stand als Religionslehrer in diversen Klassenzimmern, bevor er sich der Kleinkunst zuwandte. Als Clown tröstete er kranke Kinder und fand bald darauf den Weg auf die Bühne, zumeist als Hälfte eines Kabarettduos mit wechselnden Kollegen.

Welche Rolle spielt das Lachen für Dich?

> „Lachen ist gut und wichtig. Das Lachen vereint das Publikum und es gibt mir Bestätigung für das, was ich mache und zeigt mir, dass es funktioniert. Man könnte es so sagen: Komiker sind komische Menschen! Wenn das Publikum über sie lacht, fühlen sie sich ernst genommen. Wahrscheinlich ist es eine der schwierigsten Sachen, Menschen in Lachen und Staunen zu versetzen. Im Gro-

ßen und Ganzen kann ich sagen, dass ich den schönsten Beruf der Welt habe. Ich habe Spaß (außer in der Probenphase) und bringe Menschen gerne zum Lachen. Lachen hat sehr viel Kraft und im Moment des Lachens vergisst du alles andere bzw. denkst an nichts anderes. Du bist im Moment. Das kann Lachen und das ist schon sehr intensiv und einzigartig. Ich glaube, Lachen ist, wenn dich das Leben berührt. Lachen hat etwas mit Leben zu tun, mit deinem Leben, mit deinem Alltag und drückt die Freude aus. Wenn du lachst, geht es dir gut und das ist gut so."

Gibt es ein Konzept, das immer funktioniert?

„Sich auf die Bühne zu stellen und die Leute zum Lachen bringen erfordert viel Vorarbeit (schreiben, proben …) und es gibt eigentlich kein Konzept. Es ist immer wieder eine neue Herausforderung, ein Lachprogramm zu schaffen. So gesehen kann man sagen: Humor ist eine ernste Angelegenheit. Irgendwann gibt es in der Vorbereitungsphase einen Moment, da findet man gar nichts mehr lustig. Dann braucht es ein Regulativ und das ist das Publikum. Man hat sogenannte „100er-Wuchtln", glaubt, da wird sicher gelacht und es ist doch nicht so. Aber es wird auch an Stellen gelacht, an denen man gar nicht damit rechnet. Ich verändere ständig das Programm, weil das Lachen des Publikums die Schwachstellen und auch die starken Phasen zeigt. Ein Programm ist erst fertig, im doppelten Sinne, wenn es abgespielt ist. Das Publikum ist sehr verschieden und lacht auch oft an anderen Stellen als das Publikum davor oder danach.
Ein Beispiel: Im Programm habe ich stets ganz am Anfang einen Gag. Je nachdem, ob und wie intensiv bei dieser Pointe gelacht wird, weiß ich: Jetzt muss ich um die Leute kämpfen und dann haben wir eine gemeinsame Wellenlänge. Meistens gelingt mir das.

Aber es gibt natürlich auch Abende oder Stellen, an denen nicht so gelacht wird wie erwartet. Das kann verschiedene Ursachen haben. Aber meistens hängt das schon mit mir zusammen. So ist unser Beruf. Die Leute schauen uns beim Arbeiten zu und wir werden an den Lachern gemessen."

Welche Erfahrungen sammeltest Du bei den CliniClowns?

„Ich glaube, die wichtigste Rolle für mich hatte das Lachen in den fünf Jahren bei den CliniClowns gespielt. Es war für mich nicht nur Arbeit, sondern auch Bereicherung. Ich habe sehr viel durch das Lachen der kranken Kinder zurückbekommen. Das war etwas sehr Besonderes und eine große Herausforderung, Lachen in diesen doch sehr anderen Alltag der Kinder zu bringen."

Ist Dir ein einzigartiger Abend in Erinnerung geblieben?

„Es war in Hofkirchen im Traunkreis. Wir spielten die letzte Nummer vor der Pause. Eine Talkshow, die ich anmoderierte. Bei meinem letzten Satz gingen im Saal wie geplant die Lichter aus und es war schlagartig finster. In der Fachsprache sagt man: *Blackout!* Ich musste schnell von der Bühne und dachte, dort, wo mein Partner rauf geht, sind die Stufen. Also nahm ich den sorgfältig durchdachten Weg. Was mir in die Quere kam, war der logische Schluss meines Kollegen. Der hatte sich nämlich zum selben Zeitpunkt gedacht: Damit der Lainer mehr Platz auf den Stufen hat, springe ich neben der Treppe auf die Bühne. Den Rest kann man mit einem Wort beschreiben: PLUMPS! Ich fiel von der Bühne einen Meter hinab, sehr unsanft und direkt auf den Boden. Zum Glück hatte ich mich nicht verletzt. Wir mussten die nächste Nummer abbrechen, weil mein Partner und ich einen Lachanfall bekamen und nicht

mehr weiterspielen konnten. Wir gingen vorzeitig in die Pause, um uns in der Garderobe vom Lachen zu erholen.
Das Ganze ist vor ca. 15 Jahren passiert und mich reden heute noch Leute auf diese lustige Vorstellung an. Zumal die meisten glaubten, diese Einlage hätte zum Programm dazugehört. Das Leben schreibt die lustigsten Geschichten."

Roman Szeliga (Mitbegründer der Cliniclowns, Arzt, Vortragender und Autor)[77]

Seine Karriere als Internist hat Dr. Roman Szeliga, geboren 1962, zugunsten seines Engagements im Bereich des Humors ruhen lassen. Als Mitbegründer der CliniClowns setzt der Arzt auf die positive Wirkung des Lachens bei der Heilung schwerkranker Kinder.

Das Potenzial des Humors will er mittlerweile auch Unternehmen nahebringen. Dies tut der viel gebuchte Speaker vor allem in seinen Vorträgen, oft vermittelt durch seine Agentur mit Sitz in Wien. Auch Auftritte als Magier absolvierte er bereits. Richtiggehend magische Wirkung aber spricht er dem Lachen zu.

„Lachen macht süchtig, ist ansteckend und löst mitunter schwer therapierbare Zwerchfellkrämpfe aus. Ich verstehe gar nicht, warum das Lachen nicht schon längst in den Katalog für gefährliche Krankheiten aufgenommen wurde. Wobei, gefährlich ist es ja wirklich, das Lachen: Es killt schlechte Laune, zerstört negative Stimmung und rottet negative Lebenseinstellungen aus. Spaß beiseite oder doch nicht. Lachen Menschen im Publikum, erzeugt das in mir einen Energieausbruch, ein wohliges Gefühl, einen Orgasmus der Seele. Fröhliche Gesichter zu sehen – und das in diesen wilden Zeiten –, ist für mich Jungbrunnen und Motivationsfaktor in einem, mit dem Ziel, nie aufzuhören, mit dem was ich geben kann und so gerne mache: Andere Menschen zum Lachen zu bringen. Ich habe mein Leben um das Lachen aufgebaut: Es ist eine der grundlegendsten Kommunikationsformen des Menschen und eine reflexartige Reaktion auf komische oder erheiternde Situationen. Das Schöne: Lächeln und Lachen sind eine Art Universalsprache, die die ganze Welt versteht und miteinander verbindet. Wenn ich selbst über Situationen, Erlebnisse oder gute Gags von Kolleginnen und Kollegen lachen darf (nicht muss), dann fühle ich mich einfach wohl, entspannt und energiegeladen. Ja, das geht unglaublicher Weise auch ohne Drogen – wie geil ist das denn!?

Was passiert im Zuschauerraum? Lachen verbindet Menschen im Publikum, manchmal prustend und laut, manchmal leise und stetig, manchmal auch wie ein Tsunami des Frohsinns durch die Stuhlreihen brausend. Ein sagenhaftes Gefühl, von dem ich nicht genug bekommen kann. Und nicht nur das: Wer von Herzen lacht, tut gleichzeitig auch etwas für seine Gesundheit – und das ist mir als Arzt sehr wichtig. Was mir noch wichtig ist, heute mehr denn je: Mit einem Lächeln sind meist angenehme Gedanken und Emotionen verbunden, die zu Entspannung führen können und das haben wir alle bitter nötig."

Wie ermutigst Du das Publikum zum Lachen? Und klappt das immer?

„Ich gebe den Zuhörern von der ersten Sekunde meiner Präsenz an die Erlaubnis, über sich oder ihre alltäglichen Lebenssituationen zu lachen, indem ich vorher über mich und meine kleinen Pannen des Lebens lache. Lachen, vor allem über sich selbst, kann einem niemand verbieten. Außerdem müssen es dann die anderen nicht tun. Lachen erzeugt eine positive Grundstimmung und jeder spürt, wie gut uns das tut. In der Gemeinschaft aber auch individuell. Um den Start zur entspannten Fröhlichkeit zu geben, setze ich eigene Beispiele und Geschichten ein, die jeder schon mal in irgendeiner Form selbst erlebt hat. Diese Reflexion gibt dem

einzelnen auch (die von mir geführte) Möglichkeit sich über eine Situation nicht mehr zu ärgern, sondern darüber zu schmunzeln oder lachen.
In meinen Vorträgen und Programmen vermittle ich den Zuhörern stets: WIR werden heute GEMEINSAM viel Spaß haben. Ich bin ein Guter so wie ihr alle, wir werden deshalb nun GEMEINSAM dem Ernst des Lebens die rote Karte zeigen. Mit dieser inneren Haltung, mit diesem Subtext meiner ersten Ausführungen gehe ich auf die Bühne. Und das funktioniert meistens. Und wenn ich neue Sachen, Pointen, Witze einbaue, die noch nicht so richtig funktionieren, dann halte ich es mit der Philosophie des großen Schauspiel- und Improlehrers Keith Johnston: ‚Stay happy when you lose'."

Im Laufe der Zeit sammeln sich auch zahlreiche Erinnerungen an … Erzählst Du uns von einem besonderen Erlebnis?

„Ich erlebe ja vieles in meiner Tätigkeit auf den Bühnen und abseits davon. Eine kleine Anekdote von einem offenen Seminar vor einigen Jahren: Ich mache mit den etwa 20 Teilnehmern eine kurze Vorstellung und komme zum letzten in der Runde. Er sagt im typischen Schweizer Zungenschlag: ‚Ich bin der Bruno Fätteli und komme aus Zürich.'
Ich will witzig pointiert und schlagfertig darauf antworten und sage einen Schweizer imitierend: ‚Das ist ja super, ein Schwiiizer!' Der Teilnehmer schaut mich kurz an und sagt wie aus der Pistole geschossen: ‚Bitte, ich bin kein Schwiiizer, ich nehme ein Deodorant.' Riesengelächter und ein total verblüffter Trainer in meiner Person, gefolgt von einem verschmitzten Grinser meines lieben Eidgenossen. Der perfekte, amüsante Start in einen erfolgreichen Trainingstag – besser geht es nicht!"

Nadja Maleh (Kabarettistin, Trainerin und Autorin)[78]

Die syrisch-tirolerische Wienerin, geboren 1972, ist seit vielen Jahren für kluge Kleinkunst bekannt und beeindruckt mit ihrer Vielseitigkeit. Sie steht nicht nur selbst als Kabarettistin auf der Bühne, sondern begleitet manche Kolleginnen und Kollegen auch als Regisseurin. Auch als Sängerin und Schauspielerin war sie schon zu sehen. Neben zahlreichen Solo-Programmen zeigte sie sich zudem als Mitglied im Ensemble des Wiener Kabaretts „Simpl“ und in der „Wochenshow“ des Senders Sat.1. Auch als Vortragende und Achtsamkeits-Trainerin setzt sie auf die Kraft des Humors und hält Plädoyers für die Kreativität als entscheidenden Wettbewerbsfaktor. „Der Mensch ist ein schöpferisches Wesen.“, sagt Maleh. „Und was macht der kreative Geist am liebsten? Er spielt. Und lernt! Mit klarem Geist und entspannten Körper. Für die Entspannung sorgt unter anderem der Humor.“

Was macht das Lachen mit uns?

> „Lachen erleichtert die Seele und macht einfach Freude. Während man lacht, kann man nicht schlecht gelaunt sein. Probieren Sie es! Machen Sie sich Sorgen oder ärgern sich über irgendeinen Wappler, WÄHREND Sie lachen. Und? Stimmt, das geht sich gleichzeitig nicht aus! Herrlich, oder? By the way, wir wissen, dass der Körper beim Lachen Glückshormone produziert, und davon kann man nie genug haben. Eine Warnung möchte ich allerdings doch aussprechen: der griechische Dichter Philemon der Ältere (er lebte 300 v. Chr., ist also echt schon älter) soll sich über einen frechen Esel totgelacht haben. Also VORSICHT. Vor frechen Eseln.“

Wie motivierst du das Publikum zum Lachen? Was machst Du, wenn zu wenig gelacht wird?

„Ich denke, Humor ist Tragik in Spiegelschrift. Und ich stehe auf emotionale Achterbahnfahrten, wenn sich befreites Lachen und Berührtheit abwechseln, ein Auf und Ab von Irritation und Harmlosigkeit, von Oberfläche und Tiefe. Naja, wenn das Publikum zu wenig lacht, kann das viele unterschiedliche Gründe haben. Manchmal gelingt es mir die Herzen des Publikums zu erobern, manchmal muss ich mich damit abfinden, dass es halt grad suboptimal läuft. Man trifft eben nicht jedermanns/-fraus Geschmack. Und wenig Lacher bedeuten nicht automatisch wenig Interesse. Je nach Temperament zeigen die Menschen ihre Freude offen und laut oder eben zurückhaltend. Go with the flow, lautet das Motto."

Lachen ist nicht immer zum Lachen. Erinnerst Du Dich an eine Episode, die dir schmerzhaft in Erinnerung geblieben ist?

„Eine tatsächlich sehr intime Geschichte: ich hatte nach einem Autounfall neben anderen schweren Verletzungen auch einen Serienrippenbruch, alle Rippen der rechten Seite waren gebrochen. Ich bekam die Anweisung von den Ärzten, ich dürfe weder lachen noch niesen, weil eine Rippe die Lunge perforieren könnte. Ich hatte starke Schmerzen, mir war eh nicht zum Lachen. Eines Tages – ich lag halbtot am Tropf hängend im Krankenhausbett – kam eine Putzfrau in mein Zimmer. Unbekümmert fing sie an, den Boden zu wischen, als sie plötzlich einige meiner Haare auf dem Boden entdeckte und mich tatsächlich mit entzückendem ungarischem Akzent fragte: „Ojää. So vielä Haarää! Sind Sie hier wägän Haarausfall?". Und da hat's mich zerrissen, die Situationskomik hat mich ausgeknockt. Unter Lebensgefahr habe ich vor mich hingelacht bzw. hingeröchelt. Gott sei Dank hat meine Lunge mitgemacht! Wie Philemon der Ältere habe ich mich um ein Haar totgelacht. Ganz ohne Esel."

Kann Lachen einen Abend in eine Richtung lenken, mit der man zuvor nicht gerechnet hatte?

„Ich war selbst im Publikum, und zwar bei einem kontemporären *very fancy arty* Konzert. Abstrakte Klänge, absurde Lautmalerei und virtuoses Instrumentengezupfe und -gekratze. Hauptsache Null Melodie. Ich saß leider mittendrin und habe derartige Lachkrämpfe bekommen, ich habe Tränen gelacht und so getan, als hätte ich eine Allergie und müsse mich andauernd schnäuzen. Alle Kunstkenner haben mich verachtet, in der Pause bin ich dann geflüchtet."

Ronny Tekal (Arzt, Medizinkabarettist, Radiodoktor beim Orf)[79]

In Wien 1969 als Ronny Teutscher geboren, fand er parallel zu seinem Medizinstudium zum Kabarett, das er nach einigen Jahren mit Norbert Peter, einem der Autoren dieses Buches, zum *Medizinkabarett* inhaltlich neu formte. Im Medizinkabarett werden medizinische Themen, wie zum Beispiel die Beziehung zwischen Arzt/Ärztin und Patient/Patientin, auf der Kabarettbühne humorvoll analysiert. Als Teil des Duos *Peter & Tekal* steht er im deutschen Sprachraum mit Programmen wie „Nebenwirkungen", „Nachtdienst" oder „Gesund gelacht" von Wien bis München, von Salzburg bis Bozen auf der Bühne. Tekal ist regelmäßig im Gesundheitsmagazin des Hörfunks Ö1 zu hören. Als Autor schrieb er unter anderem den Bestseller „Sorry, das waren die Hormone" (Orell Fussli, 2013). Das Lachen spielt bei ihm eine große Rolle.

„Ich verdiene meinen Lebensunterhalt zu einem großen Teil damit, andere zu unterhalten und zum Lachen zu bringen. Lachen hat für mich als Kabarettist einen professionellen Charakter. Als Mediziner stelle ich fest, dass der humorvolle Umgang mit all den Dingen, die uns das Leben so bereithält, durchaus einen heilenden Effekt hat.

Ich werde gelegentlich in Interviews gefragt, wie es mir als Arzt dabei geht, statt in der Ordination im Theater zu stehen. Ich bin davon überzeugt – und das ist keineswegs kokett gemeint –, dass ich Menschen von der Bühne aus manchmal sogar besser gesund machen kann als durch die Verordnung von Tabletten. Das funktioniert tatsächlich. Insofern könnte man durchaus die E-Card an der Abendkasse verlangen.

Es ist gleichermaßen schön und berührend, zu beobachten, dass sich bei uns im Publikum immer wieder auch ganze Selbsthilfegruppen finden, Schicksalsgemeinschaften, die gemeinsam einen netten Abend verbringen möchten. Gerade hier sind die Rückmeldungen großartig, da sie nicht nur zwei Stunden unbeschwert lachen können, sondern genau jenen Belangen mit Humor begegnen, die ihnen im Alltag so bitter erscheinen. Hier liegt die Heilung tatsächlich im Lachen. Oder auch in der Erkenntnis, dass man die Dinge genauso gut auch von der heiteren Seite betrachten darf."

Wie bringt man das Publikum zum Lachen? Funktioniert das immer?

„Wir haben das große Glück, ein Kabarettgenre zu bedienen, das auf breite Zustimmung trifft und generell sehr gut ankommt. Mag sein, dass man dabei ein paar Menschen nicht abholt, die eher auf verstörende Augenblicke setzen. Wir machen Volkstheater, im besten Sinn des Wortes, haben Freude am Spiel und das Publikum zumeist Freude mit uns. Das bedeutet keineswegs, dass wir uns lediglich seichter Kalauer bedienen. Aber es muss ein gewisser Wiedererkennungsfaktor vorhanden sein, Situationen, die man nach-

vollziehen und die man im Kabarett unter einem anderen Blickwinkel betrachten kann. Genau diese Änderung des Blickwinkels ist die Möglichkeit, die uns der Humor bietet. Und mitunter sogar zu einer Änderung des Standpunktes führt.
Und ja, es gibt natürlich bessere und schlechtere Abende. So etwas fällt auf, wenn man über eine Saison dasselbe Programm spielt und die Nuancen der Reaktionen erkennt. Doch auch ein stilleres Publikum muss man nicht verloren haben. Harald Schmidt hat einmal sinngemäß gesagt: Ein hysterisches Publikum kann jeder unterhalten, die Stille aushalten zu können, da fängt der Job erst an. Manchmal bin ich überrascht, wenn nach einer solchen Aufführung Zuseher mir danken, weil es ihnen sehr gefallen hat. Auch wenn ich mir dann verkneifen muss, darauf hinzuweisen, dass sie diese Begeisterung auch akustisch hätten kundtun können, ist ihre Zurückhaltung für mich absolut nachvollziehbar. Denn ich selbst wäre mit mir als Publikum überhaupt nicht zufrieden. Wenn mir als Zuseher etwas gefällt, kichere ich eher in mich hinein, anstatt mir lauthals grölend auf die Schenkel zu klopfen und vor Begeisterung meine Unterhose auf die Bühne zu werfen."

Gibt es eine Episode, in der Lachen eine wichtige Rolle spielte?

„Wir wissen aus Erfahrung, dass ein befreiendes Lachen eine heikle Situation entschärfen kann. Meine Erfahrungen aus der Klinik zeigen, dass es hier anscheinend kaum Grenzen gibt.
So hat mich ein Patient, den ich auf einer onkologischen Abteilung zu betreuen hatte, tief beeindruckt. Er hat seinem nahen Ende mit weitaus größerer Abgeklärtheit entgegengeblickt als die Angehörigen und selbst das Personal. Essen wollte er kaum mehr, wohl, da er den irdischen Dingen bereits abgeschworen hatte und vor allem die überaus geschmacklose Spitalskost missbilligte. Auf meine

Frage, ob er nicht zumindest den Nachtisch probieren möchte, antwortete er mit verächtlichem Blick auf das Essen: ‚Herr Doktor, ich muss in ein paar Tagen sterben. Aber glauben Sie mir: Ich möchte nicht an dem da sterben!'. Er grinste mich an, ich lächelte verlegen zurück. Und inmitten von Schläuchen, Harnbeuteln und piepsenden Geräten entstand etwas Friedvolles, das man vielleicht als *heitere Gelassenheit* umschreiben kann."

Kann Lachen einen Abend ruinieren?

„Prinzipiell kann man sagen, dass Lachen einen Abend kaum zu ruinieren, meistens aber zu retten vermag. Es kann zwar zu irritierenden Momenten kommen, wenn vermeintlich unpassend gelacht wird. An unpassenden Stellen zu lachen, ist dann meist für den Lachenden am unangenehmsten, der die Situation irrtümlich als passend eingeschätzt hat. Hier beginnt es aber auch interessant zu werden. Beim Kabarett hat man nämlich den großen Vorteil, die vierte Wand zum Publikum stets durchbrechen zu können und auf Dinge zu reagieren. Während es für den Hamlet-Darsteller schwierig ist, wenn jemand im Publikum gluckst, lässt sich beim Kabarett der geplante Text um einen hübschen Impro-Teil erweitern, zum Gaudium des Publikums und – hoffentlich – auch nicht auf Kosten des Lachers. Dann wird die Kleinkunst ganz groß, da sie erlaubt, Störungen ins Programm zu nehmen und damit den Abend unverwechselbar zu machen."

Michael Trybek (Keynote-Speaker, Trainer und Clown)[80]

Michael Trybek bezeichnet Humor und Lachen als wesentliche Aspekte des menschlichen Charakters. Humor sei eine Geisteshaltung, zitiert er Viktor Frankl und sieht ihn als Weg zur Lösung. Als Clown gibt er in einem seiner Bücher unter anderem das Motto „erfolgreich scheitern, leichter leben" vor. Auf die Rednerbühne holt er sich als Unterstützung Seifenblasen und bringt sein Auditorium zum Lachen und zum Tanzen. Warum?

„Das Lachen im Kontext von unterhaltsamen und erheiternden Veranstaltungen (Kabarett etc.) ist für das Publikum ein Wunsch und somit für die Akteure und Akteurinnen eine Pflicht, die es möglichst zu erfüllen gilt. Wird diese Erwartung eingelöst und das Publikum kann sich dem Lachen hemmungslos hingeben, entstehen Momente der Befreiung und Loslösung vom Alltäglichen. Im besten Fall werden für die Dauer der Darbietung – im glücklichen Fall sogar darüber hinaus – alle Sorgen und Ängste *weggelacht*. Ich würde dem Lachen (im Rahmen der Unterhaltung) daher eine *therapeutische* Wirkung zuschreiben, die es zu schätzen und zu bewahren gilt. Für mich persönlich zählt Lachen generell zu einem der höchst erfreulichsten Fähigkeiten des Menschen. Hierzu gehört vor allem das Talent zur Ironie und Selbstironie. Das befreiende Lachen (Lächeln, Schmunzeln ...) über sich selbst schlägt der Tragödie der Unzulänglichkeit und Fehlbarkeit immer wieder ein erfreuliches Schnippchen."

Wie bringst Du das Publikum zum Lachen?

„Mein Zugang sind vor allem Anekdoten, die von meinem und/ oder dem Scheitern anderer erzählen. Hier gibt es schier endlose Möglichkeiten für Komik, Witz und Heiterkeit. Die Motivation entsteht quasi durch eine List: Indem das Publikum über die *Fehler und Dummheiten* anderer lacht, kann es sich mit dem eigenen Scheitern aussöhnen (bzw. *austöchtern*). Sehr schön ist dies im Film „Goldrausch" von und mit Charlie Chaplin zu erkennen; und zwar in jener Szene, in der Chaplin seinen Schuh isst. Eingeschlossen im ewigen Eis, von Gefahren aller Art existenziell bedroht, beginnt er mit Grandezza seinen Schuh zu verspeisen. Das Publikum lacht an dieser Stelle vor allem darüber, dass es unter Umständen zwar selbst arm ist, aber immerhin nicht so bedürftig, den eigenen Schuh essen zu müssen."

Gibt es ein Konzept für Lacher, das immer funktioniert?

„Was oft und gut funktioniert, ist das *Prinzip* (ich möchte es nicht *Konzept* nennen) der Schadenfreude. Über andere zu lachen, ist im Charakter vieler Menschen verankert, zumindest bis zu einem gewissen Grad. Wenn dies dann im Kollektiv (und im Rahmen einer Veranstaltung) stattfinden *darf*, dann ist das auch ein erleichterndes Erlebnis, weil es frei von *Schuldgefühlen* ist. D. h. der erhobene Zeigefinger der Moral ist für einige Zeit außer Kraft gesetzt. Dieser Aspekt liegt vor allem einem Humor zu Grunde, der mit *abwertenden* Aspekten/Inhalten agiert. Ich möchte anmerken: Ich beziehe mich mit dieser Aussage immer auf Vorstellungen/Auftritte, nicht auf das Private, wo der moralische und ethische Aspekt in einem anderen Licht zu betrachten ist!"

Was machst Du, wenn zu wenig gelacht wird?

„Es gibt bei meinen Auftritten kaum den Anspruch auf ein *zu viel oder zu wenig* an Lachen. Interessanterweise hängt das Lachen (die Stimmung) sehr oft von der Art der Veranstaltung, vom *Status* des

Publikums (auch berufsspezifisch) und von den *Rahmenbedingungen* ab. Dazu gäbe es im Detail natürlich mehr zu sagen."

In welchen Momenten spielt das Lachen eine wichtige Rolle?

„Ich persönlich finde das Lachen dann am *schönsten*, wenn es sich aus dem Augenblick, quasi *absichtslos* ereignet."

Isabel Meili (Kabarettistin, Schauspielerin)[81]

Isabel Meili, 1986 in der Schweiz geboren, studierte am Wiener Konservatorium Musical. Als Kabarettistin war sie unter anderem 2017 für den „Swiss Newcomer Award" nominiert und gewann 2018 die Talente-Show des Wiener Kabarettfestivals.

Welche Bedeutung hat das Lachen für Sie?

„Lachen hat was wahnsinnig Erlösendes und Erleichterndes. Sobald ich höre, dass das Publikum lacht, fühle ich mich erleichtert, das ergibt ein schönes Zusammenspiel und ist ein toller Energieaustausch. Auch abseits der Bühne empfinde ich Lachen als ein wichtiges Bindeglied in der Partnerschaft oder in Freundschaften. Gemeinsam zu lachen bzw. den gleichen Humor zu teilen, schafft Nähe und verbindet."

Wie motivieren Sie das Publikum zum Lachen? Haben Sie ein Erfolgsrezept?

„Ich glaube nicht, dass es funktioniert Menschen zum Lachen zu ermutigen oder zu motivieren. Lachen ist die ehrlichste Reaktion, die man beim Gegenüber erzeugen kann. Entweder sie finden dich bzw. deine Geschichten und Jokes lustig oder nicht. Natürlich kam es schon vor, dass mich das Publikum nicht lustig fand. Das ist hart, da kämpfe ich mich dann durch, versuche es nicht persönlich zu nehmen und im Nachhinein zu analysieren, warum es nicht funktioniert hat und was ich beim nächsten Mal besser machen kann."

Erzählen Sie uns von einer besonderen Erfahrung?

„Ich hatte 2015 ein Stimmband-Ödem und war dadurch berufsunfähig, arbeitslos, durfte nicht reden und fand mich dann in einer Sinnkrise wieder. In dieser Zeit beschloss ich, mit dem Kabarett anzufangen. Ich habe sehr viele YouTube-Videos von Kabarettistinnen und Kabarettisten gesehen, was nicht nur heilsam war, es hat mich auch sehr motiviert selber auf die Bühne zu gehen. Das mag jetzt sehr trivial klingen, aber ich finde Lachen tatsächlich das schönste *Geräusch* der Welt!"

Kann Lachen einen Kabarettabend auch zerstören, sei es das eigene oder das des Publikums?

„Lachen hat noch nie einen Kabarettabend ruiniert. Ich wurde allerdings als Schülerin regelmäßig vor die Türe gestellt, weil ich im Unterricht so laute Lachanfälle hatte und mich kaum mehr beruhigen konnte. Ich war eigentlich eine relativ brave Schülerin, aber meine Lachanfälle trieben meine Lehrerinnen und Lehrer in den Wahnsinn und so verbrachte ich viel Zeit meiner Schulzeit vor anstatt im Klassenzimmer."

Stressmindernd, aber missverständlich: Lachen am Arbeitsplatz

Können Sie sich daran erinnern, wann Sie das letzte Mal einen handschriftlichen Brief geschrieben haben? Und damit ist keine Notiz auf einem Post-it gemeint, sondern ein persönliches Schreiben, in dem Sie jemandem, der Ihnen wichtig ist, essenzielle Seelenzustände und Lebensereignisse mitteilen. In einer Art, dass die Bedeutung zwischen den Zeilen ebenso wesentlich ist, wie die Wörter, die Sie verwenden und sogar das verwendete Briefpapier, das Kuvert oder (in Extremfällen) auch die Position der aufgeklebten Briefmarke eine spezielle Aussagekraft und Bedeutung hat.

Falls Ihnen all das und Begriffe wie *Brieffreundschaft* und *Liebesbrief* nicht fremd sind, zählen Sie vermutlich zu der Altersgruppe 45+ bzw. wissenschaftlich betrachtet zu den *Babyboomern* oder der *Generation X*, also zu jenen Menschen, die vor dem Jahr 1979 das Licht der Welt erblickt haben.

Warum diese Kategorisierung so wichtig ist, liegt in der Tatsache begründet, dass sich der Alltag und die Art und Weise, wie wir leben und kommunizieren, derart rasant verändert, dass ein Unterschied von ein paar Lebensjahren Welten darin ausmachen kann, wie Menschen das Miteinander erleben und interpretieren. Und da diese rasante Entwicklungsgeschwindigkeit sich nach wie vor beschleunigt, gibt es mittlerweile große Unterschiede zwischen den *Generationen*.

Hier die derzeit gültige Einteilung und ihre jeweiligen Geburtenjahrgänge:

- *Traditionalisten* (1922 – 1945)
- *Baby Boomer* (1946 – 1964)
- *Generation X* (1965 – 1979)
- *Generation Y / Millennials* (1980 – 1994)
- *Generation Z* (1995 – 2010)
- *Generation Alpha* (ab 2010)

Vorbei sind die Zeiten, in denen man unter einem *Generationskonflikt* lediglich einen Disput zwischen Eltern und Kindern verstand. Mittlerweile gibt es eine beliebige Anzahl von Ausprägungen, warum sich Menschen verschiedenen Alters nicht mehr auf Anhieb verstehen, da sie nicht mehr dieselben Werte und Vorstellungen teilen bzw. jene der anderen sinnlos, verrückt, fragwürdig oder peinlich finden.

Okay, Boomer

Erstmals unter globaler Aufmerksamkeit manifestiert hat sich dieser Konflikt 2019 im neuseeländischen Parlament: Die 25-jährige Abgeordnete Chlöe Swarbrick (als Jahrgang 1994 offiziell eine Angehörige der *Generation Y*) wurde bei ihrer Rede zur Verabschiedung eines Umweltgesetzes durch den kritischen Zwischenruf eines älteren *Babyboomer-Abgeordneten* unterbrochen, der ihr Mangel an Lebenserfahrung aufgrund ihres Alters vorwarf. Sie reagierte darauf mit einem trockenen „Ok Boomer“[82] und belebte damit einen Ausdruck, der bald als Protestphrase des Aufbegehrens gegen verkrustete Perspektiven um die Welt ging.

Mehr als das: Der Ausruf entwickelte sich zu einer gängigen Phrase, die ausdrückt, dass einem die Meinung eines Boomers am Allerwertesten vorbeigeht, weil man in so gut wie allen Lebensbereichen anders denkt, empfindet und handelt. Oder um es mit einem modischen Begriff auszudrücken: *cringe* (eine Mischung aus peinlich, befremdlich und jenseitig).

Lachende Emojis sind am populärsten

Sie fragen sich sicherlich längst berechtigterweise, was das alles mit dem Thema dieses Kapitels oder generell mit Lachen zu tun hat. Ganz einfach: In diesem Kapitel geht es um Emojis, wie verschieden sie bei Angehörigen verschiedener *Generationen* ankommen und gerade in der Arbeitswelt für Probleme sorgen können.

Emojis sind eine Ausdrucksform für Emotionen, die heutzutage nicht mehr aus der Kommunikation wegzudenken sind. Darum ist es so wichtig, nicht nur ihren Stellenwert, sondern auch ihre Bedeutungen zu verstehen. Die weltweit beliebtesten Emojis sind lachende Gesichter. Dabei ein Dauergast auf Platz 1: der Tränen lachende Smiley. Mit Abstand das unbeliebteste Emoji ist der berühmte *pile of poop* – also der Kothaufen. Aber selbst diesen gibt es mittlerweile als Stofftier, Kissen und in zahlreichen anderen Formen.

Aus der Geschichte lernen

Kehren wir kurz zurück zu handgeschriebenen Briefen und deren Botschaften zwischen den Zeilen. Wenn wir heute die Liebesbriefe unserer Großeltern (so noch verfügbar) zur Hand nehmen, amüsieren wir uns vielleicht über die eine oder andere Andeutung oder verstehen sie vielleicht gar nicht mehr. Wenn wir noch weiter in der Zeit zurückgehen, wird so gut wie alles rätselhaft.

Oder hätten Sie gewusst, was Sie am Ende eines Briefes mit der Formel „datum die nativitatis S. Ioannis A. D. MCCCL" anfangen sollen? Es handelt sich um die im 14. Jahrhundert gebräuchlichste Briefschlussformel und bedeutet „Gegeben am Tag der Geburt Johannes des Täufers im Jahr des Herrn 1350".[83]

Merken Sie sich diese Verwirrung und Sie verstehen ansatzweise das Problem der heutigen Kommunikation zwischen Angehörigen verschiedener Generationen. Die verschiedenen Werte, Codes und Regeln manifestieren sich nirgends anschaulicher und häufiger als in der Kommunikation. Und nirgends wird heutzutage mehr, schneller und ausführlicher kommuniziert als im Beruf.

Um sich an Zeiten zurückzuerinnern, in denen die Antwort auf einen postalischen Geschäftsbrief 14 Tage in Anspruch nahm, braucht man keine riesige Zeitspanne zu überbrücken. In den 1970er-Jahren kamen im deutschsprachigen Raum die ersten Faxgeräte unter dem Namen *Fernkopierer* auf den Markt. Aber bis das per Post verschickte Geschäftsschreiben tatsächlich durch diese schnellere Form des schriftlichen Austausches ersetzt wurde, ging ein weiteres Jahrzehnt ins Land, ehe dann relativ schnell das Internet- und Mailzeitalter anbrach.

Die erste E-Mail, die in Deutschland empfangen wurde, stammt vom 3. August 1984, versendet von der US-amerikanischen Universität Cambridge, adressiert an einen Mitarbeiter der Universität Karlsruhe.[84] In Österreich gab es zum ersten Mal im März 1985 eine mailfähige Standleitung zu einem Knotenpunkt in Deutschland. Doch bis das Kommunikationsmittel *Mail* in der Bevölkerung ankam, dauerte es bis weit in die 90er.

In einem Interview für das Schweizer News-Magazin „10 vor 10" schilderte der Schriftsteller Emil Zopfi seine Erfahrungen als einer der ersten Schweizer mit einer privaten E-Mail-Adresse: „Es gab nur wenige Nutzer, es bildete sich ein kleiner Kreis von Anwendern und ich hatte das Gefühl, man bleibe unter sich."[85]

Emojis machen digitale Kommunikation fühlbar

Eines war sowohl in Fax-Nachrichten, als auch in den ersten Mails nicht enthalten: Allgemein verständliche Zeichen, die dabei halfen, Emotionen auszudrücken oder zu verstärken. Doch irgendwann waren sie dann da: Emojis!

Emojis sind kommunikationstechnisch betrachtet der letzte Grad einer Entwicklung, die Angehörige der verschiedenen Generationen trennt und die Angehörigen der gleichen Generationen mit unglaublicher Wirkung zusammenschweißt. Es handelt sich um eine *Sprache in der Sprache*, die derart an Bedeutung gewonnen hat, dass sie aus kaum einer zeitgemäßen Kommunikationsform wegzudenken ist. Keine Plattform auf Social Media, kein Chatprogramm, kein Office Tool kommt mittlerweile ohne diese zusätzliche, textergänzende Ausdrucksform aus. Mehr noch: Die kleinen Emotionshelferlinge werden immer häufiger genutzt – privat und beruflich.

Vor allem bei geschäftlicher Korrespondenz oder bei einem Austausch mit Kolleginnen und Kollegen können Emojis dabei für gewaltige Zündkraft sorgen. Das liegt nicht nur daran, dass es keine einheitliche Bedeutung für die mittlerweile hunderten Emojis gibt, sondern auch daran, dass jede Generation ihre eigenen Favoriten und No-Gos hat.

Ein zwinkernder Smiley hinter einer zynischen Bemerkung ist für den einen ein klares Zeichen dafür, dass diese Aussage scherzhaft gemeint ist. Für den anderen kann es jedoch Ausdruck der Geringschätzung – und somit eine unverzeihliche Beleidigung – sein. Humor im Büro war schon immer ein schmaler Grat. Dank Emojis kann sich dieser manchmal in eine messerscharfe Rasierklinge verwandeln.

Global Emoji Trend Reports: Lachen kommt nicht immer freundlich an

Mit breit angelegten Umfragen anlässlich der World Emoji Days 2021 und 2022 lieferte der US-Software-Riese Adobe aktuelle Zahlen, wie rasant sich die Bedeutung von Emojis entwickelt und wie groß dabei die Unterschiede zwischen den Angehörigen der verschiedenen Generationen ist.[86]

Befragt wurden 7.000 Emoji-User weltweit (2021) und 5.000 Emoji-User aus fünf verschiedenen US-Bundesstaaten (2022). Die Ergebnisse der beiden Gruppen sind ähnlich und sprechen eine deutliche Sprache: Die Ausdrucksform über Emojis wird als Mehrwert für die Kommunikation empfunden – sowohl beim Dating, beim Austausch mit Freunden und Familie und auch im Job.

Hier ein paar konkrete Zahlen aus dem „Adobe Global Emoji Trend Report 2022":

- 71 % der US-Emoji-Nutzer verwenden Emojis für Kommunikation im Job.
- 69 % sind der Meinung, dass Emojis ihre Sympathiewerte und ihre Glaubwürdigkeit positiv beeinflusst.
- 63 % fühlen sich in Teams besser angenommen, wenn Kolleginnen und Kollegen Emojis verwenden.
- 79 % sehen Emojis als wichtigen Beitrag, um Ideen schneller mit anderen zu teilen.
- 62 % sehen Emojis als wichtigen Beitrag für effizientere Entscheidungsfindung im Team.
- 47 % betrachten Emojis als Beitrag, um die Notwendigkeit von Meetings und Anrufen zu verringern.
- 7 von 10 US-Emoji-Nutzerinnen und -Nutzern stimmen zu, dass die Verwendung von Emojis ihnen dabei hilft, Beziehungen zu neuen Teammitgliedern aufzubauen.

Die Schattenseite von Emojis

Auch wenn das alles nach satten Mehrheiten und Mehrwerten klingt: Es ist nur ein Teil der Emoji-Realität am Arbeitsplatz. Denn diese wird durch gesellschaftliche Entwicklungen und auch durch die verschiedenen Generationskonflikte immer komplexer.

Die Hälfte aller Emoji-Userinnen und -User in den USA verwenden Emojis anders als in ihrer beabsichtigten Bedeutung. Der Anteil unter den Angehörigen der verschiedenen Generationen, die Emojis in ihrer ursprünglichen Aussage einsetzen schwankt beträchtlich:

- 74 % in der Generation Z
- 65 % in der Generation Y
- 48 % in der Generation X
- 24 % bei Babyboomern

Kein Wunder, dass fast die Hälfte der US-Emoji-Benutzerinnen und -Benutzer angibt, in einer Firmenmail schon einmal ein Emoji eingesetzt zu haben, dass auf der Empfängerseite falsch interpretiert wurde. Und: Die Geschwindigkeit, in der sich Bedeutungen und Trends ändern, nimmt ständig zu.

In Unternehmen gibt es also mittlerweile die Situation, dass nicht mehr von allen die gleiche *Sprache* gesprochen wird. Oder im Sinne unseres Buches ausgedrückt: Ein und dasselbe Lachen hat für Menschen plötzlich unterschiedliche Bedeutungen. Das gab es in dieser Ausprägung noch nie zuvor in der Arbeitswelt.

Sie können die Probe gerne selbst aufs Exempel machen: Welche Bedeutung würden Sie diesen Emojis zumessen, wenn Sie diese in einer geschäftlichen Mail vorfinden?

🤠

🍒

🙃

🙂

Laut „Adobe Global Emoji Trend Report 2022“ sind es die drei am meisten fehlinterpretierten Emojis für 5.000 US-Emoji-Nutzer.

Die Erklärungen der Website „emojis.wiki“ dazu:

🤠

„Das Emoji *Cowboygesicht* ist ein Smiley, der einen traditionellen Cowboyhut auf dem Kopf trägt. Er sieht sehr fröhlich und glücklich aus. Was seine Bedeutung betrifft, kann dieses Emoji in jeder Hinsicht verwendet werden, wie andere *lachenden* Emojis. Das heißt, man kann damit Wertschätzung, fröhliche Stimmung, Freundlichkeit, Lachen usw. ausdrücken. Jenen Menschen, die solche Hüte mögen, wird es bestimmt gut gefallen, oder vielleicht wird es auch jemand ohne Grund cool finden. Das Emoji kann auch im Kontext mit Farmen und Cowboys – z. B. in den Nachrichten über die Reise des Benutzers zu einer Ranch – verwendet werden.“[87]

🍒

„Das Emoji *Kirschen* ist das Bild von einer süßen und schmackhaften Frucht, die von vielen Menschen geliebt wird. Oft wird sie im Zusammenhang mit gesunder Ernährung, Nachspeisen und Cocktails verwendet, bei denen sie als Zutat oder Dekoration dienen. Manchmal wird die Kirsche auch als Kompliment eingesetzt oder als Synonym für *sexy*, *schön* und *scharf* angewendet. Eine weitere Bedeutung ist *der Preis* oder

der Genuss. Dies stammt aus der Gamer-Szene, wo Kirschen manchmal Symbole für Bonuspunkte sind. Das Emoji ist auch das Symbol des verifizierten Snapchat-Accounts der Sängerin Demi Lovato. Auf Snapchat sind Kirschen zudem ein inoffizielles Zeichen für Benutzer, die mit ihren Beziehungen glücklich sind.“[88]

Ergänzung: Beim Sexting – also erotischen Chats – wird die Kirsche mittlerweile auch oft als Bildsprache für den männlichen Hoden eingesetzt.

🙃

„Das Emoji *Umgekehrtes Gesicht* sieht aus wie ein gewöhnlicher Smiley (oder der sogenannte „leicht lächelnde“ Smiley), aber es steht auf dem Kopf. Trotz seiner unterschiedlichen Ausrichtung wird es sehr oft in derselben Bedeutung verwendet, die dem gewöhnlichen leichten Lächeln im wirklichen Leben entspricht – zum Beispiel kann es als Reaktion auf einen Witz oder als Hinweis darauf benutzt werden, dass das Gesagte nicht ernst gemeint ist. Es kann auch als Symbol für sarkastische oder ironische Botschaften verwendet werden – d. h. um anzudeuten, dass Gesagtes und Gemeintes nicht übereinstimmt.“[89]

🙂

Ein besonders interessantes – weil kontroverseres – Beispiel ist der *leicht lächelnde Smiley*. Er wird normalerweise dazu verwendet, um Glücksgefühle und *allgemein positive Gefühle* auszudrücken. Es hat jedoch auch eine sarkastische Funktion bekommen, mit der man zeigen kann, dass einem das vorher Geschriebene egal ist. Und: In Amerika und Singapur drückt man damit paradoxerweise *tiefe Verärgerung* aus. Wenn man das nicht weiß, kann das – speziell im geschäftlichen Kontext – ziemlich schnell zu Missverständnissen führen.[90]

Und das sind nur vier von mehr als 3.600 Emojis, die Userinnen und User per Knopfdruck in ihrer geschäftlichen Korrespondenz einsetzen können, deren Bedeutung aber oft individuelle Auslegungssache ist. Jährlich kommen zwei bis drei Dutzend hinzu.

Welche das sind, entscheidet seit 1995 das sogenannte „Unicode Consortium“, eine gemeinnützige Organisation mit Sitz in Kalifornien. Sie sammelt eingereichte Vorschläge und entscheidet dann, welche davon für die Aufnahme in die Emoji-Bibliothek geeignet sind.

Fazit: Es ist kompliziert

Egal, welcher Generation man angehört: Man wird mit den Emojis als Ausdrucksform auch im Büro leben lernen müssen und im Falle von Vorgesetzten sich vielleicht auch ein wenig Wissen über die Bedeutung von Smileys aneignen müssen, wenn man mit der *Generation Z* oder irgendwann auch mit der *Generation Alpha* ein gemeinsames Level des Verständnisses erreichen will.

Aber es hat auch positive Effekte auf die Kommunikation – zumindest für jene, die mit der Zeit gehen. Manche Unternehmen nützen Emojis schon sehr erfolgreich, um Auszubildende und Mitarbeitende zu rekrutieren.

Vielleicht wird man schon bald auf konservative Stellenanzeigen und Emoji-freie Geschäftsmails so zurückblicken wie wir es jetzt auf handgeschriebene Briefe tun: Sie hatten ihre Zeit, sind aber mittlerweile eher ein nostalgisches *Es-war-einmal …*

KAPITEL 3

INSPIRIERENDES LACHEN

Lachen in Geschichte, Kunst und (Pop-)Kultur

„Leute, die nicht lachen, sind keine ernsthaften Leute." Frédéric Chopin

In diesem Kapitel:

Die Philosophie und das Lachen
Wir statten den größten Denkern der Geschichte einen Besuch ab, finden heraus, was sie vom Lachen hielten, und lassen uns von Aristoteles erklären, warum wir kitzelig sind.

Die sagenhafte Lachquelle des Plinius: Wo das Lachen entspringt
Wir begeben uns auf die Spurensuche nach zwei sagenhaften Quellen mit gar wunderlichen Kräften und freuen uns, dass sie ein Schotte tatsächlich gefunden hat.

Das Lächeln der Mona Lisa: Keiner ist im Bilde
Wir stellen fest, dass das berühmteste Kunstwerk der Welt viele Geheimnisse noch immer nicht preisgibt und nehmen zur Kenntnis, dass Leonardo da Vinci wohl noch vielschichtiger war als angenommen.

Margaret Thatcher und ihr verdrehtes Lächeln
Wir stellen die „Eiserne Lady" auf den Kopf und entdecken dabei eine Fehlfunktion unseres Gehirns, die unsere Wahrnehmung täuscht.

Charles Penrose: Der erste Rockstar des Lachens
Wir erfreuen uns an der Tatsache, dass lachende Polizeibeamte in den frühen Tagen der Schallplattenindustrie ein echter Renner waren.

Warum Elvis Presley lachend die Charts stürmte
Wir schauen dem King of Rock'n Roll und auch dem King of Pop über die Schulter und gehen dem berühmtesten Lachen in ihren Liedern auf den Grund.

Smile: Mehr als nur ein Lied über das Lachen
Wir lüften das Geheimnis um einen der meistgecoverten Songs der Musikgeschichte und entdecken eine Reihe von Gemeinsamkeiten zwischen Charlie Chaplin und Michael Jackson.

Die Grinsekatze: Lewis Carrol und sein absonderliches Lachgeschöpf
Wir enthüllen, was eine der markantesten Figuren aus „Alice im Wunderland" mit Käse, Wortspielen und einem Steuererlass zu tun hat.

Walter Thiele: Der Lachsack-Millionär
Wir verfolgen die Weltkarriere eines Papageien, der zu einer Socke und schließlich zu einem Sack wurde – und damit seinen Erfinder zu einem reichen Mann machte.

Charles Douglass: Erfinder des „Dosenlachens" bei Sitcoms
Wir erfahren mehr über den Mann, dessen Erfindung maßgeblich an den Lachern in Serien wie *„Golden Girls" und „Alf" beteiligt war.*

Lachen verboten: Nicht-Lachen als Showkonzept
Wir verkneifen uns das Lachen über Show-Formate, in denen sich Promis das Lachen verkneifen und stellen fest, dass scheinbar alle Fernsehextreme zuallererst in Japan ausprobiert wurden.

Muahaha und Harrrharrrr: Das Schurkenlachen
Wir schauen den bösesten Antagonisten der Film- und Fernsehgeschichte ganz genau auf die Lippen und wollen wissen, warum ihr Lachen gar so überzeichnet diabolisch ausfällt.

Lachend gegen Diktatoren: Ein lebensgefährliches Unterfangen
Wir lassen den mutigsten Humorfeldzug der Filmgeschichte Revue passieren und werfen einen Blick in Länder, in denen oppositionelle Satire noch immer lebensgefährlich ist.

Die Kunst, Menschen zum Lachen zu bringen, hat im Laufe der Jahrhunderte unzählige Stars hervorgebracht und diesen eine Macht in fast schon magischen Dimensionen verliehen. Wir werden in diesem Kapitel sehen, dass diese Macht Menschen immer schon fasziniert und die größten Geister und Kunstschaffenden ihrer Zeit beschäftigt hat.

Darum begegnen wir in diesem Kapitel nicht nur einer Reihe von eher unbekannten Pionieren des Lachens, sondern auch den ganz Großen der Kunst-, Kultur- und Weltgeschichte – und zwar aus allen Sparten, Epochen und Kulturkreisen. Lachen und Musik sind jene menschlichen Qualitäten, die mühelos jede Sprachbarriere überwinden und rund um den Globus Menschen gleichermaßen begeistern.

Die Philosophie und das Lachen

Kann man über das Lachen philosophieren, da es doch so unwillkürlich passiert, anscheinend nicht zu steuern ist und uns Menschen mitunter lauthals durchschüttelt? Oder lässt sich nicht noch besser über Philosophen lachen? Das Lachen war bereits den großen Denkern der Antike ein Thema. Es war aber auch keine leichte Zeit. So mancher musste seine gedanklichen Ausführungen sogar mit dem Leben bezahlen.

Dante Alighieri schuf die „Göttliche Komödie" zu Beginn des 14. Jahrhunderts. Zu schreiben begann er an diesem epochalen Werk vermutlich im Jahr 1307, fertig gestellt hatte er es erst kurz vor seinem Tod im Jahr 1321.

Das Wort *Komödie* spiegelt hier lediglich die literarische Gattung wider und ist nicht unbedingt Ausdruck dafür, dass es sich um einen leichten Stoff handelt. Im Gegenteil: Es geht um essenzielle und grundlegende Fragen des Menschseins.

Der Leser begleitet den Ich-Erzähler auf einer Reise durch das Jenseits, beginnend in der Hölle, durch das Fegefeuer, am Ende wartet das Paradies quasi als Happy End. Pädagogisch wertvoll wurde das Werk durch die Niederschrift der rund 14.000 Verse in italienischer Sprache, der Sprache des Volkes (und nicht Latein). Dante schuf damit eine wesentliche Grundlage für die Verbreitung und Entwicklung der italienischen Sprache und gewährt uns heute einen kritischen Blick auf die damalige Zeit.

Was halten die Philosophen vom Lachen?

Betrachten wir jene Menschen doch etwas näher, die ihr Denken der *Liebe zur Weisheit* widmen. Historisch gesehen findet das Lachen in diesen Kreisen nur eingeschränkt Freunde. Platon zum Beispiel steht für die Ernsthaftigkeit des Denkens, der das Lachen im Wege steht. Er möge uns die Vereinfachung seiner Lehre an dieser Stelle verzeihen.

Platon hat auch die Komödie in strenge Schranken gewiesen: „Das Lächerliche der Schauspielmarionetten auf der Lustspielbühne kann nur dann wertvoll sein, wenn es das Ernste der Tugend zu profilieren hilft. Nur als Verwerfliches Gegenbild zum Guten, das im Staat herrschen soll, ist die komödiantische Nachahmung des Lächerlichen akzeptabel.“[91] Und das bereits rund 400 Jahre vor Christi Geburt.

Einen deutlich positiveren Zugang schien Aristoteles gehabt zu haben. Lachen sei ein wesentlicher Wesenszug, sagte er, da er den Menschen vom Tier unterscheide. Für ihn gehörten „das Spiel, die Erholung und das

Lachen, auch das Komische von Menschen, Worten und Handlungen, zu den angenehmen Dingen eines tätigen Lebens.“ In Grenzen allerdings, die nachvollziehbar erscheinen: „Wer um jeden Preis nach dem Lächerlichen hascht und ständig Witze reißt, die keiner hören will, ist ein bloßer Hanswurst und untauglich für eine gesellige Unterhaltung.“[92]

Ein verloren gegangenes Werk von Aristoteles – der zweite Band der „Poetik“, das sich mit der Komödie befasst – fand auch Eingang in ein Stück Weltliteratur unserer Zeit. Umberto Eco platzierte das Buch in seinem weltbekannten Mittelalter-Roman „Der Name der Rose“, der in einem italienischen Kloster spielt, im Zentrum seiner Krimi-Handlung. Der Franziskanermönch William von Baskerville (in der Verfilmung von Sean Connery dargestellt) ist mysteriösen Todesfällen auf der Spur und stößt dabei auf den Bibliothekar der Benediktinerabtei Jorge von Burgos und dessen Grundhaltung zum Thema Humor: „Die Komödien wurden geschrieben, um die Leute zum Lachen zu bringen, und das war schlecht. Unser Herr Jesus hat weder Komödien noch Fabeln erzählt. Ausschließlich klare Gleichungen, die uns allegorisch lehren, wie wir ins Paradies gelangen und so soll es bleiben.“[93]

Wir erhalten nicht nur einen Einblick ins christliche Weltbild des Mittelalters, sondern bekommen auch gleich ein mögliches Mordmotiv serviert. Den mysteriösen Morden aus der Feder von Umberto Eco werden wir übrigens noch einmal in Kapitel 5 („Lachen in der Bibel: Herzlich wenig, wenig herzlich“) begegnen.

Am anderen Ende der Toleranzskala zum Thema Lachen steht der griechische Philosoph Demokrit von Abdera (um 460 v. Chr. - 370 v. Chr.), den man auch als den „Lachenden Philosophen“ bezeichnet. Er galt als Weltbürger, der stets zum Scherzen aufgelegt war.[94]

Demokrit scheint auch Ideengeber für Aristoteles und seine naturwissenschaftliche Schrift „Über die Glieder der Geschöpfe“ gewesen zu sein, folgt man den Ausführungen in Manfred Geiers Buch „Worüber kluge Menschen lachen": „Aristoteles hat nämlich in dieser anatomischen Schrift das Lachen nicht als mentalen Vorgang reflektiert, sondern als körperliches Ereignis zu erklären versucht. Er hat es auf die Erwärmung und Erschütterung des Zwerchfells zurückgeführt, das er als notwendige Scheidewand oder Abschirmung zwischen dem unteren Bereich des Bauches und dem oberen Bereich des Herzens und des Kopfes verstand." Vor allem das Kitzeln würde zeigen, dass es sich um einen unwillkürlichen Vorgang handelt: „Wenn man nämlich gekitzelt wird, lacht man sofort, weil die Bewegung schnell an diese Stelle gelangt und, obwohl sie nur ganz wenig erwärmt, dennoch die Gesinnung ans Licht bringt und erregt, und zwar gegen den Willen."[95]

Aristoteles' Schlussfolgerungen über den Körper: Ausschließlich der Mensch sei kitzlig, einerseits wegen seiner feinen Haut, andererseits weil nur er lachen könne.[96] Dies wurde, wie wir seit Kapitel (...) *Es Lacht! Lachen im Gehirn* bereits wissen, rund 2.300 Jahre später durch Versuche an Menschenaffen widerlegt.

Laut Manfred Geier ließ sich auch der römische Philosoph, Politiker und großer Redner Cicero (106 v. Chr. - 43 v. Chr.) von Demokrit beeinflussen und fand weitere Erklärungen für das Lachen, nachzulesen in seinem Werk „Über den Redner". Darin spricht er von verschiedenen Arten des „Lächerlichen" und sieht den Redner in der Verantwortung, Heiterkeit zu erzeugen.[97] Als wesentlich erschließt sich Ciceros Einsicht, „dass wir oft lachen müssen, weil wir uns gleichsam in unserer Erwartung getäuscht sehen.[98]" Auch das hatte schon Aristoteles ähnlich betrachtet. So könne eine überraschende Formulierung auf etwas Neues hinweisen, was wiederum der Erwartungshaltung des Gegenübers nicht entspricht. Wie schon in vorangegangenen Kapiteln erläutert, bestätigt die heutige Forschung den Ansatz, dass Inkongruenz Lachen auslösen kann.

So hat Aristoteles schon "Inkongruenz" beschrieben: „Das geschieht, wenn etwas der Erwartung zuwiderläuft und nicht der bisherigen Ansicht entspricht, sondern die Redner wie Spaßmacher Wörter verdrehen. Das bewirken auch Späße, die die Abfolge von Buchstaben verdrehen, denn sie täuschen die Erwartung."[99]

Geier greift einen Witz der Zeit auf, um das typische Missverhältnis zwischen dem wörtlich verstandenen und dem gemeinten Sinn darzulegen: „*Als man Pontidius zum Beispiel fragte: Wie stellst du dir einen Mann vor, den man beim Ehebruch ertappt? - gab er zur Antwort: Langsam.*"[100]

Die sagenhafte Lachquelle des Plinius: Wo das Lachen entspringt

Kaum ein uns erhalten gebliebener antiker Text kann es in puncto Lesevergnügen mit der „Naturalis historia", der Enzyklopädie des römischen Historikers Plinius der Ältere (23/24 – 79 n. Chr.), aufnehmen. Das ist auch der maßgebliche Grund, warum dieses Werk komplett erhalten wurde: Es war so interessant, stellenweise auch unglaublich und wundersam, im Laufe der Jahrhunderte wurde es immer wieder kopiert. Ein ewiger Bestseller also! Das Werk ist heute die wichtigste erhaltene Quelle für unser modernes Verständnis des antiken Wissens.

Die 37 Bände der „Naturalis historia" umfassen die Themengebiete Kosmographie (Buch 2), Geographie (Buch 3–6), Anthropologie (Buch 7), Zoologie (Buch 8–11), Botanik (Buch 12–19), Medizin (20–32), Metallurgie und Mineralogie sowie Malerei und Kunstgeschichte (Buch 33–37).

Zusammengetragen hat das Wissen seiner Zeit Gaius Plinius Secundus Maior durch das Studium von allem, was damals an Handschriften verfügbar war, durch Reisen und höchstwahrscheinlich auch durch die Dokumentation von Hörensagen, Legenden und gemunkelten Wundern aus anderen Teilen der Welt. Anders sind manche fantastischen Angaben in seiner Enzyklopädie nicht zu erklären. Nicht nur Drachen und andere Fabelwesen haben seriös beschrieben ihren Auftritt als authentische Lebewesen, auch das Einhorn kommt zu *wissenschaftlichen* Ehren:

„Aber das allerunbändigste Thier ist das Einhorn, welches am Körper dem Pferde, am Kopfe dem Hirsche, an den Füssen dem Elephanten, am Schwänze dem Eber ähnlich sieht, sehr stark brüllt und mitten auf der Stirn ein 2 Cubitus langes Hörn trägt. Lebendig soll man es nicht einfangen können."[101]

Es stehen auch jede Menge *Fake News* im wichtigsten naturwissenschaftlichen Werk seiner Zeit. Das sollten wir im Hinterkopf behalten, wenn wir uns dem eigentlichen Grund zuwenden, warum Plinius in diesem Buch vorkommt. Denn der Meister befasste sich auch ausführlich und auf kreative Art mit dem Lachen.

Aufbauend auf Aristoteles' Ausführungen (die er teilweise im Original konsultierte), hielt Plinius in seinem Werk einige *Tatsachen* über das Lachen fest. So identifizierte er das Zwerchfell als den *Hauptsitz der Heiterkeit* („praecipua hilariatis sedes")[102]. Die dazugehörige Erläuterung: Menschen seien unter den Achseln besonders kitzlig, weil das Zwerchfell bis unter die Arme reiche und die Haut dort dünner sei. Kitzeln war also für Plinius eine direkte Stimulation des Zwerchfells.

Lachen rein pflanzlich

Weitaus abenteuerlicher mutet die Existenz der Lachpflanze *Gelotophyllis* an, die Plinius an Flussufern des heutigen Afghanistan und Usbekistan ansiedelte. Mit Mhyrre und Wein vermischt, sollte dieses Gewächs „Gelächter ohne Ende" und Halluzinationen verursachen. Doch Plinius verriet auch das passende Gegenmittel gegen das pflanzlich stimulierte Dauerlachen: ein Trank aus Pinienkernen, Honig, Pfeffer und Palmwein.[103]

Wenn Sie jetzt an eine andere Pflanze mit ähnlicher Wirkung denken, sind Sie nicht allein. So mancher moderne Wissenschaftler sieht in der Passage aus der „Naturalis historia" eine erste wissenschaftliche Beschreibung von Cannabis.

Expedition zur Quelle des Lachens

Das märchenhafteste Naturvorkommen im Zusammenhang mit dem Lachen aus der Feder von Plinius führt in die Nähe der damaligen Stadt Celaena in Phrygien (in der heutigen Türkei). Dort verortete er zwei benachbarte Quellen mit sagenhafter Wirkung: Die eine („Gelon") sollte tödliche Lachanfälle auslösen, die andere („Klaion") tiefe Traurigkeit hervorrufen. Praktischerweise diente jeweils die eine auch als neutralisierendes Gegenmittel für die andere.[104]

In der Antike nahm man derartige Wundervorkommen für bare Münze. Aber heute doch nicht mehr, oder?

Schottische Spurensuche

Nun, zumindest an der Schwelle zum 20. Jahrhundert sah man die Existenz der Quellen noch als mögliche Tatsache an. Und tatsächlich machte sich der schottische Archäologe Sir William Mitchell Ramsay (1851-1939) im Rahmen seiner Reisen nach Kleinasien auf die Suche nach „Gelon" und „Klaion" … und wurde sogar fündig!

Er entdeckte 1891 zwei Quellen, die mit der Beschreibung von Plinius' im Einklang standen. Nachdem er aufgebrochen war, um „jede Quelle in Apameia zu kosten", nahm er wohl auch einen Schluck aus seinen neuesten Entdeckungen. Die von Plinius beschriebene Wirkung stellte sich jedoch zu seiner großen Enttäuschung nicht ein.

Doch Ramsay, zu dessen Steckenpferden auch die Überprüfung von biblischen Angaben zählte, schrieb in seinen Aufzeichnungen: „Wir konnten das fröhliche, klare, frohlockende Geräusch des lachenden Wassers hören. Niemand, der diese beiden Quellen aufsucht und lauscht, wird den leisesten Zweifel daran hegen, dass es sich um die Lachende und die Weinende handelt."[105]

Weitere Quellen für die Quellen

Interessanterweise taucht die Geschichte der sagenhaften Quellen auch in der „Choreographia" des römischen Geographen und Kosmographen Pomponius Mela auf. Bei dem Werk handelt es sich um die älteste Beschreibung der damals bekannten Welt (entstanden um 43 n.Chr.). Dort liegen die Quellen allerdings nicht in der Türkei, sondern auf den „Glücklichen Inseln" (den heutigen Kanaren). Ihre Wirkung wird allerdings exakt gleich beschrieben:

„Wer aus der einen kostet, lacht sich zu Tode; für die davon betroffenen dient als Heilmittel, aus der anderen zu trinken."[106]

Auch Mela stützt sein Werk auf vorangegangene Schriften griechischer Autoren. Es ist also anzunehmen, dass es sich bei der „lachenden und weinenden Quelle" um eine sehr, sehr alte Geschichte handelt, die vermutlich einst als Metapher über die Gegensätzlichkeiten der menschlichen Seele ihren Anfang genommen hatte und dann irgendwann zu wörtlich genommen wurde.

So ist das mit mündlichen Überlieferungen: Manchmal entpuppen sich die interessantesten Quellenangaben doch nur als Märchen – und erfüllen trotzdem einen wichtigen Zweck.

Das Lächeln der Mona Lisa: Keiner ist im Bilde

Eine Warnung an alle Kunstfreundinnen und -freunde: Wenn Sie das berühmteste Gemälde der Welt weiterhin unbedarft bewundern wollen, sollten Sie dieses Kapitel besser überspringen. Der jahrhundertelange Versuch, dem weltbekannten Lächeln der Mona Lisa sein Geheimnis zu entlocken, führte zu zahlreichen Interpretationen durch Wissenschaft und Kunst, die dem Meisterwerk ein wenig den Zauber rauben. Dennoch sind die wichtigsten Fragen rund um das einzigartige Meisterwerk noch immer unbeantwortet.

Es ist ein Lächeln, das ein auf 77 x 53 cm großes auf Pappelholz gemaltes Porträt aus dem 16. Jahrhundert rund um den Erdball so bekannt gemacht hat. Die Mona Lisa inspiriert Kunstschaffende, Liebende und Besucherinnen und Besucher des Louvre in Paris. Das Pariser Museum schätzt, dass 90 Prozent seiner Besucherinnen und Besucher vor allem wegen dem von Leonardo da Vinci gemalten Frauenportrait kommen.[107]

Sogar nachdem das Gemälde 1911 im damals größten Kunstraub der Geschichte gestohlen wurde und anschließend zwei Jahre lang verschwunden war, strömten die Massen in den Louvre, um den leeren Fleck an der Wand zu bestaunen, unter ihnen war auch Franz Kafka …[108]

Meisterwerk mit Postfach

Seit im Jahr 1815 das Gemälde im Louvre ausgestellt ist, haben unzählige Liebesbriefe und Blumen für die Frau mit dem unvergleichlichen Lächeln das Museum erreicht. Aus diesem Grund hat die Mona Lisa auch ein eigenes Postfach, in dem noch immer Schreiben von Bewunderern aus aller Welt eintreffen. Doch die wahren Fans wollen die Dame zumindest einmal im Leben live sehen: 2018, im letzten Jahr vor Ausbruch der COVID-Pandemie, drängten sich 9 Millionen Besucher an der durch dickes Panzerglas geschützten Mona Lisa vorbei. Durchschnittliche Betrachtungsdauer aufgrund des enormen Andrangs: 50 Sekunden.[109]

Alles nur ein Trick

Um das Geheimnis des Portraits zu erhaschen, braucht es nicht lange. Das Lächeln der Mona Lisa sehen Betrachtende nur, wenn sie ihr direkt in die Augen sehen. Fällt der Blick auf die Mundpartie, verschwindet das Lächeln.

Dabei handelt es sich um einen optischen Trick des Universalgenies Leonardo da Vinci, der schon im 16. Jahrhundert verstanden hatte, wie das menschliche Sehen und seine Unschärfen in der Peripherie funktionieren. Er verstand es, diesen Effekt mittels einer speziellen *vernebelnden* Maltechnik meisterhaft auszunutzen.

2000 wurde die Theorie vom *peripheren Phantomlächeln* erstmals formuliert, acht Jahre später wurde sie anhand einer Versuchsanordnung bewiesen. Ein Team von Salzburger Psychologinnen und Psychologen präsentierte den Teilnehmenden Bilder von 100 verschiedenen Frauengesichtern und baten sie, abwechselnd Augen und Mund der Portraits zu fixieren, während ihre Augenbewegungen mittels Eyetracker verfolgt wurden. Bei manchen Gesichtern wurde das Lächeln digital in dem

Moment durch einen neutralen Mund ersetzt, wenn der Blick von den Augen zum Mund schweifte.[110]

Danach bewerteten die Teilnehmerinnen und Teilnehmer die gesehenen Bilder auf einer fünfstufigen Skala nach Gesichtsausdruck, Attraktivität sowie Vertrauenswürdigkeit. Und siehe da: Jene Gesichter, die im *Mona-Lisa-Style* beim Blickwechsel *neutralisiert* worden waren, wurden dennoch stärker als *lächelnd* bewertet als jene Fotos, auf denen tatsächlich gelächelt wurde.

Ein Meisterwerk bewegt

Dieses Lächeln, das nie wirklich greifbar ist, sondern sich den Betrachtenden nur als vage Andeutung präsentiert, hat in den vergangenen Jahren eine Vielzahl von Menschen intensiver beschäftigt, als es ein Gemälde vielleicht tun sollte. Doch das war schon immer so.

Leonardo da Vinci selbst nahm bis zu seinem Tod immer wieder kleine Verbesserungen vor. Napoleon hatte die Mona Lisa vier Jahre lang in seinem Schlafzimmer hängen, verliebte sich in das Gesicht und heiratete später gezielt eine Nachfahrin jener Frau, die Leonardo da Vinci vermutlich Portrait gestanden hatte (mehr dazu später).[111]

Pablo Picasso – ein bekennender Mona-Lisa-Kritiker – wurde beim aufsehenerregenden Diebstahl des Bildes 1911 als Verdächtiger vernommen. Der Dichter Guillaume Apollinaire wurde im Zuge der Ermittlungen inhaftiert, weil er angemerkt hatte, das Bild sollte zerstört oder sogar der ganze Louvre niedergebrannt werden. Zahlreiche Künstler, darunter Marcel Duchamp, Salvador Dalí, Andy Warhol und Jean-Michel Basquiat, versuchten sich an Neuinterpretationen.

Unzählige Schriftsteller hatten sich bemüht, die Faszination des Bildes in Worte zu kleiden. So schrieb der französische Schriftsteller Théophile Gautier im Jahr 1858: „... aber ihr Ausdruck, weise, tief, samtig und voller Versprechungen, zieht euch unwiderstehlich an und vergiftet euch, während der sinnliche, schlangenhafte [...] Mund euch mit so viel Süße, Anmut und Überlegenheit verspottet, dass man sich ganz schüchtern fühlt, wie ein Schuljunge vor einer Herzogin."[112]

Die bekannteste und vielleicht dramatischste Beschreibung stammt vom englischen Essayist Walter Pater: „Die Gestalt, die hier so seltsam neben den Wassern auftaucht, drückt die Erfüllung eines tausendjährigen Begehrens des Mannes aus. Es ist eine Schönheit [...], in welche die Seele mit all ihrem kranken Sinnenleide hineingeflossen ist! [...] Gleich dem Vampyr hat sie schon viele Male sterben müssen und kennt die Geheimnisse des Grabes; sie tauchte hinunter in die See und trägt der Tiefe verfallenen Tag in ihrem Gemüt."[113]

Tragisches im Schatten der Mona Lisa

Es sind auch viele Erzählungen über tragische Obsessionen rund um die Mona Lisa im Umlauf. Ob es sich um Legenden oder Fakten handelt, ist schwer zu überprüfen.

1852 stürzte sich der Pariser Künstler Luc Maspero aus dem vierten Stock eines Hotels in Paris, weil er - so wird erzählt - im Tode die Frau auf dem Gemälde wiedersehen wollte, in die er sich unglücklich verliebt hätte. In seinem Abschiedsbrief schrieb er wohl, seit Jahren hätte er sich verzweifelt mit ihrem Lächeln auseinandergesetzt. Er sterbe lieber.

Im Jahr 1910 erschoss sich ein Mann im Louvre direkt vor dem Meisterwerk. Es wird erzählt, er hätte ihr Lächeln bewundern wollen.[114]

Unbestritten ist jedenfalls die unglaubliche Wirkung des Bildes auf Menschen. Der französische Schriftsteller Stendhal notierte im 19. Jahrhundert nach einem Besuch im Louvre und einem langen Betrachten des Gemäldes, dass er „einen unerklärlichen Zusammenbruch erlebte“[115] – ein Effekt, der sich bis in die Gegenwart fortsetzt: Es ist bekannt, dass Betrachterinnen und Betrachter vor der Mona Lisa oft in Ohnmacht fallen. Was für eine Frau! Was für ein Lächeln!

Ein Meisterwerk in Gefahr

Es gibt auch Menschen, denen die Wirkung des Bildes so unheimlich ist, dass sie es am liebsten beseitigen würden. Zwei Anschläge auf das Meisterwerk im Jahr 1956 sind der Grund, warum die Mona Lisa heute hinter Panzerglas lächelt: Beim ersten Anschlag wurde sie mit Säure bespritzt, beim zweiten von einem Touristen aus Bolivien mit einem Stein beworfen. Der Steinwurf hatte tatsächlich eine kleine Beschädigung des Bildes zur Folge.

Nach den Angriffen in den 50er-Jahren blieb es relativ lange ruhig. Erst 2009 fühlte sich eine Touristin dazu berufen, eine Tasse nach der Mona Lisa zu werfen.[116]

Der jüngste Zwischenfall im Jahr 2022 liest sich wie ein Drehbuch eines schlechten Films: Ein als ältere Frau verkleideter Klimaaktivist erhob sich aus einem Rollstuhl und warf eine Cremetorte(!) nach der Mona Lisa. Er rief nach der Tat „Denkt an den Planeten!“.[117]

Die Mona Lisa lächelte auch über diese Episode ihres ereignisreichen Daseins.

Warum lächelt sie bloß?

Ob optischer Trick oder nicht: Es bestand und besteht gewaltiges Interesse daran, das berühmteste Lächeln der Welt zu entschlüsseln oder zumindest herauszufinden, was es ausgelöst haben könnte. Dazu gibt es die wildesten Theorien:

Mona Lisa war schwanger – Diese Theorie stützt sich im Wesentlichen auf die Entdeckung eines französisch-kanadischen Forscherteams aus dem Jahr 2006. Mittels Lasertechnik entdeckte es auf dem Bild einen transparenten Schleier, den die Mona Lisa über dem Kleid trägt und der mit bloßem Auge kaum sichtbar ist. Ein derartiges Kleidungsstück mit dem Namen „Guarnello" trugen im Florenz des 16. Jahrhunderts werdende Mütter.[118]

Mona Lisa hatte schlechte oder keine Zähne – Andere bescheinigten der Mona Lisa ein schüchternes Lächeln mit großer Wirkung, weil sie ihre schlechten Zähne (oder Zahnlücken) nicht zeigen wollte.

Mona Lisa war Leonardo da Vincis Mutter – Sigmund Freud veröffentlichte 1910 eine Leonardo-Studie unter dem Titel „Eine Kindheitserinnerung des Leonardo da Vinci" und stellte dabei als erster die These auf, der Maler hätte seine Mutter auf dem Gemälde verewigt. Gleichzeitig glaubte Freud, eine homosexuelle Tendenz bei dem Künstler entdeckt zu haben.

Freud bezeichnete dieses Werk später als die einzige hübsche Sache, die er je geschrieben hätte. Im Zuge der Freud'schen Theorie vom latenten Homosexuellen tauchten anschließend weitere Spekulationen auf, für das Portrait der Mona Lisa habe ein Transvestit, ein junger Lover Leonardos, eine Prostituierte oder gar Leonardo selbst in Frauenkleidern Modell gestanden.[119]

Mona Lisa war Leonardo da Vinci selbst – Ein Selbstbildnis? Um diese Theorie zu überprüfen, startete im Jahr 2010 eine Gruppe von 100 italienischen „Experten" den Versuch, die Leiche Leonardos zu exhumieren, um mittels einer Schädelvermessung das *größte Geheimnis der Welt* zu lüften. Einem möglichen Motiv, warum Leonardo sich selbst in einem Frauenportrait hätte verewigt haben sollen, gingen sie nicht nach. Auch die Exhumierung fand letztlich nicht statt – auch weil andere die Idee offen als absurd bezeichneten.[120]

Mona Lisas fehlende Augenbrauen – Manche schrieben die Wirkung des Meisterwerks der Tatsache zu, dass Mona Lisa keine sichtbaren Augenbrauen aufweist. Bei einer groß angelegten Untersuchung mit Infrarotfotos entdeckte man jedoch, dass eine frühere Version des Gemäldes sehr wohl Augenbrauen enthalten hatte. Sie waren danach lediglich übermalt worden.[121]

Mona Lisa litt an einer Stoffwechselkrankheit – Auch der besondere Teint der Mona Lisa wurde als mögliche Ursache für die rätselhaft intensive Wirkung vermutet. Jan Dequeker, Rheumatologe der belgischen Universität Löwen, hatte 2006 auch dafür eine Erklärung parat. Laut seiner fachkundigen Meinung litt die Frau an vererbter Hyperlipidämie – also an hohen Bluttfettwerten. Der Mediziner im O-Ton: „Wenn man das Gesicht dieser schönen jungen Frau anschaut, kann man einen gelben Fleck in ihrem linken Augenwinkel erkennen. Das ist eine Anhäufung von Cholesterin unter der Haut - Xanthelasma."[122] Auch eine Schwellung an der rechten Hand deutete für den Professor auf diese Krankheit hin. In seinem Buch „De kunstenaar en de dokter. Anders kijken naar schilderijen" („Der Künstler und der Arzt. Ein anderer Blick auf Gemälde") inspizierte der Rheumatologe noch viele weitere Protagonisten auf berühmten Meisterwerken nach medizinischen Symptomen und erläuterte fachkundig seine Diagnosen.

Mona Lisa wurde während des Portraitsitzens von Clowns unterhalten – Nur um zu zeigen, wie verzweifelt manche das Geheimnis des Lächelns erklären wollen, sei noch die krude Theorie erwähnt, dass Leonardo da Vinci Gaukler und Spaßmacher engagiert hatte, um seinem Modell ein amüsiertes Lächeln zu entlocken. Dafür gibt es selbstverständlich keinen einzigen ernstzunehmenden Hinweis.

Wer war Mona Lisa?

Bleibt noch die Frage aller Fragen, um wen es sich denn eigentlich auf dem berühmtesten Frauenportrait der Menschheitsgeschichte handelt. Leider lässt sich auch das nicht zweifelsfrei beweisen. Nach der wahrscheinlichsten These ist Lisa di Antonio Maria di Noldo Gherardini, die Frau des Florentinischen Seidenhändlers Francesco del Giocondo, auf dem Bild zu sehen. Zumindest hatte Leonardo da Vinci von dem betuchten Händler den Auftrag für ein Portrait erhalten. Da er es jedoch – wie viele seiner Auftragswerke – nie vollendet bzw. abgeliefert hatte, bleibt auch dieser Aspekt der Mona Lisa ein Geheimnis.[123]

Mona Lisas Computeranalyse

Und auch die letzte Zuflucht für offene Fragen – die Analyse durch Computer – erklärt uns nicht eindeutig die Wirkung des Lächelns.

Eine emotionsfokussierte Gesichtserkennungssoftware der Universität Amsterdam analysierte 2005 Merkmale wie Lippenwölbung und Augenfalten und kam zu folgendem Ergebnis: Die Mona Lisa ist zu 83 % glücklich, zu 9 % angewidert, zu 6 % ängstlich und zu 2 % wütend. Aber auch das bringt uns gefühlt dem Geheimnis des Lächelns nicht näher.[124]

Und um die Verwirrung am Ende dieser Geschichte noch komplett zu machen: Die Mona Lisa, so wie wir sie heute kennen, sah in früheren Stadien ganz anders aus. Moderne technische Verfahren machten die verschiedenen Schichten des Gemäldes sichtbar und offenbarten das

Portrait einer Frau, die überraschenderweise gar nicht lächelte und auch ansonsten ziemlich unscheinbar aussah.[125]

Die wahrscheinlichste Theorie bleibt, dass Leonardo über viele Jahre hinweg keine reale Person, sondern eine fiktive Idealfrau auf der Pappelholzplatte entwarf und laufend feinjustierte. 500 Jahre später erfreut sich die ganze Welt noch immer an seinem genialen Pinselstrich und an einem Lächeln, das nicht von dieser Welt zu sein scheint.

Margaret Thatcher und ihr verdrehtes Lächeln

Sie werden sich vielleicht wundern, Margret Thatcher, die erste weibliche Premierministerin von England (1979 – 1990), in einem Buch über Lachen wiederzufinden. Die umstrittene Politikerin war wahrlich nicht für ihr sonniges Gemüt, sondern eher für ihre Durchsetzungskraft bei unangenehmen Maßnahmen bekannt, was ihr auch den Spitznamen *Eiserne Lady* (erstmals verliehen von der Moskauer Nachrichtenagentur TASS) einbrachte. Margaret Thatcher lieh als konservative und polarisierende Politikerin ihren Namen nicht nur dem *Thatcherismus*, sondern ohne eigenes Zutun auch einer populären optischen Illusion, die der Welt erstmals im Jahr 1980 präsentiert wurde.

Peter Thompson, ein englischer Psychologe und Professor an der Universität von York, wählte ein Foto der damals frisch ernannten Premierministerin, um ein interessantes Phänomen der menschlichen Wahrnehmung zu demonstrieren.[126]

Lange vor dem Internet und dem Siegeszug von Desktop-Publishing-Programmen für den Heimgebrauch verblüffte er mit einer Bildmanipulation, die bald weltweit durch die Presse geisterte: Ein auf den Kopf gestelltes Foto von Margaret Thatcher, das auf den ersten Blick nicht ungewöhnlich aussah. Drehte man es jedoch um 180°, stellte man fest, dass es fratzenhaft unnatürlich wirkte. Der Clou: Thompson hatte Mund und Augen auf dem umgedrehten Kopf in ihrer normalen Ausrichtung belassen.[127]

Die Erklärung: Da der Mensch im Alltag so gut wie nie mit auf den Kopf gestellten Gesichtern konfrontiert ist, gelingt es dem Gehirn nicht, die einzelnen Elemente korrekt zuzuordnen. Oder anders ausgedrückt: Ein korrekt dargestellter Mund wird eher vom Gehirn akzeptiert als die Tatsache, dass er bei einem auf den Kopf gestellten Foto nicht in korrektem Bezug zum Rest des Gesichts steht.

Was die Malerei auf den Kopf stellte

Es ist anzunehmen, dass dieses Defizit des Gehirns schon lange vor der sogenannten „Thatcher-Illusion“ bekannt war. In der Kunstgeschichte finden sich Beispiele dafür, dass die Darstellung von *auf den Kopf gestellten* Menschen und Gesichtern tunlichst vermieden wurde.

Als prominentestes Beispiel hierfür gilt Michelangelos „Die Kreuzigung von St. Peter“, das heute in der Cappella Paolina im Vatikan zu bestaunen ist. Hier vollführt der kopfüber gekreuzigte Heilige eine ziemlich unnatürliche Verrenkung, um seinen Kopf in eine Schieflage zu bringen und damit wohl dem Betrachtenden eine die Sinne verwirrende Wahrnehmung zu ersparen.[128]

Auf ähnliche Weise wie die „Thatcher-Illusion" entsteht auch Pareidolie, ein Phänomen, durch das wir in Wolken, Teppichmustern, Holzmaserungen oder auf der Oberfläche des Mars menschliche Gesichter zu erkennen glauben. Das Gehirn sucht nach bekannten Einzelelementen und vereint sie zu bereits bekannten Bildern, Gegenständen oder eben Gesichtern.[129]

40 Jahre nachdem Peter Thompson Margaret Thatcher auf den Kopf stellte, gibt es mittlerweile auch andere Prominente, die zur Demonstration des Effekts herhalten mussten. Im Internet kursieren umgedrehte Fotos von Adele, Miley Cyrus, Kim Kardashian und anderen prominenten Frauen, die sich bei 180° Grad-Drehung nicht mehr ganz so hübsch präsentieren.

Der Effekt wirkt natürlich auch mit Männern. Am eindrucksvollsten vielleicht auf dem selbstbetitelten Debütalbum der österreichischen Indie-Rock-Band „Kreisky" aus dem Jahr 2007. Dort posieren gleich alle vier Bandmitglieder als „Thatcher-Illusion".

Auch die deutsche Ex-Kanzlerin Angela Merkel ist eine würdige Nachfolgerin der „Eisernen Lady" in Sachen optische Illusion. Der damals in Deutschland kursierende Witz „Man muss Merkel auf den Kopf stellen, damit sie lächelt" wurde durch die Verwendung ihres *thatcherisierten* Portraits um eine interessante Facette erweitert.

Charles Penrose: Der erste Rockstar des Lachens

Kennen Sie dieses Lied?

„Oh, ha-ha-ha ha-ha-ha ha-ha-ha ha-ha-ha!
Ooh-ho-ho, ha-ha-ha-ha ha-ha-ha ha-ha!
Ooh ho-ho-ho, ha-ha-ha ha-ha-ha ha-ha-ha!
Ooh ha-ha-ha, ha-ha-ha ha-ha-ha ha-ha-ha!"

Nein? Seltsam, es zählte zu den erfolgreichsten Nummern seiner Zeit.

Okay, es ist ein Weilchen her und wurde auf Schellackplatten vertrieben, aber es hat seine Zeit dermaßen geprägt, dass es auch hundert Jahre später auf YouTube millionenfach aufgerufen wird.

Wenn Sie nach „The laughing policeman" suchen, sehen Sie auch den Interpreten des Smash-Hits von 1922: Der Engländer Charles Penrose und seine Frau Mabel Anderson gelten als Geburtshelfer und gleichzeitig Veteranen eines Musikgenres, das heute so gut wie ausgestorben ist: „Laughter Songs".

Penrose, der seinen größten Hit noch unter dem Pseudonym „Charles Jolly" aufnahm, entdeckte sein außergewöhnliches Talent für Gelächter als 18-Jähriger auf Theatertourneen in England und wurde bald als lachender Polizeibeamter zum Superstar der Bühne. Aber erst mit der Plattenaufnahme des Songs und dem Songschreiber-Talent seiner damaligen Frau hob die Karriere von Penrose so richtig ab.

Der Beginn des Smash-Hits im Original-Wortlaut:[130]

"I know a fat old policeman
He's always on our street
A fat and jolly red-faced man
He really is a treat

He's too kind for a policeman
He's never known to frown
And everybody says he is the
Happiest man in town!

Oh, ha-ha-ha ha-ha-ha ha-ha-ha ha-ha-ha!
Ooh-ho-ho, ha-ha-ha-ha ha-ha-ha ha-ha!
Ooh ho-ho-ho, ha-ha-ha ha-ha-ha ha-ha-ha!
Ooh ha-ha-ha, ha-ha-ha ha-ha-ha ha-ha-ha!"

Was sich hier relativ nüchtern liest, war für mehrere Generationen das ultimative (und höchst ansteckende) Lachen auf Tonträger – und mit Sicherheit eine der ungewöhnlichsten Aufnahmen ihrer Zeit.

Nach dem großen Erfolg legte das Gespann Penrose/Anderson fleißig nach: Mit „The Laughing Major", „Curate", „Steeplechaser", „Typist", „Lover" und „Sneezing Man" produzierten sie weitere Songs, die alle mehr oder weniger vom außergewöhnlichen Lachen des Charles Penrose getragen wurden – an die Durchschlagskraft des „Laughing Policeman" kamen diese Lieder aber nicht mehr heran.

Kein Wunder, dass Penrose als einer der ersten Stars im englischen Rundfunk ausgerechnet die Rolle eines Polizisten verkörperte. Als „Sergeant Bob Evergreen" feierte er in der Radioreihe „The Pig and Whistle" große Erfolge und schaffte in den 30ern und 40ern sogar den Sprung zum Film. Doch bis zu seinem Tod im Jahr 1952 blieb er für die meisten immer „The laughing policeman".

Der ausgeborgte Policeman

Und hier kommt der Twist, denn Penrose bzw. seine Frau hatten ihren größten Karriereerfolg *kreativ ausgeliehen*. Melodie und Refrain des damals erfolgreichsten Lachens der Musikgeschichte stammten 1:1 von einem Original aus dem Jahr 1898, das seiner Zeit (und auch der technischen Entwicklung) leider weit voraus war.

Der wahre Erfinder der „Laughter Songs“ stammt aus Amerika und war der erste afroamerikanische Star im Tonstudio: George Washington Johnson (1846 –1914), der Sohn eines 1853 befreiten Sklaven. Er lernte als Kind in Virginia lesen und schreiben, was damals für Dunkelhäutige noch illegal war, und entwickelte schnell ein musikalisches Talent. 1870 zog er nach New York, verdiente sich dort seinen Lebensunterhalt als Straßensänger und wurde zwanzig Jahre später von gleich zwei Plattenfirmen angesprochen, die nach Musik für ihre Münz-Phonographen (eine Art frühe Musicbox) suchten.[131]

Sowohl die „New York Phonograph Company“ als auch die „New Jersey Phonograph Company“ waren vor allem an Washingtons kunstvollem Pfeifen interessiert, das er an verschiedenen Plätzen in New York erklingen hatte lassen.

Die Plattenindustrie steckte damals freilich noch in den Kinderschuhen. Aufgenommen wurde live auf Wachszylindern, ohne Möglichkeit, diese zu vervielfältigen. Johnson musste also für jeden Wachszylinder einzeln performen, an einem Tag im Studio denselben Song bis zu fünfzig Mal. In seinem Repertoire fand sich auch der „Laughing Song”, dessen Refrain ein Vierteljahrhundert später in England Charles Penrose zu einer veritablen Karriere verhelfen sollte.

Aber auch Johnson hatte für die Verhältnisse seiner Zeit eine unglaubliche Karriere: 1895 waren die zwei Johnson-Zylinder, „The Whistling Coon“ und „The Laughing Song“ die meistverkauften Aufnahmen in den USA. Nach Schätzungen gingen davon bis zu 50.000 Stück – alles eigens aufgenommene Master – über den Ladentisch.

Als sich die Studiotechnologie mit Beginn des 20. Jahrhunderts so gemausert hatte, dass man nun beliebig viele Kopien einer Aufnahme erstellen konnte, war Johnsons Popularität allerdings schon wieder verschwunden. In seinen letzten Lebensjahren arbeitete der Erfinder des „Laughing Songs" als Doorman in New York und starb 1914 in Vergessenheit.

Warum Elvis Presley lachend die Charts stürmte

In den 80ern, Jahre nach dem Tod von Elvis Presley, tauchte plötzlich ein bereits 1969 aufgenommenes Lied des *King of Rock and Roll* in den Hitparaden auf, das mehr als ungewöhnlich war. Bei einem live mitgeschnittenen Auftritt im International Hotel in Las Vegas hatte Elvis seinen Hit „Are you lonesome tonight" zum Besten gegeben und ihn durch einen unkontrollierbaren Lachanfall in etwas Besonderes verwandelt.

Die sogenannte „Lachversion" wurde zum erneuten Hit, nachdem sie als Rarität auf einer Elvis-Plattensammlung veröffentlicht worden war und löste bei so manchem großes Rätselraten aus. Weswegen lachte Elvis sich bei diesem Auftritt schief?

Erste Verdächtige als Auslöserin des Lachanfalls war – Sie werden es nicht glauben – die Mutter von Whitney Houston! Cissy Houston arbeitete 1969 als Backgroundsängerin für Elvis, ehe sie im Anschluss eine Solo-Karriere startete. An besagtem Abend der Aufnahme hört man neben Elvis' Gelächter ihren schrägen Falsett-Chorgesang deutlich, zu dem der *King* sie während des Liedes auch immer wieder direkt anspricht („Sing it, baby").

Königliche Textvariationen

Für den Lachanfall gibt es noch einen anderen potenziellen Grund, den man auf der Aufnahme nur erkennt, wenn man sehr aufmerksam und sehr textsicher ist. Elvis singt nämlich statt „Do you gaze at your doorstep and picture me there?“ (Schaust du auf deine Türschwelle und stellst dir vor, ich stände dort?) die spontane Eigenkreation “Do you gaze at your bald head and wish you had hair?” (Schaust du auf deinen kahlen Kopf und wünschtest, du hättest Haare?).

Das war nichts Ungewöhnliches für Elvis. Er veränderte bei Live-Auftritten oft seine Songtexte, um sie nach der x-ten Darbietung ein wenig interessanter zu machen. In diesem Fall sorgte die Haar-Anspielung jedoch dafür, dass ein Mann mit Toupet bzw. Perücke im Publikum sich inspiriert fühlte. Je nach Version der Geschichte verrutschte das Haarteil des Zuschauers, wurde ihm von Kopf gerissen oder wurde in eine wilde Tanzeinlage des Besitzers eingebaut. Was auch immer im Publikum passierte: Elvis fand es zum Totlachen und schenkte der Musikwelt eine originelle Fußnote.[132]

Ein anderer King, ein anderes Lachen

Wenn wir schon beim Thema *Lachen in den Charts* sind: Erinnern Sie sich an das Finale des Michael Jackson-Hits „Thriller“? Der *King of Pop* lieferte dabei die Grundlage für ein anderes legendäres Lachen. Die unheimliche Stimme, gefolgt von einem dämonischen Lachen, gehört niemand anderem als Horror-Legende Vincent Price. Er meisterte die Aufnahme inklusive Lachen bravourös in zwei Takes. Zu hören ist die Aufnahmesession, bei der auch Michael Jackson spricht, auf YouTube.[133]

Gelacht wird natürlich auch in anderen Pop-Songs. Hier ein paar bekannte Beispiele mit Minutenangabe, wann genau das Lachen zu hören ist:

Britney Spears, „If you seek Amy" (0:48)
Jennifer Lopez, „Jenny from the block" (1:57)
Spice Girls, „Wannabe" (0:48)

Doch ehe wir das Thema hinter uns lassen, wollen wir noch einem Instrumentalstück die Ehre erweisen, das 1944 die US-Charts stürmte, dem man aber auch heute noch immer wieder begegnet.

Die Komposition „Holiday for strings" von David Rose aus dem Jahr 1942, im Original von seinem Orchester eingespielt, kommt als witzige Untermalung in Filmen und Shows immer wieder zum Einsatz. Österreichischen Leserinnen und Lesern über 45 Jahren ist es vielleicht als Titelmelodie der 70er-Jahre-Kindersendung „Auch Spaß muss sein" mit Herbert Prikopa in Erinnerung.

Aber auch in anderen Ländern wurde der Titel immer wieder als Erkennungsmelodie verwendet – zum Beispiel von 1951 bis 1971 in der US-Comedy-Sendung „Red Skelton Show" oder in der brasilianischen Game-Show „Pra Ganhar é Só Rodar o Pião da Casa Própria" („Dreh das Rad, um Dein Haus zu gewinnen").

Das Besondere an „Holiday for strings": Obwohl es ein Instrumentalstück ist, enthält das Lied einen Part mit äußerst originell gesungenem Lachen. Kein Wunder, dass das Stück auch zum Standardrepertoire von US-Musikclown Spike Jones zählte.

Wenn Sie jetzt keine Ahnung haben, von welchem Lied die Rede ist: Ein paar Sekunden auf YouTube werden Sie erhellen (oder zumindest unterhalten, falls Sie den Song tatsächlich zum ersten Mal hören sollten).[134]

Smile: Mehr als nur ein Lied über das Lachen

Es ist paradox. Ein Lied fordert zum Lachen auf, erfüllt aber Menschen weltweit mit wohliger Melancholie und Traurigkeit. Die Geschichte des Songs "Smile" ist faszinierend, erstreckt sich mittlerweile über 85 Jahre und verbindet zwei außergewöhnliche Weltstars jenseits der Norm: Charlie Chaplin und Michael Jackson.

Es sind vor allem die letzten zwei Minuten des Stummfilms „Modern Times“ (1936)[135], die eine Melodie und später ein Lied weltberühmt machen sollten: Charlie Chaplin und sein weiblicher Co-Star Paulette Goddard sind in ihren berühmten Filmrollen (der Tramp und das Straßenmädchen) nach turbulenten Abenteuern in der modernen Industriegesellschaft gescheitert, perspektivenlos und obdachlos auf der Straße gelandet. Sie hätten allen Grund, am Leben zu verzweifeln und aufzugeben („What's the use of trying?“). Doch in den letzten Sekunden des Films lässt der Tramp mit geballter Faust eine lebensbejahende (Stummfilm-)Botschaft zurück. Es ist ein einziger Satz – gedruckt auf einem der typischen Stummfilm-Inserts: „Buck up – Never say die. We'll get along!" (in etwa: Reiß Dich zusammen! Alles ist möglich! Wir kommen zurecht!). Danach setzen die beiden ein Lächeln auf und gehen trotz allem Unglück optimistisch dem Horizont einer endlosen Landstraße und einer ungewissen Zukunft entgegen.

Zu dieser inzwischen weltberühmten Szene (und zu einigen vorherigen romantischen Szenen im Film) erklingt eine kleine, feine Instrumentalmelodie, die seitdem Generationen von Menschen zu Tränen gerührt und bewegt hat.

Das damals noch namenlose Stück stammt von Charlie Chaplin selbst, der als filmisches Universalgenie viele seiner Filmmusiken selbst ersonnen und auch diese Melodie irgendwann Anfang der 30er-Jahre auf dem Klavier komponiert hatte. David Raskin, Chaplins musikalischer Sekretär, arrangierte die Melodie, wurde jedoch vom Perfektionisten Chaplin gefeuert, da dieser die Verbesserungsvorschläge eines 23-jährigen Jungmusikers nicht annehmen konnte oder wollte. Das Stück wurde dann kurzzeitig von Alfred Newman, dem Onkel des späteren Superstars Randy Newman, weiterentwickelt, ehe David Raskin doch wieder mit Chaplin ans Klavier zurückkehren durfte und letztlich als *Arrangeur* des Stücks geführt wurde. Doch als *Komponist* gilt bis heute Chaplin selbst.[136]

Der Welterfolg des Films machte auch das markante Lied berühmt – es wurde jedoch nie als Platte veröffentlicht. Erst 18 Jahre nach der Filmpremiere von „Modern Times" erhielt die Melodie einen Titel und einen Text, was sie endgültig zum Welterfolg machen sollte.

Dem britischen Texter-Duo John Turner und Geoffrey Parsons gelang 1954 ihr eigener Geniestreich, indem sie den Inhalt der Szene aus dem Chaplin-Stummfilm in Worte kleideten und mit der weltberühmten Melodie verwoben.[137]

Ein Auszug aus dem Song „Smile"

"Smile, though your heart is aching
Smile, even though it's breaking
When there are clouds in the sky
you'll get by
If you smile through your fear and sorrow
Smile and maybe tomorrow
You'll see the sun come shining through
for you"[138]

Petula Clark und Nat King Cole waren die ersten Künstler, die im Sommer 1954 den Song aufnahmen und ihn sofort zu einem Charterfolg machten. Sie sollten nicht die letzten bleiben.

Im Laufe der Jahre nahmen Größen wie Jimmy Durante, Judy Garland, Jackie Gleason, Karel Gott (auf tschechisch „Smich"), Diana Ross, Michael Bolton, Michael Bublé, Barbara Streisand, Elvis Costello, Eric Clapton, Rod Stewart, Lady Gaga und viele andere den Song auf.[139] Zudem wurde er auch als Titelmelodie der „*Jerry Lewis Show*" (1967–1969) eingesetzt.

Eine der jüngeren Wiederauferstehungen feierte „Smile" im Film „Joker" mit Joaquin Phoenix (2019), wo er aufgrund der dramatischen Wandlung der psychisch zerrissenen Hauptfigur eine besonders dramatische Untermalung bot.

Michael Jackson entdeckt Charlie Chaplin und „Smile"

Im Jahr 1967 zeichnete der neunjährige Michael Jackson ein (erstaunlich kunstfertiges) Bild von Charlie Chaplin. Zu diesem Zeitpunkt sang der spätere Superstar bereits seit einem Jahr in der Band „The Jackson Five" und erlebte dadurch eine außergewöhnlich fordernde Kindheit. Später würde er der Enkelin von Charlie Chaplin erzählen, dass er damals jeden Tag das Lied „Smile" hörte, weil es ihm Mut und Kraft gab.[140]

Immer wieder nannte Michael Jackson den Song sein Lieblingslied. 1995 nahm er ihn schließlich selbst als kraft- und gefühlvolle Ballade für sein Album „*HIStory*" auf. Nach Jacksons überraschendem Tod im Jahr 2009 sang ihn sein Bruder Jermaine vor den Augen einer schockiert trauernden Weltbevölkerung im Rahmen der Beerdigungszeremonie.[141]

Parallelen von zwei Weltstars

Michael Jackson, der Chaplin vergötterte und sich auch öfters als „Tramp" verkleidete, sprach in Interviews immer wieder an, wie sehr ihn Charlie Chaplin inspiriert hatte – wahrscheinlich auch deswegen, weil sie einen ähnlichen Lebensweg teilten. Auch Chaplin musste im Alter von zehn Jahren sehr schnell erwachsen werden, als sein Vater starb und seine Mutter ihre Schauspielkarriere aufgrund einer Krankheit aufgeben musste. Um sich die Pflege der Mutter leisten zu können, wagte er sich als Kind auf die Bühne und legte so den Grundstein für seine spätere Weltkarriere.

„Chaplin war der König des Pathos, der einen zugleich zum Lachen und zum Weinen bringen konnte", sagte Michael Jackson in einem Interview. „Damit kann ich mich identifizieren. Manchmal glaube ich sogar, dass ich er bin."[142]

Das Lieblingslied mehrerer Generationen

Die Nähe von Lachen und Weinen, die Jackson so fasziniert hat, spiegelt sich in dem Song „Smile" eindrucksvoll wider. Er hat in den letzten 85 Jahren Spuren im Leben unzähliger Menschen hinterlassen. „*Smile*" ist zeitlos und funktioniert unabhängig vom Zeitpunkt seines Entstehens.

Als wäre die Verbindung zwischen zwei außergewöhnlichen Künstlern aus verschiedenen Zeiten nicht schon ungewöhnlich genug: In „Modern Times" zeigt Charlie Chaplin in einer Szene einen Tanzmove, den – wäre man unbedingt auf der Suche nach weiteren Parallelen der beiden Weltstars – man durchaus als Vorstufe des „*Moonwalk*" interpretieren könnte – also jenen Tanzschritt, der auf ewig mit Michael Jackson verbunden sein wird.

Die Grinsekatze: Lewis Carroll und sein absonderliches Lachgeschöpf

Zwei Augen und ein gesichtslos in der Luft schwebendes Grinsen? Bei dieser Beschreibung denkt man eher an einen Horrorfilm oder an einen bösen Traum als an etwas Lustiges. Tatsächlich gehört dieses Erscheinungsbild aber zu der beliebten Figur eines der berühmtesten Kinderbücher aller Zeiten.

Als Lewis Caroll 1865 „Alice im Wunderland“ schrieb (englischer Originaltitel war „Alice's Adventures in Wonderland“), hatte er eigentlich eine bitterböse Satire auf die Gesellschaft und das Bildungssystem seiner Zeit im Sinn, verpackte sie aber so raffiniert in kindgerechten Nonsens und Wortspiele, dass ein Klassiker für alle Altersschichten entstand, der im Laufe der Zeit unzählige Bearbeitungen und Verfilmungen erlebte.

Eine der Figuren ist die „Grinsekatze“, die im englischen Original „Cheshire Cat“ heißt und auch nur über diesen Originalnamen erklärt werden kann. Denn eine Katzenrasse dieses Namens existiert nicht – auch wenn die diversen Illustrationen zumeist auf den ersten Blick wie ein *British Kurzhaar* anmuteten.

Hinter der „Cheshire Cat“, die selbst in unverständlichen Rätseln zu sprechen pflegt, steckt ein Wortspiel – noch dazu eines, das man als Nicht-Native Speaker so gut wie unmöglich aus dem Stand entschlüsseln kann. Es beruht auf der Redensart „to grin like a cheshire cat“ (grinsen wie eine Cheshire-Katze) und bezieht sich auf … Käse!

Die nordenglische Grafschaft Cheshire ist unter anderem bekannt für ihren „Cheshire Cheese“ (im Deutschen als „Chester“ bezeichnet). Die Käselaibe wurden einstmals zu Dekorationszwecken in Form einer grinsenden Katze hergestellt. Gut Lachen hatten diese *Käsekatzen* angeblich, weil sich die dort ansässigen Grafen das Privileg erworben hatten, keine Steuern an die Krone zahlen zu müssen.

Die „Grinsekatze" (in früheren Editionen übersetzt auch „Edamer-Katze" genannt) geht also auf eine Redewendung zurück, die Lewis Caroll zu seiner weltberühmten Figur inspirierte.

Eine Katze bringt die Popkultur zum Schnurren

Die mysteriöse Katze (sie taucht unvermittelt auf und verschwindet) spielt in unzähligen Filmen mit, taucht in Zeichentrickserien, Comics, Computerspielen, Liedern und Gemälden auf. Ein 1990 in Japan entdeckter Asteroid ist nach ihr benannt. Sie hat einem Konzept der Elementarteilchenphysik ihren Namen gegeben. Auch in einer Simpson-Folge hat sie einen Gastauftritt. In der Verfilmung aus dem Jahr 1999 leiht ihr die Schauspielerin Whoopi Goldberg ihr Gesicht.

Die Kasse klingelt bei all diesen Gelegenheiten bei der Walt Disney Company, die sich nach der Zeichentrickverfilmung im Jahr 1951 die Markenrechte an der „Cheshire Cat" gesichert hat.[143]

Walter Thiele: Der Lachsack-Millionär

An jene tragischen Fehlschläge, bei denen jemand ganz knapp am großen Erfolg vorbeigeschrammt ist, erinnert man sich ewig. Dick Rowe, Leiter der Abteilung A&R bei Decca, der 1962 den Beatles einen Plattenvertrag verweigerte, oder Apple-Mitgründer Ron Wayne, der seine zehn Prozent am Unternehmen nach 11 Tagen um rund 800 Dollar verkaufte, die heute mehrere Milliarden Dollar wert wären, bleiben im Spiegel der Geschichte aufgrund ihrer Fehleinschätzungen in Erinnerung. Auch im Lachuniversum gibt es jemand, der durch eine Entscheidung leer ausging und jemand anderen zum Millionär machte. Der Nutznießer: Walter Thiele, Erfinder aus Berlin. Er erschuf einen Scherzartikel, der allen Erwartungen zum Trotz zum Beststeller wurde: Den Lachsack.

Alles begann Mitte der 1960er-Jahre mit einem Papagei, den Walter Thiele für die Restaurantkette Wienerwald entwickelte. Der Gag an dem Werbeträger: Dank eines Miniplattenspielers im Bauch krächzte der Spielzeugvogel den Slogan „Heute bleibt die Küche kalt, wir gehen in den Wienerwald."[144] So nervig das klingt, empfand es wohl auch die Wienerwald-Geschäftsführung, denn diese servierte den Papagei relativ bald ab.

Walter Thiele suchte nach einem neuen Abnehmer für seine Erfindung, stieß jedoch auf breites Desinteresse. Erst als er 1968 den Papagei durch eine Socke und das Krächzen durch ein Lachen ersetzte, war schnell klar, dass er etwas Großes geschaffen hatte.

Die sogenannte „Lachsock" kam gut an, erforderte jedoch noch zwei Feinjustierungen, ehe sie zum Multimillionenseller, dem „Lachsack" wurde. Sie ahnen es schon: Die Socke wurde durch einen Sack ersetzt und das Lachen professionalisiert.

Zu diesem Zweck veranstaltete Walter Thiele ein Lach-Casting. Der Sieger: Ein Finanzbeamter aus Nürnberg, der die zuvor erwähnte folgenschwere Fehlentscheidung traf. Denn vor die Wahl gestellt, entweder 1.000 Mark (heute ca. 510 Euro) sofort oder 10 Pfennig (heute ca. 5 Cent) pro verkauften Lachsack als Honorar zu bekommen, wählte der anonym gebliebene Lachgewinner die Sofortauszahlung und brachte sich damit um ein Vermögen.[145]

Ein Sack voll Geld

Die Millionen machte Walter Thiele. Denn der Lachsack wurde in Japan erstmals als Patent angemeldet und schlug ein wie eine Bombe. Schätzungen zufolge wurden im Laufe der Jahre mehr als 120 Millionen Exemplare des Lachsacks verkauft – alle mit dem Lachen des Nürnberger Finanzbeamten bespielt, das ca. eineinhalb Stunden lang mechanisch scheppernd aus den Mini-Lautsprechern tönte, ehe die fix verbaute Batterie den Geist aufgab und das Produkt damit unbrauchbar wurde.[146]

Lachsäcke gibt es noch immer – allerdings eher digital und/oder als App. Aber die Hochblüte dieses überraschend erfolgreichen Artikels ist Vergangenheit. Auf eBay ist es noch möglich Lachsäcke in bunter, absurder Vielfalt zu ersteigern – genauso wie ein Autogramm von Walter Thiele, der es mit seiner Erfindung (und einer Reihe anderer Verrücktheiten) selbst zum C-Promi in Deutschland brachte.

Als die Popularität des Lachsacks langsam abnahm, versuchte sich Thiele übrigens an einem weiteren skurrilen Lachprodukt – dem Lachspray. Dieser Artikel wurde 1986 wie folgt per Agenturmeldung vorgestellt:

„Humor per Knopfdruck – nach dem Lachsack nun der Lachspray. Tegernsee. Bombenstimmung aus der Dose – Lachsack-Erfinder Walter Thiele aus Tegernsee macht's möglich. Mit seinem neuesten Scherzartikel, dem Lachspray, soll Humor per Knopfdruck möglich sein.

Nach einer Mitteilung des Erfinders vom Freitag kann sich kein Benutzer bei noch so sparsamer Anwendung der lachmuskelstrapazierenden Wirkung des Mittels entziehen, das auch in Kinderhänden völlig ungefährlich sein soll und aus einer handlichen Aerosoldose kommt. Thiele selbst bezeichnet die Erfindung als die ‚lustigste Bombe der Welt'. Eine ‚Wolke' aus der Dose lässt einen angeblich auch noch lachen, wenn man den Steuerbescheid seines Finanzamtes liest."[147]

Vielleicht hatte Thiele die Idee dazu aus einer dänischen Krimikomödie. In „Die Olsenbande stellt die Weichen" aus dem Jahr 1975 kommt ein Spray vor, der Lachen produziert und sich rasend gut verkauft. Das optische Dosendesign des fiktiven Sprays: Clownköpfe und die Aufschrift „Ha!" auf rotem Hintergrund.

Dem echten Lachspray von Walter Thiele war leider weitaus weniger Erfolg beschieden. Das Produkt verschwand schnell wieder aus den Regalen. Mit seinen Millionen aus den Verkäufen des Lachsacks hatte der Erfinder aber ohnehin die Lacher längst auf seiner Seite.

Moderne Lachsäcke

Noch ein wenig nutzloses Wissen aus der Welt: Im englischen Sprachraum kennt man den Lachsack als „Laugh Bag", „Laughter Bag" oder „Laughing Bag". Dort gibt es ihn nicht nur in Form eines Sacks, sondern auch als Tragetasche.

Und: Der Lachsack hat es auch in eine beliebte Nintendo-Rennspielserie geschafft. In den Spielen „Mario Kart Arcade GP", „Mario Kart Arcade GP 2" und „Mario Kart Arcade GP DX" kann man ihn als Gimmick auf der Rennstrecke einsammeln und einsetzen, um seine Mitstreiter nervtötend abzulenken.[148]

Auch das ist ein Hinweis darauf, dass der Lachsack zwar ein millionenfach verkaufter Welterfolg war, aber manchen auch ganz schön auf die Socken ging.

Charles Douglass: Erfinder des „Dosenlachens" bei Sitcoms

Man musste als Kind kein Genie sein, um bei Sitcoms wie „Eine schrecklich nette Familie („Married with children") oder „Alf" zu bemerken, dass irgendetwas mit dem Publikumslachen faul war. Denn nach wenigen Folgen erkannte man wiederkehrende Lachsalven und wusste: Das kommt vom Band!

Der *Laughter Track* – in deutschsprachigen Gefilden auch geringschätzig *Dosenlachen* oder *Lachkonserve* genannt – blickt auf eine bewegte Geschichte zurück, ist mittlerweile aber so gut wie ausgestorben. Es ist nicht mehr zeitgemäß, dem Publikum *vorzukichern*, wann es eine Pointe oder eine Szene lustig zu finden hat. Als letzte erfolgreiche Sitcom, die Lacher vom Band verwendete, gilt „The Big Bang Theory" (Erstausstrahlung 2007-2019). Danach war Stille zwischen den Punch Lines der Blockbuster-Sitcoms.

In der Vergangenheit war jedoch das künstliche Lachen in Serien nicht nur Branchenstandard, es machte auch einen in Mexiko geborenen Toningenieur zum Millionär. Charles Douglass sorgte in den 1940ern als Soundverantwortlicher bei „CBS Radio“ dafür, dass die Publikumsreaktionen bei Live-Aufzeichnungen gut in Szene gesetzt wurden, war aber oft unzufrieden mit der Leistung der Zuhörerschaft. Speziell, wenn einzelne Einstellungen wiederholt aufgenommen werden mussten, nahm das Lachen des gelangweilten Publikums ab. Das kam nicht gut in der Endfassung.

Eine Schreibmaschine wird zum Lachsturm-Generator

Der findige Charles Douglass wusste sich zu helfen. Er entwickelte in Eigenregie aus einer umgebauten Schreibmaschine eine „Laff Box“, einen Apparat, den er mit bei verschiedenen Gelegenheiten auf Magnetband aufgenommenen Lachern fütterte und der auf Knopfdruck konservierte Heiterkeit ausgewogen ablieferte.[149] Douglass nannte das „Sweetening“ und ermöglichte dadurch etwas zuvor Undenkbares: Radio- und Fernsehprogramme konnten nun auch gänzlich ohne Publikum aufgezeichnet werden. Die perfekte Heiterkeitsatmosphäre besorgte die „Laff Box“.

Zum ersten Mal kam diese Erneuerung im September 1950 bei der NBC-Sitcom „The Hank McCune Show“ zum Einsatz – und begeisterte. Auch bei anderen Shows belegten Publikumsbefragungen (und später auch Studien), dass Sitcoms mit künstlich aufgepeppten Lachern um 25 % besser ankamen als mit den natürlichen Zuschauerreaktionen. Vor allem schlechte Witze klangen dadurch plötzlich spaßig und es stellte sich eine stets heitere Theateratmosphäre ein.

Dem kontrollierbaren und dosierbaren Lachen auf Knopfdruck waren plötzlich keine Grenzen mehr gesetzt. Der Toningenieur sammelte im Laufe der Jahre Lacher aus verschiedensten Quellen und baute ein Imperium des künstlichen Lachens auf. Jahrzehntelang *versüßte* Douglass Sitcoms – auch jene, die tatsächlich vor Publikum aufgezeichnet wurden.

Ein paar Beispiele für Hit-Sitcoms, in denen Douglass Lachregie führte: „Verliebt in eine Hexe", „The Beverly Hillbillies", „Cheers!" oder „Golden Girls". Auch bei den Zeichentrickserien „Scooby-Doo", „Familie Feuerstein" oder „Die Jetsons" baute der Toningenieur Lacher ein und erhielt gutes Geld von den Studios dafür.

Die Luft ist draußen

In den 1970ern bastelten sich immer mehr Studios ihre eigene „Laff Box", die zwar weniger ausgeklügelt, aber weitaus billiger war. Und: Es regte sich erstmals Widerstand gegen das Dosenlachen. Von Hollywood-Schauspieler David Niven ist folgendes Zitat überliefert: „Der Lacher vom Band ist der größte Affront gegen den Verstand, der mir bekannt ist."[150] Er war nicht die einzige namhafte Persönlichkeit aus der Unterhaltungsindustrie mit dieser Meinung.

Charles Douglass kümmerte das wenig. Bis zum Jahr 1980 war er mit seinem Lachen vom Band Millionär geworden und hatte einen neuen Beruf erfunden. Das Lachen vom Band sollte für weitere 20 Jahre in Sitcoms eingesetzt werden – manchmal so plump und ausufernd, dass es beinahe schon wie eine Parodie klang.

Einziger Unterschied zu den Pioniertagen: Das aufgezeichnete Lachen kam irgendwann nicht mehr von Magnetbändern, sondern aus digitalen Bibliotheken und Datenbanken, die auch internationale Vielfalt aufwiesen. Bob Douglass, der das Business seines Vaters Anfang der 80er-Jahre übernommen hatte, war ebenfalls talentiert und erfolgreich und wurde als Soundmixer für zehn Emmys nominiert.

Spätestens im 21. Jahrhundert verebbte das künstliche Lachen dann in Sitcoms allmählich – auch weil sich der Humor und Publikumsgeschmack geändert hatten. „Malcolm mittendrin" („Malcom in the middle") oder „The Office" kamen gänzlich ohne Lachen vom Band aus – und waren trotzdem unglaublich lustig. Der Grund: Mittlerweile bezogen Hit-Serien ihre Wirkung auch aus anderen Emotionen, wie peinlichen Situationen oder unangemessenen Frechheiten. Die Tabus und Grenzen hatten sich verschoben. Lachen allein reichte als erwünschte Publikumsreaktion daher nicht mehr aus – also ließ man es bei vielen Sitcoms gleich ganz weg.

Dosenlachen 2.0

Der *Laughter Track* lebt jedoch im Internet bzw. auf Social Media weiter. Unzählige Apps lassen User ohne technisches Vorwissen Lachkonserven in Videos einfügen, die dadurch lustiger wirken und leichter viral gehen sollen. Auch Spotify bietet eigene Lachtrack-Playlists an.

Haben Sie sich Erfolgsmodelle erst einmal durchgesetzt, sind sie nicht mehr wegzudenken und werden lediglich dem Zeitgeist und den technischen Möglichkeiten angepasst. Millionär und eine Ikone ist aber nur einer damit geworden: Charles Douglass, der 1992 von der Academy of Television & Arts mit einem Ehren-Emmy für sein „Lifetime technical achievement" ausgezeichnet wurde.[151]

Wer zuletzt lacht ...

Auch im Falle der *Laughter Tracks* zeigte sich, dass das Leben oft Überraschungen bereit hält. Denn gerade als das Lachen vom Band langsam von den Bildschirmen und Streaming-Diensten verschwand, sorgte die COVID-Pandemie dafür, dass es schnell wieder notwendig und unverzichtbar wurde.

Nachdem ab 2020 phasenweise kein Kulturbetrieb vor Publikum möglich war, spielten viele Bühnen, Ensembles und Kunstschaffende wegen des Lockdowns und der Betretungsverbote vor leerem Haus oder in Studios und zeichneten die Darbietung auf und peppten sie – ganz wie Charles Douglass es 70 Jahre davor erfunden hatte – mit künstlichem Lachen auf. Und wie sieben Dekaden davor, funktionierte dieser simple, aber geniale Trick hervorragend.

Lachen verboten: Nicht-Lachen als Showkonzept

Wer sich jemals das Lachen verkneifen musste, weiß: Nirgends ist das Lachen verlockender, verbotener und deswegen so schwer zu vermeiden wie in Situationen, in denen es am unpassendsten erscheint.

Als Kinder begegneten wir dieser Situation öfter, als uns lieb war – nämlich als uns Erwachsenen-Regeln, -Orte und -Blicke daran erinnerten unsere Emotionen unter Kontrolle zu halten.

Doch es ist so eine Sache mit dem Lachen: Im Gegensatz zu anderen Emotionen, lässt es sich, wie wir bereits in Kapitel 1 gezeigt haben, weitaus schwerer unterdrücken. Es bricht aus einem heraus. Es ist ansteckend. Und es hilft einem auch dabei, schwierige, ungewohnte, peinliche oder schier unerträglich langweilige Situationen besser zu meistern (zumindest so lange, bis man durch lautes Lachen, Kichern oder Losprusten erst recht in ernsthafte Schwierigkeiten gerät).

Kirche, Schulbank, Zeremonien: Die Welt scheint voll von Orten, Situationen und Anlässen zu sein, an denen Lachen ungebührlich und respektlos erscheint. Dabei hat es in den meisten Fällen wenig mit tatsächlicher Missachtung oder Geringschätzung zu tun. Der Mensch lacht, weil es ein emotionales Grundbedürfnis ist – noch dazu ein höchst ansteckendes. An manchen Orten fällt es meistens nur stärker auf, weil die anderen es gerade nicht tun und man dadurch automatisch *disziplinär auffällig* aus der Reihe tanzt.

Doch wie gut, dass sich die Zeiten ändern. Zwar sehen es Autoritäten noch immer nicht gerne, wenn man ihre Kreise durch Verhaltensauffälligkeiten stört, aber immerhin ist der Unterhaltungswert von unterdrücktem Lachen massentauglich und hat nicht nur das Fernsehen, sondern auch Social Media erreicht. Menschen dabei zuzusehen, wie sie lachen bzw. nicht lachen dürfen, ist ein anerkanntes Vergnügen geworden und gipfelt in zahlreichen neuen Entertainmentformaten, die letztlich aber auch nur eine Weiterentwicklung jener Vergnügungen sind, die uns schon als Kind Freude bzw. sehr großen Ärger bereitet haben.

Erinnern wir uns gemeinsam zurück …

Sagt Ihnen das Kinderspiel „Ernst auf Ernst“ noch etwas? Es ging so: Zwei Freunde schauen einander an, ziehen Grimassen und wollen damit das Gegenüber zum Lachen bringen. Wer lacht, verliert. Dieses simple, aber wirkungsvolle Spielkonzept ist auch unter den Namen „Blickduell“ oder „Lachen verboten!“ bekannt.

Eine etwas bekanntere Variante davon ist „Armer schwarzer Kater“[152]. Bei diesem Gruppenspiel sitzen die Kinder im Kreis. Eines geht auf allen Vieren im Kreis herum und imitiert einen Kater. Wenn er vor einem Kind hält, muss dieses den *Kater* kraulen und dreimal (mit möglichst bedauerndem Tonfall) „Armer schwarzer Kater…“ sagen. Der

Kater muss dann versuchen, das Kind (ohne dabei zu Sprechen) zum Lachen zu bringen. Wenn ihm das gelingt, ist der Kater *erlöst* und das lachende Kind ist als neuer Kater in der Gruppe unterwegs.

An diese Art von Kinderspielen denkt man unweigerlich, wenn man das Comedy-Konzept sieht, das in den letzten Jahren den digitalen Weg in die Haushalte fand – und das nahezu weltweit:

„Wer lacht, fliegt raus!" Es klingt streng und es ist auch streng. Allerdings ohne dramatische Folgen. Das TV-Show-Konzept verlangt von Comedians, dass sie sich – eingesperrt in einem Raum ohne *Fluchtmöglichkeit* – gegenseitig zum Lachen bringen. Die Herausforderung dabei: Man darf nicht lachen. Denn wer zweimal lacht, muss die Show verlassen. Wer nach einigen Folgen am Ende noch übrigbleibt, hat gewonnen.

Überwacht wird dieses Szenario meistens von einem bekannten Komiker, der als Leiter/Moderator fungiert, und zahlreichen Kameras, die versuchen, auch das kleinste Grinsen einzufangen.

LOL: Ein globales Vergnügen

Dieses Format lief schon auf mehreren Kontinenten: LOL, in den sozialen Medien auch als Kürzel für „Laughing out loud" (englisch für „laut auflachen") in Verwendung, steht in diesem Kontext für „Last one Laughing".

Den Anfang machte eine Show in Fernost: „Hitoshi Matsumoto presents Documental" startete 2016 in Japan und hatte 2018 über Amazon Prime Video seine deutsche Online-Premiere. Der Komiker Hitoshi Matsumoto dirigierte dabei zehn Comedians, die gegeneinander antraten. Der Gewinner bekam 10 Millionen Yen (rund 70.000 Euro).[153]

Adaptionen davon gab es schon bald in mehreren Ländern zu sehen: Mitten in der Pandemie fand die erste deutsche LOL-Version 2021 ihren Weg auf die Bildschirme. Michael „Bully" Herbig versammelte dafür

Comedy-Stars wie Carolin Kebekus, Anke Engelke, Rick Kavanian und Thorsten Sträter um sich. Letzterer gewann die erste Staffel.

Schon früher flimmerte eine Variante in Mexiko über die Bildschirme. Auch in Italien, Spanien, Kanada, Frankreich, Indien, Kanada, Australien und Brasilien versuchte man um jeden Preis, sich das Lachen zu verkneifen, denn: „Se Rir, Já Era!“ (in etwa „Wenn Du lachst, bist Du weg!“) – wie man auf Portugiesisch sagt.

Eine Abwandlung des Prinzips fiel jedoch 2021 im deutschen Fernsehen komplett durch: Beim Show-Format „Pokerface – Nicht lachen!“ versuchten Promis nicht sich gegenseitig mit Späßen und Witzen dazu zu bringen, die Beherrschung zu verlieren, sondern mussten beim gemeinsamen Betrachten von mehr oder minder lustigen Videoclips ernst bleiben.

Reaction Videos

Im Fernsehen waren sogenannte *Reaction Videos* eher ein Flop, doch auf Social Media entpuppte sich das Konzept als großer Renner und hat sich mittlerweile sogar zu einem eigenen Genre gemausert, das Millionen von Klicks generiert. Das einfache Prinzip: Man sieht Influencern dabei zu, wie sie auf Videos reagieren.

Seit 2007 etablierten sich derartige Videos auf YouTube – ausgelöst durch ein ziemlich unappetitliches Video, das zwar niemand wirklich sehen wollte, aber offensichtlich miterleben wollte, wie es anderen davor graut und sie entsprechend geschockt darauf reagieren. Mittlerweile gibt es eigene *Reaction Channels* und eigene *Reaction Influencerinnen und Influencer*, die es mit ihren Reaktionen auf wildfremde Inhalte zu globalem Ruhm gebracht haben.[154]

Die Psychologin Andrea Weinberg vom San Francisco Medical Center erklärte das Phänomen in einem Tech-Blog so: „Wenn wir jemanden sehen, der auf etwas überschwänglich reagiert, können wir uns leichter in diese Person hineinversetzen, weil wir genau wissen, wie sie sich in diesem Moment fühlt".[155]

Klingt simpel, ist simpel. Kein Wunder, dass es *Reactions* mittlerweile auch standardmäßig in Fernsehshows gibt. Während eine Darbietung am Bildschirm läuft, werden daneben kleine Bildausschnitte eingeblendet, die die Reaktionen von anwesenden Promi-Gästen oder anderen Teilnehmenden darauf zeigen. Dieses Bild-im-Bild-Kästchen heißt im Fachjargon *Wipe*.

Das kommt Ihnen bekannt vor? Richtig: So handhabt man das unter anderem auch bei der Oscar-Verleihung bzw. bei anderen Award-Shows, damit man die Siegesfreude und die Enttäuschung der leer Ausgegangenen direkt miterleben kann.

Wieder mal die Japaner

Vorreiter für diese Bild-im-Bild-Reaktionen waren wieder einmal die Japaner. Sie setzen im TV bereits seit Jahrzehnten auf Promi-Reaktionen bei ihren legendären Extrem-Spielshows. Begonnen hat alles mit der Show „The World", die in Japan von 1981 bis 1996 ausgestrahlt wurde. Dort wurden erstmals Promi-Reaktionen gezeigt – zunächst nur als Tonspur, dann in Bild und Ton.[156]

Der *Wipe* war geboren und machte Stargäste plötzlich greifbar und menschlich, weil sie über die gleichen Dinge lachten wie der (nicht-prominente) Fernsehzuschauer.

Manche vergleichen die Funktion des *Wipe* auch mit den *Laughter Tracks* bei US-Sitcoms: Er bietet mit dem Zeigen der *korrekten* Reaktion eine Orientierung, wie Programminhalte aufzufassen sind.

Der *Wipe* hat im Laufe der Zeit noch eine Sonderform herausgebildet: Bei Shows, in denen Protagonisten unangenehme Situationen erleiden mussten, sieht man als *Wipe* keine Promis mehr, die darauf reagieren, sondern die Protagonisten selbst. Die Zusehenden erleben also die Reaktion der Darsteller auf ihre eigene, früher erlebten Missgeschicke. Man kann so anderen beim Fremdschämen zusehen bzw. miterleben, wie Menschen über ihre eigene Dummheit lachen.

Aber egal, ob man nicht lachen darf, lachen muss, um das Gesicht nicht zu verlieren oder über andere lacht: Fernsehen (bzw. mittlerweile Social Media) ist noch immer ein Spiegelbild der Gesellschaft und zudem ein ziemlich zuverlässiger Gradmesser für Trends. Zusammenfassend lässt sich sagen, dass Schadenfreude, Fremdschämen und Häme als Gründe für Lachen noch immer stark im Trend liegen.

Muahaha und Harrrharrrr: Das Schurkenlachen

Den Kopf in den Nacken legen, den Mund weit öffnen und sich dann so vor übertrieben lautem, unheimlichem, nicht enden wollendem Lachen schütteln, dass der ganze Körper bebt: So lachen die fiesesten Bösewichter in Filmen, Zeichentrickserien, Comics und Computerspielen und geben damit ein eindeutiges Signal, wen man in der Geschichte zu hassen hat, weil sie oder er es einfach verdient.

Tatsächlich sind es nicht die Momente, in denen Filmfiguren auf der Leinwand oder auf dem Fernsehschirm konkret etwas Verbotenes oder

Gewalttätiges tun, die uns dazu bringen, sie nicht zu mögen, sondern wenn sie an den unpassendsten Stellen lachen und sich dadurch als psychopathisch veranlagt oder zumindest als zutiefst widerwärtige Gesellen mit großen moralischen Defiziten outen.

Dass den Heldinnen und Helden von Geschichten stets zumindest ein klar zu identifizierender dunkler Gegenpart gegenübersteht, ist essenziell für das reizvolle Wechselspiel von Gut und Böse. Niemand kann glänzen, wenn er oder sie nicht seinem Gegenteil – also einem richtigen Widerling – die Stirn bietet. Schurken und Bösewichter besetzen dadurch einen wichtigen Kontrapunkt, ohne den Heldentaten, Mut und das *Gute* gar nicht stattfinden bzw. keinen Sinn ergeben würden.

Schurken: Widerlich seit der Antike

Dass Bösewichte dabei laut dem ungeschriebenen Gesetz des Dramas hämisch lachen, ist keine Erfindung der Neuzeit. Bereits in den Dramen der Antike wurde Lachen eingesetzt, um dem Publikum den verwerflichen Charakter von weiblichen und männlichen Protagonisten zu offenbaren. Allerdings lachten da die Anti-Heldinnen und -Helden noch eher aus unverhohlener Schadenfreude über Missgeschicke und Schicksalsschläge der Hauptfiguren. Das Lachen war noch eher menschlich verwerflich und noch nicht diabolisch.

Als Zusehender wusste man dennoch sofort: Wer über das Unglück eines anderen spottet, verdient keine Zuneigung. Hier steht jemand dem Hero des Stücks feindlich gegenüber: Die Geburt des klassischen verachtenswerten Schurken.

Von jemand in der dunkelsten Stunde ausgelacht oder verspottet zu werden, ist ein harter Schlag, den jeder schon einmal erlebt hat oder zumindest sofort innerlich nachvollziehen kann. Kein Wunder, dass dieses Lachen zum unpassendsten Zeitpunkt so ein beliebtes Merkmal bzw. Klischee wurde, an dem man jene erkennt, die das *Böse* verkörpern.

Die in der Antike begonnene Tradition des schadenfrohen Widerlings hat bis in Theaterstücke der Gegenwart überdauert. Eine Heldin oder ein Held, der glaubt vom *Bösen* besiegt worden zu sein, wird von seinem Widersacher offen oder aus dem Off ausgelacht und kann nicht tiefer sinken als beim Erleben oder Vorstellen dieser Schmach. Es ist der größtmögliche Spannungsbogen, denn von ganz unten kann Heldin oder Held nun seinen Weg nach ganz oben antreten.

Der Ur-Schurke aus der Hölle

Einer beherrschte das teuflische Lachen auf den Bühnen der Welt perfekt – zumal er ihm ja auch seinen Namen geschenkt hatte. Der Teufel war einstmals einer der beliebtesten Schurken der Literatur und Bühne und hatte es im Verlauf seiner Abenteuer stets sehr diabolisch-lustig, wenn er seine Späße mit den Menschen trieb. Mit der Figur des Mephistopheles in Goethes „Faust" wurde dieser erste aller Schurken endgültig unsterblich.

Hexen: Die weibliche Seite des Teufels

Das diabolische Schurkenbild gab es auch in weiblich: Hexen waren traditionell jene Figuren in Märchen und Theaterstücken, die es mit dem irren Lachen besonders toll trieben. Schon die Gebrüder Grimm merkten in zahlreichen Märchen an, dass sich Hexen nicht nur durch eine *schnarrende Stimme*, sondern vor allem durch ein schrilles, höhnisches Lachen auszeichnen.

Wer diese Kunst selbst perfektionieren will (an Halloween zum Beispiel), findet im Internet sogar Anleitungen für das Erlernen des perfekten Hexenlachens[157]: „Da Hexenlachen in der Regel nicht mit angenehmen Klängen verbunden wird, können Sie bei diesem Lachen ins Extreme gehen und von einem tiefen Lachen in ein Hohes schwanken. Vor allem die höheren Tonlagen sind effektiv, wenn Sie unangenehme Klänge erreichen wollen. Falls Sie den Eindruck haben, dass Ihre Lachversuche Ihrem eigenen Lachen immer noch recht ähnlich klingen, versuchen Sie, im hinteren Mundraum einen Hohlraum beim Lachen zu erzeugen."

Muahaha in Radio und Film

Das widerwärtige Lachen von Bösewichtern funktionierte aber nicht nur in der Literatur, sondern auch in jenem Medium, das dem Theater und Büchern im 20. Jahrhundert den Rang ablief. In den ersten Radiohörspielen zeichneten sich Schurken vor allem durch besonders auffälliges Lachen aus. Damit der Effekt verstärkt wurde, inszenierte man ihre Schadenfreue im Vortrag exzentrischer, böser und länger.

Mit „The Shadow" gab es in Radiohörspielen der 1930er-Jahre auch erstmals einen Anti-Helden, der dieses diabolische Lachen einsetzte. Allerdings war der mysteriöse Erzähler der Radiosendung „Detective Story Hour" (verkörpert von Frank Readick und später auch von Orson Welles) kein strahlender Saubermann, sondern bediente sich selbst nach der Weiterentwicklung der Figur zum international tätigen Agenten fragwürdiger Methoden. Sein Erkennungsmerkmal, das diabolische Lachen, diente also auch dazu, die Hörerschaft auf die menschlichen Schattenseiten des „Shadow" aufmerksam zu machen. Gemeinsam mit dem Trademark-Opening („Wer weiß, dass das Böse in den Herzen der

Menschen lauert? Der Shadow weiß es!"[158]) wurde es zu einem markanten Bestandteil der englischsprachigen Radiogeschichte.[159]

Schurken lachten bald auch in Comics. Hier mussten sich die Zeichnerinnen und Zeichner wiederum etwas Neues einfallen lassen, denn ein gewöhnliches „Haha" war in Schriftform viel zu harmlos und gewöhnlich, um als diabolisches Schurkenlachen durchzugehen. Den gewünschten Effekt lieferte die Zugabe eines oder mehrerer Konsonanten. „Muahaha" und auch „Harhar" haben sich im Laufe der Zeit als klassisches Comic-Bösewicht-Lachen durchgesetzt. Es gibt auch zahlreiche andere Varianten, wie „Muwhahaha" oder „Bwahahaha". Diese Schreibweisen für das sogenannte „Evil Laugh" haben es auch ins Internetzeitalter geschafft und werden nach wie vor in Chats eingesetzt.

Schurkenlachen auf der Leinwand

Die große Zeit des diabolischen Lachens kam aber mit dem Siegeszug des Kinos bzw. später des Fernsehens. Jetzt konnte man Schurken, Monster und zwielichtige Gestalten in Großaufnahmen und umrahmt von Effekten so richtig böse machen und auch so richtig böse lachen lassen.

Hollywood erfand dazu noch eine andere Gelegenheit, bei der böse Menschen herzhaft schaurig ablachen konnten: Nämlich dann, wenn sie dem vermeintlich besiegten Helden ihre finsteren Pläne offenbarten (ehe diese dann doch noch dramatisch in letzter Sekunde vereitelt werden konnten). Ein gutes Beispiel dafür sind die diversen Gegenspieler von James Bond, die siegessicher so sehr mit ihren wahnwitzige Plänen prahlten, dass Agent 007 diese dann doch noch in letzter Sekunde abwenden konnte.

Erinnern Sie sich noch an die Kunst des Hexenlachens? Es war ein Schock für das damalige Kinopublikum, dass bei Walt Disneys

„Schneewittchen und die sieben Zwerge“[160] – dem ersten abendfüllenden Animationsfilm aus dem Jahr 1937 – ein solches Lachen für einen wirklich gruseligen Moment bei einem gezeichneten Charakter sorgte.

Das irre Lachen der bitterbösen Hexe war eines der ersten Beispiele dafür, wie sehr man Bosheit und einen verdorbenen Charakter überzeichnen konnte. Die Hexe lachte zwar nicht grundlos (sie verfolgte ja finstere Pläne), aber sie tat es so übertrieben, hingebungsvoll und lange, dass man es damals tatsächlich mit der Angst bekam. Das Schurkenlachen war endgültig ins Unheimliche abgedriftet.

Disney behielt dieses Konzept in so gut wie allen weiteren Filmen bei. Die Widersacher und Schurken hatten als Erkennungsmerkmal stets ein unheimliches, übertriebenes Lachen. In „Dornröschen“ (Malefiz) und „Arielle, die Meerjungfrau“ (Ursula) lachten Hexen. In „Robin Hood“ (Prinz John), „101 Dalmatiner“ (Cruella De Vil), „Aladdin“ (Jaffar), „Der Glöckner von Notre-Dame“ (Claude Frollo), „König der Löwen“ (Scar) und unzähligen anderen Filmen durften sich gezeichnete Disney-Schurkinnen und -Schurken durch übertriebenes diabolisches oder exzentrisches Lachen auszeichnen.

Es gab Ende der 30er-Jahre aber auch eine Nicht-Disney-Hexe, die nicht nur unzählige Kinder traumatisiert haben dürfte, sondern auch dem Schurkenlachen dabei half in weitere Abgründe abzudriften. In der ersten Verfilmung des „Zauberers von Oz“ prägte Margaret Hamilton grünhäutig, schrill und gemein das Bild der „Bösen Hexe des Westens“, das bis heute die inszenierte Darstellung von Hexen maßgeblich beeinflusst (schrilles Lachen inklusive).

Das Schurkenlachen wurde extremer, exzentrischer und auch bösartiger. Es hatte längst nichts mehr nur mit Schadenfreude zu tun, sondern war ein Ausdruck des absolut Bösen.

Warum hassen wir leidenschaftlich gern böse lachende Protagonisten?

Der dänische Psychologe Jens Kjeldgaard-Christiansen befasste sich ausführlich mit dem Phänomen des Schurkenlachens. In dem Aufsatz „Social Signals and Antisocial Essences: The Function of Evil Laughter in Popular Culture" hielt er fest, warum uns gerade dieses Lachen so verstört, ängstigt und Hass gegenüber einer Figur entwickeln lässt: Übertriebenes Schurkenlachen ist deswegen gruslig, weil Lachen normalerweise eine ganz andere soziale Funktion erfüllt – nämlich die Beziehungen zwischen Menschen zu stärken.

„In der Fiktion wie im echten Leben steht Lachen für das Positive. Dafür, dass jemand Dinge tut, die normalerweise gut sind für den anderen oder die Gruppe" heißt es in der Studie. Das hat beim Betrachten extreme Reaktionen zur Folge. „Die Charaktere der Bösewichte sind meist sehr flach. Sie sind einfach böse, sonst nichts. Das nimmt uns auch die moralischen Skrupel, sogar am Ende seinen oder ihren Tod zu wünschen."[161]

Der Joker und die Evolution des bösen Lachens

Es gibt eine Kunstfigur, an der man besonders gut nachvollziehen kann, wie sich das Spiel mit der Bosheit von Schurkenfiguren und ihr übertrieben zur Schau getragenes Lachen im Laufe der Zeit intensiviert hat.

Der Batman-Widersacher „Joker" feierte 1940 in einem DC-Comic sein Debüt als Schurke und ist seitdem fix im kollektiven Gedächtnis der Welt verankert. Assistenzzeichner Jerry Robinson wurde zu seiner berühmten Figur von einem Stummfilm aus dem Jahr 1928 inspiriert:

„Der Mann, der lacht" („The Man Who Laughs")[162] basierte wiederum auf dem Victor Hugo-Roman „Der lachende Man" (Originaltitel: „L'Homme qui rit")[163].

Die Handlung: Im England des Jahres 1690 beleidigt ein Mann König James II. und wird deswegen hingerichtet. Sein Sohn Gwynplaine wird allerdings zu einer noch schlimmeren Strafe verurteilt. Durch einen Chirurgen auf grausame Art und Weise mit einem unnatürlichen Grinsen entstellt, soll er für alle Welt sichtbar lebenslang über das Verbrechen seines Vaters *lachen*.

In der Verfilmung aus dem Jahr 1928[164] spielt Conrad Veidt die Titelrolle eindrucksvoll, traurig und bewegend. Obwohl der Film heute als einer der ersten *Horrorfilme* geführt wird, ist er eher ein düsteres Drama über einen Menschen, der mit einer grotesken Ausnahmesituation leben lernen muss und dennoch in der Liebe mit einer blinden Frau sein Glück findet. Zumindest im Film, denn die die Buchvorlage endet tragisch.

Das literarische Vorbild des Joker war also kein psychisch gestörtes Monster, sah aber durch das allgegenwärtige irre Grinsen wie eines aus. Das inspirierte Jerry Robinson zur Figur des Jokers, der nach einem Chemieunfall grünhaarig und weißhäutig in bester Mephistopheles-Manier Menschen ins Unglück stößt, Verbrechen begeht und in all dem immer wieder vom *Superhelden* Batman gestoppt werden muss.

Vom Psychopathen zum Spaßvogel und zurück

Der frühe Joker war in seinen Comic-Anfängen ein skrupelloser, gewalttätiger Verbrecher, wandelte sich dann aber für einen Zeitraum von 20 Jahren in einen eher harmlosen Spaßvogel. Bis in die 1960er begnügt er sich in den Comics eher mit infantilen Späßen.

In der ersten Batman-TV-Serie[165] wirkte der Joker (dargestellt von Cesar Romero) eher wie eine Witzfigur. In einer bemerkenswert grotesken Szene einer Folge gehen Batman und Joker sogar gemeinsam surfen (zu sehen unter „Batman & Joker Surf Scene“ auch auf YouTube).[166]

Selbst in der Darstellung von Jack Nicholson in Tim Burtons Batman-Film[167] aus dem Jahr 1989 wirkte der Joker nicht wie ein gefährlicher Irrer, sondern eher wie ein origineller Crimekünstler. Doch dann ist sowohl in den Comics als auch auf der Leinwand und auf dem TV-Schirm Schluss mit lustig. Mark Hamill leiht seit 1992[168] dem Joker in zahlreichen Batman-Animationsfilmen eine groteske Stimme und vor allem ein durch und durch wahnsinniges Lachen.

In den Kino-Darstellungen von Heath Leadger und Jared Leto wandelte sich der Joker dann endgültig zum gefährlichen Psychopathen, der vor nichts zurückschreckt. Auch in zahlreichen Computerspielen hatte der Joker zu diesem Zeitpunkt nichts Menschliches mehr an sich, sondern war zu einer zynischen, durch und durch bösen Kunstfigur mutiert.

Dann erfolgte erneut eine Kehrtwende im Jahr 2019: Das Wesen und vor allem das Lachen des Jokers erfuhr durch die oscarprämierte Darstellung von Joaquin Phoenix eine bemerkenswerte Wandlung. In „Joker“[169] bekam der Kult-Schurke nicht nur erstmals einen eigenen Film, sondern auch die Sympathien des Publikums. Denn sein Lachen wurde als Krankheit geschildert, dessen er nicht Herr wird und die seinen Traum, ein erfolgreicher Comedian zu werden, zunichtemacht – eher er sich verbittert und enttäuscht am Ende dann doch noch in einen kalten, skrupellosen Killer verwandelt.

Dieser Joker lachte nicht mehr aus abgrundtiefer Bosheit – er wurde abgrundtief böse, weil er sein Lachen nicht kontrollieren konnte und dies ein normales Leben unmöglich machte. Hier schließt sich der Kreis zum „Mann, der lachte“ aus dem Jahr 1928.

Berühmte lachende Schurken

Doch werfen wir noch einen Blick auf berühmte Widerlinge, die das diabolische, abgrundtief böse Lachen zu der Grundausstattung ihrer Persönlichkeit zählen. Eine kleine Auswahl an weltbekannten Figuren und ihrem Schurkenlachen:

Skeletor, Erzfeind von He-Man aus „Masters of the Universe“
Lord Voldemort aus „Harry Potter“ (Ralph Fiennes)
Pennywise aus Stephen Kings „Es“ (Tim Curry, Bill Skarsgård)
Jabba the Hutt aus „Star Wars“
Der Imperator aus „Star Wars“ (Ian McDiarmid)
Jack Torrance aus „The Shining“ (Jack Nicholson)
Regan Teresa MacNeil aus „Der Exorzist“ (Linda Blair)
Hans Landa aus „Inglourious Basterds“ (Christoph Waltz)
Agent Smith aus „Matrix“ (Hugo Wallace Weaving)
Graf Dracula aus „Dracula“ (Gary Oldman)
Bowser und seine Gang aus „Super Mario“ (Nintendo)

Im Gegensatz dazu gibt es aber auch Superschurken und Popkultur-Psychopathen, denen nie ein lautes oder gar irres Lachen über die Lippen kommt:

Darth Vader aus „Star Wars“ (David Prowse/James Earl Jones)
Hannibal Lecter aus „Das Schweigen der Lämmer“ (Anthony Hopkins)
Oberschwester Mildred Rached aus „Einer flog über das Kuckucksnest“ (Louise Fletcher)
Sauron aus „Herr der Ringe“
Pinhead aus „Hellraiser“ (Doug Bradley)

Ein Lachen, das allen das Fürchten lehrte

Als eines der unheimlichsten (stummen) Lachen der Filmgeschichte gilt noch immer jenes von Anthony Perkins am Ende von „Psycho“[170]. Es ist leise, unauffällig, lang und gerade deswegen am gruseligsten von allen. Alfred Hitchcock hatte die Wirkung von der langen unbarmherzigen Kamerafahrt auf das Gesicht von Perkins noch verstärkt, indem er per Doppelbelichtung das halbtransparente Bild eines Totenschädels über das Gesicht seines Hauptdarstellers gelegt hatte. Es gab also gleich zweimal unheimliches Grinsen auf der Leinwand.

Dass man das grundlose, übertriebene Lachen von Bösewichten auch hervorragend persiflieren kann, bewies Mike Myers in der „Austin Powers“-Trilogie.[171] In den drei Filmen bricht der gnadenlos überzeichnete Superschurke „Dr. Evil“ wiederholt in absurdes, nicht enden wollendes Gelächter aus und erwartet von seinem Gefolge, dass es ebenfalls darin einstimmt. Nach viel zu langem, völlig sinnlosen Schurkengruppenlachen endet die Szene stets in peinlicher Bedrücktheit über das eigene absurde Verhalten.

Schurkenlachen sorgt für klare Fronten

Das Lachen von Schurken ist ein Klischee, mit dem wir auch weiterhin leben werden und auch leben wollen. Denn nach wie vor ist es das beste und schnellste Mittel, um in Geschichten, die uns bewegen sollen, die Rollen zwischen Gut und Böse, Held und Widersacher sowie Licht und Schatten unmissverständlich zu verteilen.

Nichts zeigt uns auch besser, wie unheimlich Lachen sein kann. In einem Paramount-Film aus dem Jahr 2022 bekam das unheimliche Lachen sogar einen eigenen Horrorfilm. In „Smile“[172] beginnen Menschen freundlich zu grinsen, ehe sie zu wahnsinnigen Mordlustigen mutieren. Da ist dann endgültig Schluss mit lustig.

Lachend gegen Diktatoren: Ein lebensgefährliches Unterfangen

Spott und Hohn ist das, was ein Despot, Diktator oder Unterdrücker eines Volkes am meisten fürchtet – und zwar nicht erst in der jüngeren Vergangenheit. Es handelt sich um eine äußerst effektive Waffe jeder Opposition, gegen die Machthaber jedoch erfahrungsgemäß mit erschreckender Brutalität vorgehen.

Wandkritzeleien aus dem alten Ägypten, aus dem antiken Griechenland oder Rom zeigen, dass schon damals (zumeist derbe) Witze ein beliebtes (und leistbares) Ventil waren, um gegen Herrschende Dampf abzulassen und ihre Autorität zu untergraben. Und es macht auch verständlich, warum jene, die über oppositionelle Witze lachten, schon immer sehr schnell in Schwierigkeiten oder sogar in Lebensgefahr gerieten.

Ausgelacht oder bloßgestellt zu werden – womöglich sogar noch öffentlich – bedeutete für Herrschende einen sofortigen Gesichtsverlust und ein nicht tolerierbares Zeichen von Schwäche. Quer durch die Menschheitsgeschichte wurden systemkritische Spaßmacherinnen und Spaßmacher oder auch ihr Publikum nicht nur mundtot gemacht, sondern sehr oft auch tatsächlich umgebracht. Ein Lachen zum falschen Zeitpunkt und am falschen Ort konnte tödlich sein.

Lorbeeren kauen als Lebensretter

Eines der frühesten Dokumente für eine solch lebensgefährliche Situation findet sich in den Aufzeichnungen des römischen Historikers und Politikers Cassius Dio. Er berichtet von einer denkwürdigen Veranstaltung im Kolosseum im Jahr 192 n. Chr., bei der der egomanische Kaiser

Commodus kostümiert und in gnadenloser Selbstinszenierung als blutrünstiger Herkules verkleidet in die Arena trat – und es dabei nicht nur auf wilde Tiere abgesehen hatte.

So liebäugelte er angeblich damit, wahllos Pfeile ins Publikum zu schießen, um damit eindrucksvoll zu demonstrieren, dass ihm als gottgleichen Herrscher wirklich alles gestattet war. Auch die Senatoren, die traditionell in der ersten Reihe der Tribüne saßen, sollten durch die Aktion des Kaisers eingeschüchtert werden. Die Szene im Originalwortlaut von Cassius Dio:

„Es gab aber auch noch etwas anderes in dieser Art zum Besten, das gegen uns, die Senatoren, gerichtet war und aus dem wir schließen konnten, dass bald unsere eigenen Köpfe rollen würden. Er tötete nämlich einen Strauß, schnitt ihm den Kopf ab und kam damit direkt vor unsere Sitzplätze. In der linken Hand hielt er den Kopf, in der rechten das bluttriefende Schwert. Dabei sagte er kein Wort, grinsend jedoch nickte er uns mit seinem eigenen Kopf zu und machte so deutlich, dass er auch mit uns genau dasselbe tun würde.

Und wer in diesem Moment über ihn gelacht hätte, wäre auf der Stelle mit dem Schwert einen Kopf kürzer gemacht worden – doch uns packte eher der Drang zu lachen als das Grausen. Die Sache wäre schlecht ausgegangen, wenn ich nicht selbst auf einigen Lorbeerblättern, die ich von meinem Kranz abgerissen hatte, herumgekaut hätte, und auch die anderen, die in meiner Nähe saßen, dazu gebracht hätte, zu kauen, damit wir mit der Bewegung unseres Mundes die offensichtlichen Anzeichen von Lachen verhehlen konnten.“[173]

Es waren also nicht einmal jene sicher, die selbst so ziemlich an der Spitze der damaligen Gesellschaft standen. Wer die Staatsspitze (aus-)lachte oder auch nur kritisierte, war ein Staatsfeind und musste beseitigt werden. Und je weiter die Menschheitsgeschichte voranschritt, desto konsequenter wurde dieses Ziel von skrupellos Herrschenden verfolgt.

Kein Blatt vor dem Mund: Ein Wagnis

Als Kunstschaffende und Intellektuelle lernten, sich auf der Bühne so raffiniert künstlerisch auszudrücken, dass Kritik nur zwischen den Zeilen oder versteckt hinter kunstvoll gedrechselten Dialogen zum Vorschein kam, schickte die Staatsmacht Zensoren zu den Aufführungen, die bei jedem falschen Wort den Abend (und die Karriere jener, die es wagten, den Frevel auszusprechen) schlagartig beendeten.

Auf dieser Sitte beruht übrigens auch der Ausdruck „sich kein Blatt vor den Mund nehmen". Denn sicherheitshalber hielten sich Schauspielerinnen und Schauspieler beim Aussprechen von heiklen Passagen einen Zettel vors Gesicht, um nicht vor etwaig anwesenden Staatspolizisten, Soldaten oder Zensoren eindeutig als Quelle des Aufruhrs ausgemacht zu werden.

Das Theater bzw. die Kabarettbühne blieb auch in Folge ein Schauplatz des heiklen Lachens – mit Konsequenzen, die mit der Veränderung des politischen Klimas in Europa immer tödlicher wurden. Während der Naziherrschaft endeten Versuche, Lacher auf Kosten des Führers oder der Partei zu machen, nicht mehr nur mit Verhaftungen, sondern mit Überstellungen in Konzentrations- und Vernichtungslager.

Die Angst der Nationalsozialisten, lächerlich gemacht zu werden, war zu diesem Zeitpunkt aber längst nicht mehr auf den Kulturbetrieb beschränkt. Wer *Führerwitze* in der Öffentlichkeit oder auch in privatem Kreis erzählte, lief stets Gefahr, gemeldet und deportiert zu werden. Unzählige Bücher sind über diese Zeit geschrieben worden, die zeigen, wie nahe Lachen und Sterben bzw. aberwitzig Absurdes und tödlich Reales beisammen liegen konnten.

Doch trotz aller Gefahren verstummte das Lachen nie völlig. Selbst in Konzentrationslagern und mit dem Tod vor Augen verlieh Humor den Insassen Kraft und Überlebenswillen. Auch hierzu gibt es eine

Reihe von Büchern, die bewegend und eindrucksvoll darüber berichten, wie wichtig Lachen und Situationskomik war, selbst an einem Ort, an dem alles Menschliche scheinbar verschwunden war.

Lachangriff auf einen Diktator

Charlie Chaplin wusste, wie die meisten seiner Zeitgenossen, 1938 noch nichts von der Vernichtungsmaschinerie des Dritten Reiches, als der damalige Stummfilm-Superstar den größten humoristischen Feldzug aller Zeiten gegen Adolf Hitler startete.

Allerdings kam ihm Hitler, der zu diesem Zeitpunkt in manchen Teilen der Welt noch als Heilsbringer und zeitgemäßer Vorzeigepolitiker gesehen wurde, bereits gefährlich, seltsam und vor allem lächerlich vor. Und da Chaplin sowohl künstlerisch als auch finanziell komplette Freiheit hatte, beschloss er das bis dahin Undenkbare: Die Produktion eines *lustigen* Films, der sich unverhohlen als Kritik gegen ein Regime und dessen Führer verstand: „Der große Diktator".[174]

Niemand in Hollywood wollte sich zu diesem Zeitpunkt darauf einlassen – zumal viele europäische Länder sofort bekannt gaben, dass sie einen Film, der sich offen und unverhohlen als Kritik an Hitler verstand, bannen würden. Also trieb Chaplin die zwei Millionen Dollar für die Produktion selbst auf – und machte trotz intensivem Gegenwind weiter.

Als Chaplin schließlich im September 1939 mit den Dreharbeiten begann, war Hitler bereits in Polen einmarschiert und die Sympathien für den *Führer* begannen langsam zu schwinden. Das Skript von „Der große Diktator" hatte Chaplin schon in den Monaten davor geschrieben und es nahm beängstigend real vorweg, was sich in Folge zum schrecklichen Weltkrieg und zum menschenvernichtenden Holocaust entwickeln sollte.

Selbst wenn man heute den Film ansieht, ahnt man nicht nur, was für ein ungeheuerliches, großartiges und unmögliches Unterfangen dieser Film damals gewesen sein muss – man staunt über die gelungene Balance zwischen Lachen und Katastrophe, lacht und wird sich gleichzeitig der grauenhaften Wirklichkeit eines entmenschlichten Regimes bewusst. Der Film wird bis heute als eines der größten Meisterwerke des Kinos gepriesen.

In der Dokumentation „The Tramp and the dictator" aus dem Jahr 2001 beschreibt die Zeitzeugin (und spätere Historikerin) Gitta Sereny ihre Emotionen, als sie im Wien des Jahres 1938 als Elfjährige erstmals Juden sah, die mit Zahnbürsten den Gehsteig säubern mussten: „Ich musste beinahe lachen, weil es so dermaßen schrecklich war."[175] Diese Nähe zwischen Schrecken und Lachen ist bis heute sehr gewöhnungsbedürftig und verstörend. Sogar Chaplin äußerte in seiner 1964 erschienenen Autobiographie, dass er „Der große Diktator" wohl nicht gedreht hätte, wenn er zum damaligen Zeitpunkt über die wahren Greuel in Nazi-Deutschland Bescheid gewusst hätte, da er es dann als extrem unpassend empfunden hätte, sich über das Schicksal der Menschen lustig zu machen.[176]

Genau diese zwiespältigen Emotionen löste auch Chaplins Film aus, zumal er die cineastischen Mitteln der damaligen Zeit nutzend kein Blatt vor den Mund nahm. Hitler und Mussolini waren mit den Filmfiguren „Anton Hynkel" und „Benzino Napoloni" ebenso unzweifelhaft gemeint und persifliert wie die Länder „Tomanien" (Deutschland) und „Osterlitsch" (Österreich).

Die Darstellung der Verfolgung, Demütigung und Ermordung von Juden im Film stellte einen absoluten Tabubruch mit den bis dahin gültigen Hollywood-Regeln dar und schockte das damalige Publikum – obwohl die Wirklichkeit, wie sich später herausstellen sollte, noch viel grauenhafter war als die im Film portraitierten Schrecken.

Die beeindruckendste Szene des Films – und wohl auch der größte Moment in Chaplins filmischen Schaffen – ist seine Rede am Schluss des Films. Als jüdischer Friseur, der mit dem Diktator Anton Hynkel verwechselt wird und eine Rede an die Welt halten soll, liefert er in einer außergewöhnlichen Komödie einen tiefsinnigen Auftritt, der bis heute berührt und bewegt (und auf YouTube noch immer ein Renner ist). Umso mehr Wirkung erzielte die Szene, weil Chaplin vor „Der große Diktator" noch nie in einem Film gesprochen hatte. Jetzt tat er es und wusste genau, was er der Welt mitteilen wollte.

Hier ein Auszug aus dem Text in deutscher Fassung:

„Es tut mir leid, aber ich möchte nun mal kein Herrscher der Welt sein, denn das liegt mir nicht. Ich möchte weder herrschen noch irgendwen erobern, sondern jedem Menschen helfen, wo immer ich kann. Den Juden, den Heiden, den Farbigen, den Weißen.
(...)
Millionen Menschen auf der Welt können im Augenblick meine Stimme hören. Millionen verzweifelter Menschen, Opfer eines Systems, das es sich zur Aufgabe gemacht hat, Unschuldige zu quälen und in Ketten zu legen. Allen denen, die mich jetzt hören, rufe ich zu: Ihr dürft nicht verzagen! Auch das bittere Leid, das über uns gekommen ist, ist vergänglich. Die Männer, die heute die Menschlichkeit mit Füßen treten werden nicht immer da sein. Ihre Grausamkeit stirbt mit ihnen, und auch ihr Hass. Die Freiheit, die sie den Menschen genommen haben, wird ihnen dann zurückgegeben werden. Auch wenn es Blut und Tränen kostet, für die Freiheit ist kein Opfer zu groß.
Soldaten, vertraut Euch nicht Barbaren an, Unmenschen, die Euch verachten, und denen Euer Leben nichts wert ist. Ihr seid für sie nur Sklaven, ihr habt das zu glauben, das zu tun und das zu fühlen. Ihr werdet gedrillt, gefüttert, wie Vieh behandelt und seid nichts weiter als

Kanonenfutter. Ihr seid viel zu schade für diese verwirrten Subjekte, diese Maschinenmenschen mit Maschinenköpfen und Maschinenherzen. Ihr seid keine Roboter. Ihr seid keine Tiere. Ihr seid Menschen. Bewahrt Euch die Menschlichkeit in Euren Herzen und hasst nicht! Nur wer nicht geliebt wird, hasst! Soldaten, kämpft nicht für die Sklaverei, kämpft für die Freiheit!
(...)
Nieder mit der Unterdrückung, dem Hass und der Intoleranz. Lasst uns kämpfen für eine Welt der Sauberkeit, in der die Vernunft siegt, in der Fortschritt und Wissenschaft uns allen zum Segen gereichen. Kameraden! Im Namen der Demokratie: Dafür lasst uns streiten![177]

Auch wenn Chaplins Film die größte menschliche Katastrophe des 20. Jahrhunderts nicht abwenden konnte – er schuf einen Raum, der es in Folge auch anderen Filmschaffenden ermöglichte, dem Grauen von totalitären Regimes und menschenverachtenden Diktatoren mit Lachen zu begegnen. Manche dieser Filme funktionierten besser, manche schlechter. An die politische Durchschlagskraft von „Der große Diktator" kam bis heute kein Werk heran.

Vom Jäger zum Gejagten

Wie nahe nicht nur Lachen und Schrecken, sondern auch Liebe und Hass beieinander liegen, sollte Charlie Chaplin in den Fünfzigern erneut erfahren. Seine Kritik an der Gesellschaft („Modern Times") und an politischen Regimes („The great dictator") führte im Amerika der McCarthy-Ära dazu, dass Chaplin nach einer Auslandsreise nicht mehr in die USA einreisen durfte und den Rest seines Lebens (bis auf eine Sondergenehmigung 1972 für die Entgegennahme eines Ehren-Oscars) in Europa verbrachte.

Die Amerikaner sahen sein Engagement für Frieden und Gleichberechtigung plötzlich als verdächtig nahe am Kommunismus stehend und wollten den „Unruhestifter“ im Jahr 1952 sicherheitshalber loswerden.

Der Bedeutung von Charlie Chaplin für das Lachen konnte dies freilich keinen Abbruch tun – genauso wenig wie der Bedeutung von „Der große Diktator“ für die Kunst.

Modernes Lachen gegen Diktatoren

Despoten gibt es noch immer. Und Gott sei Dank auch mutige Menschen, die sich ihnen lachend entgegenstellen – obwohl dies in manchen Teilen der Erde noch immer eine lebensgefährliche Angelegenheit ist. Speziell im Nahen Osten und in Regimes mit fundamentalistischen Religionsführern sind Witze und Lachen noch immer lebensgefährlich – auch wenn die Begleitumstände oft aberwitzig und grotesk erscheinen.

Im Jahr 2014 fühlte sich der türkische Vizeregierungschef Bülent Arinç dazu bemüßigt, ein drastisches Mittel gegen einen „drohenden Verfall der Moral“ zu ergreifen, an dem in seinen Augen hauptsächlich die Frauen des Landes Schuld trugen. Er sprach ein Lachverbot für alle Türkinnen in der Öffentlichkeit aus. Und mehr noch: Es sei nicht nur verboten, dass Frauen laut in der Öffentlichkeit lachten, sondern auch, dass irgendwer über seine diesbezügliche Verordnung lachte.[178] Sein Vorstoß blieb eine belächelte Randnotiz. Als erste Maßnahme rief eine empörte Fernsehjournalistin zu wöchentlichen Lach-Kundgebungen auf.

Doch nicht immer gehen die Dinge so glimpflich aus. Der Chef der syrischen Künstlergruppe „Masasit Mati“ („Strohhalm für Mate-

Tee") musste ins Ausland flüchten, um den Konsequenzen der auf YouTube ausgestrahlten bitterbösen Puppen-Satire „Top Goon. The diaries of a little dictator“ (Top-Schurken. Die Tagebücher eines kleinen Diktators) zu entgehen. Mit „Diktator“ war hier der syrische Präsident Baschar al-Assad gemeint und dieser war nicht unbedingt für seine Nachsicht gegenüber Kritikern bekannt.[179]

Der syrische Cartoonist Ali Ferzat wurde im Jahr 2011 in Damaskus von Unbekannten entführt und misshandelt. Unter anderem wurden ihm die Finger gebrochen – wohl ein eindeutiges Signal, künftig systemkritische Zeichnungen zu unterlassen. Ferzat flüchtete schließlich nach Kuwait, wo er seitdem im Exil lebt.[180]

Das alles sind nur Beispiele dafür, wie sehr Lachen als wirkungsvolle Waffe gegen die Unterdrückung von Menschen gleichzeitig wichtig und gefährlich ist. Egal, welchen Despoten man betrachtet: Jene, die ihn durch humorvolle Kunst bloßstellen, müssen um ihr Leben fürchten wie einst römische oder griechische Philosophen, die andere dazu brachten, über Herrschende zu lachen (und dadurch auch nachzudenken).

Das Spannende daran: So sehr Despoten auch Witze hassten, die über sie gemacht wurden, so sehr fanden sie oft auch Gefallen daran, auf diese Weise zusätzliche Berühmtheit zu erlangen. Der Soziologe Christie Davies untersuchte Archive von Diktatoren und fand heraus, dass nicht wenige Despoten Witze über sich selbst sammelten und auch selbst lustig fanden.[181]

Auch im Berliner Führerbunker fand man nach dem Zusammenbruch des Nazi-Regimes eine Kopie von „Der große Diktator“ und eine Notiz, dass dieser Film dem „Führer“ zumindest zweimal vorgeführt worden war. „Er hat sicherlich herzlich darüber gelacht“, meint ein enger Mitarbeiter von Hitler in der Dokumentation „The Tramp and the dictator“.[182] Sich dieses Lachen vor dem schrecklichen Hintergrund der Weltgeschichte vorzustellen, hat dann endgültig nichts Positives mehr und beweist ein für alle Mal, wie nahe Lachen und Schrecken beieinander liegen können.

KAPITEL 4

MODERNES LACHEN

Lachen im Internet und in der Technik

„Wer die Lacher auf seiner Seite hat,
muss sie noch lange nicht hinter sich haben."
Gerd W. Heyse

In diesem Kapitel:

Wie man Lachen tippt: Heiterkeit in Chats und Postings
Wir finden heraus, dass „haha" zwar weltweit verstanden wird, es aber trotzdem ziemlich kryptische Buchstabenkombinationen gibt, um international Lachen auszudrücken.

Roboterlachen: Unheimlich komplex
Wir staunen darüber, dass künstliche Intelligenzen mittlerweile genau verstehen, was wir sagen, aber noch immer keine Ahnung haben, wie wir etwas meinen, und warum R2D2 so lustig piepst anstatt tatsächlich zu lachen.

Wie der Smiley das Lachen lernte
Wir betrachten den ältesten Smiley der Welt auf einem Tonkrug aus dem Jahr 1.700 v. Chr., verstehen, warum die Simpsons und viele andere Cartoonfiguren gelb sind, und wohnen der Geburt des Original-Smileys bei.

El Risitas: Ein zahnloses Kichern erobert das Netz
Wir freuen uns darüber, dass man es auch in fortgeschrittenem Alter zu Weltruhm bringen kann – Voraussetzung ist ein unverwechselbares Lachen.

Es ist kein Geheimnis, dass die Digitalisierung und die rasante technische Entwicklung auch das Lachen verändert haben. 2024 werden laut Prognosen 4,5 Milliarden Menschen ein Smartphone besitzen und damit überall Zugriff auf das Internet haben.

Kinder wachsen vom Vorschulalter an mit elektronischen Geräten auf und nutzen Medien ganz anders als ihre Eltern oder gar Großeltern. Konsumierte Inhalte werden dabei kürzer und oft auch simpler, um Klicks zu generieren (und damit ein Einkommen für jene, die sie produzieren). Aufmerksamkeit ist dabei die neue Währung, die bares Geld wert ist und auch so gehandelt wird.

Das ist nichts Neues gegenüber dem Zeitungs-, Radio- und Fernsehzeitalter. Neu ist nur, dass dies nun ohne Filter durch Verlage, Rundfunkanstalten oder öffentlich-rechtliche Sender mit Bildungsauftrag passiert. Jeder kann auch ohne Vorwissen oder Qualifikation *Programm* machen und dies weltweit veröffentlichen, wenn grob umrissene Regeln beachtet werden. Willkommen ist, was zieht. Und es zieht das, was den meisten *Buzz* kreiert und in den meisten *Bubbles* geteilt wird. *Qualität* bedeutet dabei oft nicht mehr, wie intelligent oder wertvoll etwas ist, sondern welchen emotionalen Spitzenwert das Dargebotene erreicht und dadurch an Millionen andere weitergereicht wird.

Was das alles mit Lachen zu tun hat? Als menschliches Grundbedürfnis spielt Lachen auch in dieser sich rasant verändernden technologisch-digitalen Welt eine große Rolle. Es hat jedoch einen anderen Stellenwert bekommen und tritt im großen Wettbewerb des Gesehen-Werdens mittlerweile gegen andere Faktoren an. Unterhaltung/Lachen muss heutzutage genauso um Aufmerksamkeit kämpfen, um für die Milliarden Internet-User zu funktionieren. Es muss schnell ausgelöst werden, die Zusammenhänge dürfen nicht zu komplex sein und es hat idealerweise international zu funktionieren.

Die Regeln dafür sind nicht immer leicht zu durchschauen, da sie sich laufend ändern und oft nur innerhalb bestimmter Generationen gelten. Was für die einen cool ist, ist für die anderen *cringe*. Was die einen lustig finden, ist für andere empörend. Die Geschwindigkeit, in der dabei Menschen verschiedenen Alters und aus verschiedenen *Bubbles* auseinanderdriften, steigt dabei kontinuierlich.

In diesem Kapitel werfen wir einen Blick auf die Anfänge dieser digitalen Revolution und auf jene Tools, die dabei geholfen haben, Lachen von einem zutiefst menschlich-analogen Ausdruck ins globale Dorf zu transportieren und allgemein zugänglich zu machen.

Wir finden dabei aber auch heraus, dass der technischen Entwicklung dort noch Grenzen gesetzt sind, wo Interaktion nicht über Screens und Displays abläuft, sondern auf Augenhöhe. Es gibt derzeit noch keine menschlichen Roboter, die ein natürliches, glaubwürdiges Lachen hervorbringen können.

Und das ist bei all der Geschwindigkeit an technischem Fortschritt noch immer ein tröstlicher Gedanke: Der Mensch bleibt Mensch, weil man ihm im Unterschied zur *Maschine Computer* sein Lachen tatsächlich abkauft.

Wie man Lachen tippt: Heiterkeit in Chats und Postings

Einige von Ihnen erinnern Sie sich vielleicht noch daran, wie Sie vor ca. einem Vierteljahrhundert Ihr erstes Mobiltelefon in der Hand hatten und fasziniert davon waren, dass man damit (kostenpflichtige) SMS verschicken konnte? Bei dieser neuen damals aufregenden Kommunikationsmethode stellte sich jedoch bald jedem eine entscheidende Frage: Wie drückt man in der Kürze und Spontanität von SMS-Nachrichten Lachen und andere Emotionen aus, ohne missverstanden zu werden?

Die Frage, warum dies wichtig und/oder sogar extrem wichtig sein kann, kann jeder nachvollziehen, der bei einer E-Mail oder einem Kommentar schon einmal unsicher war, WIE oder gar WARUM der Gesprächspartner lacht. Ist es ein bloßer Ausdruck der Erheiterung, ist es zynisch gemeint – oder am Ende gar nicht wirklich lustig, sondern bitter-boshaft?

An missverstandenem getipptem Lachen sind im digitalen Zeitalter schon Beziehungen, Freundschaften und Bürofreundschaften zerbrochen. Denn ehe man nachfragen und sich der wahren Motive vergewissern kann, ist der *Schaden* oft schon angerichtet: Man ist bereits empört, verletzt oder angewidert und zieht in der Geschwindigkeit der digitalen Kommunikation oft ganz analog fatale und folgenreiche Schlüsse.

Haha(ha) verschafft Zeit

Doch beginnen wir mit dem reinen, unschuldigen Lachen. Wie drückt man tatsächliche Erheiterung in Buchstaben aus?

Die naheliegendste Möglichkeit, dies in Textform zu zeigen, hat sich bis heute gehalten: „Haha" wird auch 25 Jahre nach den ersten Textnachrichten von vielen verwendet. Doch in einer Zeit, in der Menschen mehr denn je über getippte Nachrichten in Chats, Postings und Kommentaren kommunizieren, ist alles ein wenig kompliziert geworden bzw. hat spezielle Bedeutungen bekommen, die sich teilweise nur in Nuancen unterscheiden.

Wer zum Beispiel „hehe" statt „haha" schreibt, der lacht nicht nur einfach, sondern lacht *hämisch* – ein gewichtiger Unterschied im Kontext einer Unterhaltung. Und das ist nur die erste Schicht eines sehr vielschichtigen Bedeutungsuniversums, das sich im Laufe der Zeit aufgetan hat.

2017 untersuchten Cécile Petitjean und Etienne Morel von der Universität Neuchatel in einer Studie, wie *geschriebenes* Lachen in elektronischen Kurznachrichten wahrgenommen wird.[183]

Die Wissenschaftler fanden heraus, dass ein getipptes „Hahaha" nicht nur Heiterkeit ausdrückt, sondern den Beteiligten auch ermöglicht, das Gespräch zu verwalten. Die Position des Lachens in einer Nachricht und in einer Abfolge von Nachrichten erlaube ihnen zum richtigen Zeitpunkt zu reagieren. Man könne damit signalisieren, ob man ein Gesprächsthema weiter verfolgen wolle oder nicht, so die Studienautoren.[184]

Anders ausgedrückt: In einer asynchronen Gesprächsform wie auf WhatsApp wird laut Studie mit *hahaha* eine schnelle Reaktion an den anderen geschickt und damit ausgedrückt, dass man gleich noch einmal ausführlich auf das eben Geschriebene und die *hahaha*-Reaktion eingeht. Man gewinnt also Zeit, um sich überlegen zu können, wie man seine Reaktion in Worte kleidet.

LOL hat nichts mit Liebe zu tun

Keine Angst, Sie müssen sich das alles nicht merken, denn in der schnelllebigen Zeit der Online-Kommunikation verändert sich alles so rasant, dass viele Mühe damit haben, Schritt zu halten. Prominentestes Opfer dieses Phänomens war 2012 der damalige britische Premierminister David Cameron, der sich einer Welle des Spotts ausgesetzt sah, als er Mails zur Verwunderung vieler mit *LOL* unterzeichnete und später herauskam, dass er fälschlicherweise der Meinung gewesen war, dies bedeutet *lots of love*.[185]

Tatsächlich bedeutet es natürlich *laughing out loud* – eine Internet-Abkürzung, die es schon ein Jahr zuvor (gemeinsam mit *OMG*, kurz für *oh my god*) ins Oxford English Dictionary geschafft hatte („used chiefly in electronic communications … to draw attention to a joke or humorous statement, or to express amusement").[186]

LOL und die Steigerung *ROFL* (*Rolling on the floor laughing*) lösten damals das konservative *Haha* großflächig ab, was für einigermaßen Aufregung in der Online-Community gesorgt hatte. Eigene *Anti-LOL-Gruppen* wetterten gegen den Ausdruck bzw. gegen eine Simplifizierung der Sprache an sich.

Dabei war *LOL* eigentlich nichts Neues. Nachforschungen ergaben, dass es bereits Mitte der 80er im Usenet, dem Vorläufer des Internet, verwendet worden war – und zwar von einem Kanadier namens Wayne Pearson, der sich offen dafür rühmte, eine Abkürzung erfunden zu haben, die langsam, aber beharrlich ihren Siegeszug um die Welt angetreten hatte.[187]

Muahaha und Gnihihi

Doch auch an *LOL* und *ROFL* müssen Sie sich nicht mehr gewöhnen. Auch mit diesem Hype war es spätestens mit der Aufnahme ins Wörterbuch schnell vorbei. Heute begegnet man *LOL* eher bei Nutzern jenseits der 30.

Der Grund: Anfang der 2020er will jeder einmalig sein und erfindet Abwandlungen von *haha*, die dann als digitales Lachen ein Bestandteil der eigenen Online-Persönlichkeit werden. Die ursprünglichen Bedeutungen (z. B. galt *muahaha* eine zeitlang als *bösartiges, diabolisches Lachen*) treten dabei oft in den Hintergrund.

LOL ist mittlerweile auf vielen Plattformen schon längst wieder out bzw. sogar peinlich. Das digitale *Ur-Haha* und das hämische *Hehe* haben es ins Abseits gedrängt.

Dank einer Phalanx an zur Verfügung stehenden Emojis hat heute aber ohnehin niemand mehr das Problem, sein spezielles Lachen punktgenau visualisieren zu können. Wenn Emojis verwendet werden, sind es überwiegend positive und freudige Ausdrücke, wobei man hier mittlerweile die (Aus-)Wahl der Qual hat. Nimmt man ein lächelndes Gesicht mit Schweißtropfen oder eines mit zusammengekniffenen Augen? Mehr über dieses komplexe Thema haben Sie bereits in Kapitel 2 („Stressbefreiend, aber gefährlich: Lachen am Arbeitsplatz") erfahren.

Eines der populärsten Lach-Emojis ist in jedem Fall das *Gesicht mit Freudentränen*, dem 2015 eine besondere Ehre bzw. ein großes Kunststück zuteilwurde. Es wurde von Sprachforschern des „Oxford Dictionary" als erstes Emoji überhaupt zum „Wort des Jahres" gekürt.[188]

International getipptes Lachen

Bleibt noch eine Frage zu klären: Wie lacht man getippt in anderen Ländern der Erde? Obwohl *haha* und *hihi* auch international meist als

Ausdruck der Freude verstanden werden, gibt es doch einige interessante lokale Sonderformen:

So verwenden Japaner als Superlative des getippten Lachens *ww* oder *www*. Es handelt sich dabei um das Schriftzeichen für das Wort Lachen (笑), das auf westlichen Tastaturen natürlich nicht zur Verfügung steht.

Wenn man in Thailand digital lacht, sieht das so aus: *55555555*. Hintergrund: Die Zahl 5 wird dort als *ja* ausgesprochen. Aneinandergereiht klingt es für Thai wie ein Lachen.

Hier eine kleine Übersicht, wie dies in anderen Sprachen (zusätzlich zu „hahaha") gelöst wird:

Französisch:	*hahaha, héhéhé, Mdr, Pdr*
Griechisch:	*Xaxaxa*
Hebräisch:	*xà xà xà*
Indonesisch:	*wkwk, wkwkwk, wakaka* und *xixi*
Koreanisch:	*kkkkk* bzw. *kekekekeke*
Niederländisch:	*ghahagha*
Portugiesisch:	*kkkk, rsrsrsrs (*von riso = lachen) bzw. *huehuehue*
Russisch:	*xaxa, xexe, ololo*
Spanisch:	*jajaja* (normales Lachen) *jejeje* (ironisches Lachen) *jijiji* (schelmisches Lachen)
Türkisch:	Neben *hahaha* und *ahahaha* auch *jsjsjs, weqeqwqewqew* und *dksajdksajdoşad*
Ukrainisch:	*bhbhb, hbhb*

Weltkarte des Lachens

Egal, welche Errungenschaften es in Zukunft geben wird, Lachen digital darzustellen: Nichts wird wohl jemals klarer, unmissverständlicher und schöner sein, als einen Menschen ganz ohne digitale Zwischenstufe tatsächlich lachen zu sehen und zu hören. Dann wirkt das Lachen auch noch ansteckend.

Roboterlachen: Unheimlich komplex

Als in den 1980er-Jahren der Heimcomputer Commodore 64 seinen weltweiten Siegeszug antrat, war ein kleines Programm eine der zahlreichen Sensationen. Dank der Software „Say it“ konnte man Text eintippen, der dann vom Computer als Sprache ausgegeben wurde. Das klang zwar ziemlich blechern und das Programm interpretierte alles Geschriebene durch eine englischsprachige Brille, aber es war eines der zahlreichen kleinen Wunder, die man in der Steinzeit des Computerzeitalters selbst entdecken konnte und mit denen es sich endlos experimentieren ließ.

Tatsächlich war dieses Feature so ein Renner, dass Commodore sogar ein eigenes Steckmodul, das „Magic Voice Speech Module – The most realistic voice synthesizer on the market“ auf den Markt brachte, das die Sprachausgabefähigkeit der *Brotdose* C64 zusätzlich erweiterte.[189]

Eines konnte die C64-Sprachausgabe allerdings nicht: Durch das Eintippen von Buchstaben war es ihr schlicht unmöglich, dem Soundchip ein halbwegs vernünftiges Lachen zu entlocken. Der Computer klang … wie ein Computer: blechern, scheppernd, unmenschlich und unlustig.

Schon damals lautete die Erkenntnis: Menschliches Lachen lässt sich nur schwer synthetisieren – weder in der akustischen Ausgabe noch semantisch. Denn wie man wann und wo passend lacht und wie man dabei natürlich aussieht, ist eine hochkomplexe, zutiefst menschliche Eigenschaft, an der Roboter bzw. ihre Programmiererinnen und Programmierer auch noch 40 Jahre später zu knabbern haben.

Ein zusätzliches Problem: Es wirkt extrem verstörend auf Menschen, wenn ein Gegenüber *falsch lacht*. Ein derartiges Fehlverhalten distanziert, gruselt oder verstört. Das ist bei menschlichen Gesprächspartnerinnen und -partnern so, aber erst recht bei Robotern, von denen man ja weiß, dass sie (noch?) keinen Humor besitzen.

Ein Hexenlachen verstört die Welt

Unfreiwillig kamen im März 2018 tausende Haushalte in den Genuss dieser unheimlichen Erfahrung. Der Smart Speaker „Amazon Echo" und seine personifizierte Bedienerstimme „Alexa" sorgten für Angst und Schrecken, weil das sprachgesteuerte Gerät mitten in der Nacht plötzlich, unvermittelt und ziemlich gruselig zu lachen begann. Treffend beschrieben als *dämonisches Hexenlachen* lehrte Alexa damals weltweit den Menschen grundlos *erheitert* das Fürchten.[190]

Es war nicht das erste Mal, dass es Probleme mit Alexa gab. Das System hatte zuvor durch falsche Interpretation von Spracheingaben, einen laufenden Fernseher im Hintergrund oder auch durch einen plappernden Papagei absurde Produktbestellungen veranlasst oder Polizeieinsätze ausgelöst. Doch ein gruseliges Lachen mitten in der Nacht wollte wirklich niemand erleben. Wenn Sie wissen wollen, wie sich das anhört: Auf YouTube finden sich zahlreiche Videos davon.

Des Rätsels Lösung: Die sprachgesteuerte Alexa-Software hatte scheinbar aus Umgebungsgeräuschen den Befehl „Alexa, lache!" herausgehört und einfach pflichtbewusst und im Rahmen ihrer Möglichkeiten gehorcht. Doch da Lachen nicht zu den Grundfeatures des Programms zählte, hatte es eine eigene, ziemlich groteske Version eines menschlichen Lachens produziert.

Das Problem wurde durch ein Software-Update gelöst. Fortan lachte Alexa nur mehr, wenn man es mit dem Sprachbefehl „Alexa, kannst Du lachen?" aufforderte. Sicherheitshalber lachte die Computerstimme aber auch dann nicht mehr gleich los, sondern kündigte es an mit den Worten

„Natürlich kann ich lachen". Danach folgte ein trockenes, nüchternes, komplett unnatürliches „Ha Ha" – die Situation war von den Amazon-Softwareentwicklern also relativ humorlos und pragmatisch gelöst worden.

Dabei hätte es kein nächtliches Hexenlachen gebraucht, um Alexa gruselig erscheinen zu lassen. Bei einer Umfrage von „Stern Online" aus dem Jahr 2018 mit mehr als 18.000 Teilnehmern klassifizierten 62 % den Smart Speaker als „unheimlich". Hauptgrund für das negative Empfinden: Sie befürchteten, digital abgehört zu werden.[191]

Piepen statt Lachen

Deplatziert oder unheimlich lachende Roboter kennen wir ansonsten vor allem aus dem Kino oder Fernsehen. Tatsächlich zeichnen sich Androiden in Filmen oder Serien durch das Merkmal der nüchternen Humorlosigkeit aus – egal, ob Data aus „Star Trek" oder „der Terminator": Wenn diese nicht-menschlichen, aber menschlich aussehenden Figuren ein Lachen hören lassen, klingt es stets wie eine schlechte Parodie – ein Gag, der deswegen sehr oft eingesetzt wird, um humorvoll auf die emotionale Kluft zwischen Menschen und Robotern hinzuweisen.

Nicht menschlich aussehende Roboter, die wir sympathisch finden sollen, verzichten hingegen komplett auf den Versuch, zu lachen. Egal ob R2D2 aus „Star Wars" oder Pixars „WALL-E" – ihre natürlichen, glaubwürdigen Heiterkeitsausbrüche sind digitale Piepstöne, kein imitiertes menschliches Lachen. Denn das würde uns sofort abschrecken.

Bei menschlich aussehenden Androiden setzt man auf den „Spock-Effekt": Wer wie der Vulkanier aus „Star Trek" alles analysiert und auswertet, kann Humor zwar irgendwie verstehen, aber ihn nicht natürlich leben. Und so faszinierend wir diese Charaktere auch finden – wir sind insgeheim beruhigt, dass sie sich noch nicht alles Menschliche aneignen konnten.

In manchen Science-Fiction-Serien, die besonders auf technische und wissenschaftliche Glaubwürdigkeit setzen, verzichtete man völlig auf Roboter-Charaktere, um das Dilemma des Humors und der Sympathie bzw. das Klischee der bösen entmenschlichten Roboter zu umschiffen: „Babylon 5", „The Expanse" und andere Produktionen kommen deswegen bewusst ohne mechanisch-menschliche Androiden aus.

In Parodien, wie in Mel Brook's „Spaceballs" oder in „Futurama", einer Animationsserie von Simpson-Schöpfer Matt Groening, verhalten sich Roboter hingegen wie nervige Menschen, indem sie Spleens, Sarkasmus und emotional-moralische Defizite besonders übertrieben ausleben.

Halbwegs menschlich lachen dürfen Roboter in ernstgemeinten Produktionen aber in der Regel nur dann, wenn sie per se böse sind und das durch besonders schäbiges Verhalten (z. B. Verhöhnen des Helden) demonstrieren sollen. Siehe dazu auch Kapitel 3 („Muahaha und Harrrharrrr: Schurkenlachen").

Warum verstehen Roboter keinen Spaß?

Wenn man verstehen will, wie man in der Realität Robotern das Lachen beizubringen versucht, lohnt sich ein Abstecher in moderne KI-Systeme, die die Bedeutung von geschriebenen oder gesprochenen Texten analysieren können.

Um Echtzeit-Informationen zu erfassen und in Sekundenbruchteilen mit einer Datenbank abgleichen zu können, werden Informationen in Vektoren umgewandelt. Das Computersystem arbeitet jetzt nicht mehr mit Buchstaben, Wörtern oder Phrasen, sondern mit abstrakten Punktwolken, die bestimmte Bedeutungen in Clustern abbilden. Da diese Punktwolken aber nur tatsächlich Gesagtes (und nicht interpretiert

Gemeintes) enthalten, sind selbst die modernsten Systeme noch nicht in der Lage, menschlichen Sarkasmus oder Zynismus zu erkennen.

Alles, was Menschen in ihrer Kommunikation *zwischen den Zeilen* oder durch Mikrobewegungen mitteilen, entgeht Robotern oder Computersystemen derzeit noch. Sie können vielleicht verstehen, wovon ein erzählter Witz handelt, aber dessen Lustigkeit zu verstehen oder zu wissen wie man darauf menschlich akzeptabel reagieren sollte, übersteigt noch die Fähigkeiten der künstlichen Intelligenzen.

Dennoch ist gerade dieses Gebiet eines der wichtigsten in der modernen Robotik. Denn eine der Grundanforderungen an humanoide Maschinen, die Menschen durch den Alltag begleiten sollen, ist ein natürliches Verhalten in Gesprächen. Ein essenzielles Attribut in diesen Gesprächen ist das menschliche Lachen.

Aus diesem Grund startete ein Forscherteam aus Japan 2022 einen weiteren Versuch, einem Roboter das richtige Lachen beizubringen. An der Universität von Kyoto wurde Erica, ein weiblicher Roboter, in Sachen Humor und Heiterkeit *trainiert*.[192]

Gestützt auf eine künstliche Intelligenz, die den Inhalt von Gesprächen erfasste und in Echtzeit darauf reagieren konnte, sollte Erica möglichst natürlich lachen lernen und möglichst emphatisch auf ein Gespräch reagieren. Es macht schließlich einen gewaltigen Unterschied, ob man in einer Gesprächssituation ein höfliches Kichern oder ein schallendes Lachen ertönen lässt.

Der Ansatz der japanischen Forscher: Eine Dreiteilung des Problems.

Phase 1: Erica sollte erkennen, ob ihr menschliches Gegenüber lacht.

Phase 2: Erica sollte entscheiden, ob es angemessen ist, ebenfalls zu lachen.

Phase 3: Erica sollte entscheiden, welche Art von Lachen die angemessene Reaktion ist.

Doch damit Erica überhaupt auf entsprechende Daten zurückgreifen konnte, mussten zuvor eine Vielzahl von Testgesprächen mit Studierenden geführt und ausgewertet werden, bei denen auch deren Körperhaltung und Kopfbewegungen miteinbezogen worden waren.

Das Ergebnis konnte sich sehen lassen, war aber dennoch weit von dem entfernt, was wir als natürliches und emphatisches Verhalten einstufen würden. Erica lachte trotz geballter Computerpower und Datengrundlage noch immer wie ein Roboter – auch wenn ihre Antworten intelligent, schlagfertig und erstaunlich tiefsinnig waren.[193]

Fazit der Forschergruppe aus Kyoto: „Bis wir uns mit einem Roboter wie mit einem Freund unterhalten können, werden noch mindestens zehn bis zwanzig Jahre vergehen."

Wie der Smiley das Lachen lernte

Wenn man im Österreich der Nachkriegszeit die ersten zaghaften Zeichenversuche seines Nachwuchses begleitete, kam oft ein seinerzeit populärer Kinderreim zum Einsatz:

„Punkti, Punkti – Strichi, Strichi. Fertig ist das Mondgesichti"
(flankiert von den entsprechenden Markierungen auf dem Papier).

Zugegeben, das ist kein Meisterwerk der deutschen Dichtkunst. Doch wer hätte gedacht, dass damit eine weltweite Erfolgsgeschichte vorweggenommen wurde? Heute sagt freilich kein Mensch mehr *Mondgesicht* dazu. Ein runder (vorzugsweise gelber) Kreis mit zwei Augen und einem Mund ist ein Smiley.

Der Smiley ist DAS international bekannte Symbol schlechthin für Glück und Freundlichkeit hat jedoch eine ganz und gar nicht unbeschwerte Reise zum Weltruhm hinter sich. Denn obwohl sich Smileys heute in zigfacher Variation auf Millionen von Smartphones und Computern finden und aus der modernen Kommunikation als Emojis nicht mehr wegzudenken sind, verdiente sein Schöpfer gerade einmal eine Handvoll Dollar mit seiner Vorstellung des simplifizierten Glücks.

Ein Gesicht kommt auf die Welt

Der Smiley war ein Wunschkind – besser gesagt ein Auftragswerk – für die amerikanische „State Mutual Life Assurance Company“, die im Jahr 1963 ein Symbol finden wollte, das einem Teil ihrer Belegschaft mehr Freude im Arbeitsalltag schenkt. Hintergrund: Man hatte gerade das Konkurrenzunternehmen „Guarantee Mutual Company of Ohio“ übernommen und die dortigen Mitarbeiter waren alles andere als happy mit den neuen Besitzverhältnissen.

Der 42-jährige Grafikdesigner Harvey Ross Ball legte im Namen seiner Firma „Harvey Ball Advertising“ los und zeichnete innerhalb weniger Minuten auf gelbem (!) Papier ein lachendes Gesicht, bestehend aus zwei Punkten und einem *lächelnden* Halbkreis. Der Entwurf gefiel und landete in Folge auf ca. 100 Ansteck-Buttons für die Mitarbeiterinnen und Mitarbeiter des Versicherungsunternehmens. Der einmalige Lohn für den *schnellen Job*: 45 Dollar.

Obwohl das Design schnell Nachahmer fand, dachten leider weder Ball noch die Versicherungsgesellschaft daran, den Smiley zum Patent anzumelden bzw. schützen zu lassen. Und so landete das fröhliche Gesicht auf Stickern, T-Shirts und Grußkarten, trat seinen nationalen Siegeszug an und mauserte sich zu Beginn der 70er-Jahre sogar zu einem landesweiten Hoffnungssymbol für die USA, die angesichts der Vietnam-Krise dringend nationale Aufbruchstimmung benötige.[194]

Schnell zugegriffen und lächelnd abgesahnt

Die Brüder Bernard und Murray Spain aus Philadelphia, die das Symbol auf Ansteckbuttons druckten und millionenfach verkauften, waren patentrechtlich ausgeschlafener als der Original-Erfinder und ließen sich 1971 das lachende Gesicht (ergänzt um den Slogan „Have a happy day") schützen. Spätestens nachdem sie ihr erfolgreiches Smiley in der CBS-TV-Rateshow „What's my line?" präsentiert hatten, war er in aller Munde bzw. lachte von unzähligen T-Shirts und anderen Werbeartikeln.

Doch auch die beiden Brüder fanden lizenzrechtlich ihren Meister – in der Person eines findigen Franzosen. Der Unternehmensberater Franklin Loufrani war unter anderem für die Zeitung „France-Soir" tätig und hatte eine Idee, wie man in politisch turbulenten Zeiten die Stimmung im Blatt etwas heben könnte: Indem er neben „Good News" – also Beiträgen mit positiver Grundstimmung – ein lachendes Gesicht als Erkennungsmerkmal setzte. Gesagt, getan. Er veränderte 1996 das Ursprungsdesign des lachenden Gesichts geringfügig, ließ es sich schützen, gründete „The Smiley Company" und sicherte sich frech die alleinigen Rechte an dem Symbol in mehr als 80 Ländern.

Seine Version der Schöpfungsgeschichte: Er behauptete stets, das lachende Gesicht eigenständig ersonnen zu haben. Frechheit siegte und Loufrani wurde durch diesen Coup zum Lizenzmillionär.[195]

Zu den Großkunden, die erhebliche Summen für das Verwendungsrecht überwiesen, zählten unter anderem Agfa, m&m's und Levi's. Mittlerweile hält „The Smiley Company" die Nutzungsrechte in mehr als 100 Ländern weltweit. Ein Ende des Geldflusses ist nicht in Sicht.

Laut Firmenangaben werden pro Jahr weltweit rund 500 Millionen Dollar mit Smiley-Lizenzprodukten umgesetzt.[196]

Der Smiley vor Gericht

Microsoft scheiterte 2005 noch beim Versuch, sich die automatische Umwandlung von ASCII-Zeichen in Smileys schützen zu lassen. Doch ein Jahr später erlitt „The Smiley Company" eine Niederlage gegen den US-Supermarkt-Riesen Walmart, der das lachende Gesicht auf den Namensschildern seiner Mitarbeiter einsetzte. Loufrani klagte (ohne überhaupt die Rechte für die USA zu besitzen) und verlor in einem sehr langen Gerichtsverfahren viel Geld und wohl auch die Lust auf weitere Klagen.

Doch was wurde aus dem eigentlichen Helden unserer Geschichte? Harvey Ball, Original-Erfinder des Smileys, verdiente bis zu seinem Tod im Jahr 2001 nichts an seiner Schöpfung, war deswegen aber alles andere als verbittert. Er könne nur ein Steak auf einmal essen und nur ein Auto auf einmal fahren, soll er gesagt haben. Wenn er seine Grundbedürfnisse gedeckt hätte, wolle er an die anderen denken, denen es nicht so gut ginge. Entsprechend altruistisch wirkt auch seinen Umgang mit der mehrfachen *Wiederverwendung* seiner Original-Idee. Es ging Harvey Ball offenbar nicht um Reichtum, aber zumindest um Anerkennung und einen karitativen Nutzen seiner Schöpfung. Mit der Gründung der „World Smile Foundation" und der Einrichtung eines jährlichen „World Smiley Days" legte er ein Fundament, um dies sicherzustellen. Die Einnahmen aus Grußkarten und Ansteckbuttons stiftete er wohltätigen Zwecken.[197]

Nicolas Loufrani, CEO und Sohn des Präsidenten der „Smiley Company", ließ den eigentlichen Erfinder seines lachenden Goldesels gewähren (vermutlich auch, weil sein Unternehmen noch immer keine Exklusiv-Rechte in den USA besaß).

Der digitale Smiley: Ein ganz anderes Lächeln

Doch Moment! Wieso begegnet uns trotz all dieser Rechtsstreitigkeiten der Smiley in jedem Chatprogramm und ist aus der modernen Kommunikation nicht mehr wegzudenken? Das hat die Welt wohl Scott E. Fahlman, einem damals noch angehenden Professor für Informatik an der Carnegie Mellon University in den USA, zu verdanken.

Er erfand 1982 den seitwärts zu lesenden ASCII-Smiley, der in dieser Form nicht lizenzrechtlich zu verhindern war, und so nebenbei auch gleich seinen traurigen Gegenpart. Die Geburt seiner Schöpfungen kann man in einem mittlerweile historischen Mail vom 19. September 1982 an seine Kollegen (in Übersetzung) nachlesen, in dem er vorschlägt, Scherze mit der Zeichenkombination :-) zu kennzeichnen. In Anbetracht der aktuellen Gegebenheiten sei es jedoch wahrscheinlich einfacher jene Dinge zu markieren, die KEINE Scherze seien. Dafür verwende man :-(.[198]

Die Idee setzte sich durch und wurde um Unmengen an weiteren ASCII-Kombinationen erweitert, die diverse Emotionen ausdrückten (siehe dazu auch „Wie man Lachen tippt: Heiterkeit in Chats und Postings“ in diesem Kapitel).

1999 steuerte schließlich der Japaner Shigetaka Kurita seinen Beitrag zum Erscheinungsbild des Smileys bei: Er entwickelte mit den Emojis – eine Wortneuschöpfung, gebildet aus den japanischen Schriftzeichen für *e* (Bild), *mon* (Ausdruck) und *ji* (Buchstabe) – das, was uns heute auf so gut wie jedem getippten Kommunikationsmedium unverzichtbar erscheint. Ganz wie selbstverständlich sahen die dem ASCII-Code entwachsenen digitalen Smileys so gelb und simpel aus wie ihr Urgroßvater, der 1963 das Licht der Welt erblickt hatte.[199]

1963? Echt jetzt?

Eine Frage muss für Smiley-Forschende aber natürlich gestattet sein: Kam vor 1963 wirklich niemand auf die Idee, ein lachendes Gesicht aus zwei Punkten und einem Mund zu zeichnen?

Natürlich – und zwar lange vor allen Persönlichkeiten, die wir bis jetzt betrachtet haben.

Der älteste jemals gefundene Smiley stammt aus dem Jahr 1.700 v. Chr. und findet sich auf einem Tonkrug aus der Hethiter-Zeit, der in der türkischen Stadt Karkamis ausgegraben wurde. Der Krug enthielt laut dem leitenden Archäologen-Team damals ein süßes Fruchtgetränk. Soft Drinks dürften also auch schon vor fast 4.000 Jahren glücklich gemacht haben.[200]

Und das ist lange nicht alles: In Aufzeichnungen, Briefen, Schriftstücken und Zeitungen wurden immer wieder stilisierte Gesichter verwendet. Sogar der Philosoph Ludwig Wittgenstein plädierte 1938 für den Einsatz solcher „gezeichneter Gesichtsausdrücke“, um die Bedeutung von Geschriebenem deutlicher zu machen.[201]

Auch auf Filmplakaten und in anderen Bereichen der Unterhaltungsindustrie kamen weit vor 1963 Smileys zum Einsatz. Nachvollziehbar kommerziell relevant wurde der Smiley aber erst durch die Erfindung von Harvey Ball. Darum gilt er bis heute offiziell als Erfinder unseres liebsten Glücksgesichts.

Gelbe Wahrheiten

Wenn wir schon bei gelben Gesichtern sind: Haben Sie sich je gefragt, warum die Simpsons, die populärste animierte Familie der Welt, ausgerechnet gelb ist? Die Antwort von einem der Autoren, Mike Reiss (aus seinem sehr empfehlenswerten Buch „Springfield Confidental …“[202]), enthält keinerlei Smiley-Reminiszenz, sondern hat einen ganz anderen Hintergrund. Da die Hauptfiguren Homer, Bart und Lisa keinen sichtbaren Haaransatz haben, musste man sich etwas in Sachen Hautfarbe einfallen lassen. Gelb erwies sich laut Mike Reiss als „weder Haut noch Haar“ und daher als geeignet.

Wenn man darüber nachdenkt, gibt es auch viele andere populäre Cartoonfiguren mit gelben Gesichtern: Zum Beispiel *SpongeBob Square-Pants*, die *Minions*, *Winnie Pooh* oder Pokémon *Pikachu*.

Das ist ebenfalls kein Zufall: Gelb ist im RGB-Farbsystem die Komplementärfarbe zu Blau. Da (Himmel-)Blau in Cartoons die häufigste Hintergrundfarbe ist, nimmt man gelbe Figuren besonders gut wahr – und zwar so gut, dass selbst farbenblinde Menschen keine Schwierigkeiten haben, diese zu erkennen.

Auch psychologisch spielt die Farbe Gelb den Zeichnerinnen und Zeichnern in die Karten. Denn sie wird mit Fröhlichkeit und Vitalität assoziiert. Ein *perfect match* also – vielleicht auch angestoßen und beflügelt von Harvey Balls gelber Urschöpfung.

Zurück zum Mond!

Noch einmal kurz zurück an den Beginn unserer Reise, dem „Mondgesicht“. „Punkti, Punkti – Strichi, Strichi. Fertig ist das Mondgesichti.“ Falls Sie bei der nächsten Kindergartenfeier oder in einem Elternkreis mit dem „Punkti Punkti“-Reim Eindruck schinden wollen, erwähnen Sie doch beiläufig, dass der Vorkriegs-Zeichenspaß nicht mit dem Smiley-Gesicht aufhört.

Der vollständige Text (der in verschiedenen Abwandlungen existiert), geht so:

„Punkti, Punkti – Strichi, Strichi.
Fertig ist das Mondgesichti.
An den Kopf zwei Ohren,
so wird jeder Mensch geboren."

Im Umlauf ist auch diese Variante:
„Punkti, Punkti – Strichi, Strichi.
Fertig ist das Mondgesichti.
Ohrli, Ohrli und die Haarli,
fertig ist der Onkel Karli."

Findige Leserinnen und Leser könnten jetzt überlegen, ob es möglicherweise eine lukrative Investition in die Zukunft wäre, sich die weltweiten Rechte an Smileys mit Ohren und Haaren zu sichern.

El Risitas: Ein zahnloses Kichern erobert das Netz

Als der damals 45-jährige andalusische Hilfskoch Juan Joya Borja im Jahr 2000 in eine Fernsehshow eingeladen wurde, um aus seinem Leben zu erzählen, ahnte er noch nicht, dass ihn dieser Auftritt weltberühmt machen würde. Ihnen sagt der Name nichts? Dennoch sind Sie dem Spanier mit hoher Wahrscheinlichkeit schon als Meme auf Social Media begegnet.

Wie alles begann: Als Gast in der spanischen TV-Sendung „El Vagamundo“ erinnerte sich Borja an eine Begebenheit mit großem Unterhaltungswert aus seiner Zeit als Hilfskoch an der Küste. Seine scheinbar glorreiche Idee, schmutzige Paellapfannen am Strand festzubinden, um sie vom Meer bequem „natursauberspülen“ zu lassen, endete jedoch in einem Fiasko. Als Borja am nächsten Morgen zum Strand kam, musste er feststellen, dass die nächtliche Flut alle Pfannen bis auf eine mitgenommen hatte.

Am lustigsten fand die Geschichte Juan Joya Borja selbst. Fast zahnlos und pausenlos nach Luft ringend konnte er sein Erlebnis nur unter aberwitzig intensiven Lachanfällen berichten. Das Publikum und Moderator Jesús Quintero bogen sich ebenfalls vor Lachen.

Der mediale Ritterschlag in Spanien folgte auf dem Fuße: Borja erhielt den Spitznamen „El Risitas“ („Der Kichernde“) und startete auf Grundlage seines außergewöhnlichen Lachens eine Karriere als Redner, Komiker und nach weiteren Auftritten im spanischen Fernsehen sogar als Schauspieler.

2005 erhielt er eine Rolle in dem Film „Torrente 3: El Protector“, danach war er sieben Jahre lang regelmäßig im spanischen Fernsehen zu sehen, wo er immer wieder seine Pfannengeschichte und sein Lachen zum Besten gab.[203]

Der Weg zum Meme

2007 erzählte El Risitas seine Geschichte erneut im spanischen Fernsehen – diesmal mit Folgen. Am 25. Juni 2007 wurde die Sequenz zum ersten Mal auf YouTube hochgeladen und war sofort ein Hit. Auch wenn niemand, der nicht des Spanischen mächtig war, verstand, was El Risitas da eigentlich erzählte – sein Lachen steckte an und funktionierte auch international. Das Video wurde Millionen Mal angeklickt.

Das hätte das Ende der kurzen Karriere im Rampenlicht gewesen sein können, doch das Internet schreibt oft wundersame Geschichten.

2014 kam eine ägyptische Satiresendung auf die Idee, das Lachen des Spaniers politisch einzusetzen. Durch hinzugefügte Untertitel lachte El Risitas plötzlich nicht mehr über sein eigenes Missgeschick mit den Paellapfannen, sondern über den ägyptischen Präsidenten Abdel Fatah El-Sisi, der im Jahr zuvor durch einen Militärputsch an die Macht gekommen war. Das Video mit den manipulierten Untertiteln ging viral und verlieh der Szene einen komplett anderen Sinn.[204]

Neu war dieser Kunstgriff nicht. Nach dem gleichen Muster war zuvor schon eine Szene aus dem deutschen Film „Der Bunker"[205] im Internet zweckentfremdet worden. Bruno Ganz, der im Film in der Rolle von Adolf Hitler angesichts der aussichtslosen Kriegssituation im Berlin des Jahres 1945 einen Wutanfall erleidet, regte sich dabei in diversen satirischen Untertitelungsvarianten über eine Fliege oder den Tod von Michael Jackson auf. Als „Hitler Rants Parodies" wurde dieses Format vor allem in England und in Skandinavien ein Renner.

Kein Wunder, dass es bald auch unzählige Versionen von El Risitas Auftritt mit anderem Setting gab. Untertitel bei YouTube einzufügen, war im Jahr 2014 keine Raketenwissenschaft mehr.

Bald lachte der Andalusier auf Social Media über die angebliche Ehrlichkeit von Politikern, den Nutzen von neuen Produkten, die einfache Bedienbarkeit von Computerprogrammen oder über das neue MacBook von Apple. In letzterer Version wurde Borja in den Untertiteln als ehemaliger Apple-Entwickler ausgewiesen.[206] Im Jahr 2015 war der Spanier mit seinem außergewöhnlichen Lachen zu einem der bekanntesten internationalen Internet-Memes geworden. Den echten Namen von Juan Joya Borja kannte dabei aber kaum jemand: In Deutschland war er als „Papá Verdad" („Vater Wahrheit") bekannt. In Frankreich kannte man ihn als „Issou" – vermutlich, weil er im Original-Clip mehrmals den

Zwischenruf „Jesuuus" verwendet, um seiner Begeisterung Ausdruck zu verleihen. In Finnland durfte der andalusische Hilfskoch sogar in einer TV-Werbung für Pizzas mitspielen.[207]

Doch der Ruhm verblasste mit der Zeit. Bald hatte sich auch das Internet an El Risitas satt gesehen, trotz der vielen originellen und weniger originellen *Fake-News-Untertitelvarianten*. Er starb am 28. April 2021 in einem Krankenhaus in Sevilla.

Zum Millionär wurde der Tellerwäscher zu Lebzeiten zwar nicht, aber immerhin brachte er es zu ansehnlicher B-Prominenz in Spanien. So gut wie alle Nachrufe verwenden den Begriff *Internephänomen*, um die auf einem außergewöhnlichen Lachen basierende späte Karriere des Spaniers zu beschreiben.[208]

KAPITEL 5

LACHEN JENSEITS VON GUT UND BÖSE

Kurioses Lachen

„Das Lächeln, das du aussendest, kehrt zu dir zurück."
Indische Weisheit

In diesem Kapitel:

Lachen in der Bibel: Herzlich wenig – wenig herzlich
Wir stellen fest, dass sowohl im Alten als auch im Neuen Testament wenig gelacht, aber viel gespottet wurde, wir begegnen Kirchenclowns, einem humorvollen Osterbrauch und dem „lächelnden Papst".

Der „Lachende Buddha": Lachen und Zen
Wir lauschen den Gedanken eines Zen-Meisters zu Humor und Lachen und deren Beitrag zum nicht immer einfachen Verständnis des Großen Ganzen.

Belachew Girma: Weltrekordhalter im Dauerlachen
Wir nehmen erstaunt zur Kenntnis, welche skurrilen Rekorde in Angriff genommen werden und bekommen bestätigt, dass Dauerlachen tatsächlich ein körperlich ziemlich fordernder Spitzensport ist.

Die Tanganjika-Lachepidemie: Lachen als Massenhysterie
Wir reisen zurück ins Jahr 1962 zu einem der rätselhaftesten Ereignisse der Geschichte und dem einzig bekannten Fall, in dem sich unkontrolliertes Lachen virusartig über Landesgrenzen hinweg ausgebreitet hat.

Wie Tiere lachen: Spaßvögel und andere tierische Lachnummern
Wir nehmen erleichtert zur Kenntnis, dass auch Tiere Freude an Humor und Lachen haben – auch wenn sich das ganz anders zeigt als bei Menschen.

Haben Sie sich jemals gefragt, welchen Hintergrund die Redewendung „Da lachen ja die Hühner!“ hat? Es ist wohl so, dass Hühner im Vergleich zu anderen Tieren für ziemlich dumme Geschöpfe gehalten werden. Wenn also selbst das Federvieh lacht, kann man sich sicher sein, dass man etwas ziemlich Dummes gesagt hat.

Wenn Sie dieses Buch bis hierher gelesen haben, ist Ihnen längst eines klar: Lachen ist nicht ausschließlich ein Ausdruck der Freude oder Heiterkeit. Neutral betrachtet ist Lachen eine der ausdrucksstärksten Gefühlsäußerungen, zu denen Menschen fähig sind – mit der aber auch eine ganze Fülle negativ besetzter Regungen wahrnehmbar gemacht werden kann.
Lachen als Kritik, Spott oder Argwohn hat dabei eine ebenso wichtige Funktion in der Gesellschaft wie das bestätigende, verbindende (miteinander) Lachen. Wir denken nur nicht so gerne darüber nach, weil es rasch verletzt, erniedrigt, trennt und ausschließt.

Wann jemand wie und mit welchem Motiv lacht, ist also eine Frage von größerer sozialer Bedeutung, als uns im Alltag bewusst ist. Sie fällt uns oft erst in einem Kontext auf, in dem die Art des Lachens aus dem Rahmen fällt, unpassend oder überraschend erscheint bzw. sogar Anlass zur Sorge gibt.

Aus diesem Grund betrachten wir in diesem Kapitel außergewöhnliche Werke, Situationen und Ereignisse, in denen Lachen eine ungewöhnliche Rolle spielt. Falls Ihnen das zu dumm ist, können Sie dies übrigens auch mit einer Redewendung quittieren, die ohne die zuvor erwähnten Hühner auskommt: „Dass ich nicht lache!“ ist ebenfalls ein schönes Beispiel für ein Lachen, das Ihnen schonungslos mitteilt, dass Sie gerade ganz und gar nicht ernst genommen werden.

Lachen in der Bibel: Herzlich wenig – wenig herzlich

Auch wenn das Evangelium als „Frohe Botschaft" bekannt ist: Herzliches, positives Lachen spielt im Buch der Bücher bzw. generell im traditionell katholischen Christentum keine allzu tragende Rolle. Auch in Gotteshäusern findet man auf Heiligenstatuen, Gemälden oder Glasfenstern nur äußerst selten lachende Gesichter.

Die Lehre von Jesus gründet auf Leiden – und das soll auch möglichst auf den ersten Blick erkennbar sein. Entsprechend unpassend erscheint fröhliches Lachen in traditionellen Ritualen wie der Eucharistiefeier. Und selbst in den triumphalen Momenten des Kirchenjahrs (z. B. zu Ostern, dem Fest der Auferstehung) gibt es eher ein sakral-verklausuliertes *Halleluja!* (aus dem Hebräischen *Lobet den Herren!*) als ungezügelte, frei ausgedrückte Freude.

Da das aber selbst für Gläubige offensichtlich zu wenig war, wurde im Mittelalter eine Tradition eingeführt, die an Ostern ein wenig Heiterkeit erlaubt: Beim sogenannten *Osterlachen* ist es Geistlichen gestattet, den Gottesdienst mit Witzen und Anekdoten anzureichern. Doch auch hier geht es nicht in erster Linie um Fröhlichkeit. Vielmehr wird der Tod, den Jesus besiegt hat, rituell *ausgelacht.*

Herzliches Lachen – so scheint es – hat im organisierten Glauben wenig Freunde oder Platz. Und das ist auf gewisse Weise auch verständlich. Denn so wie weltliche Autoritäten niemanden brauchen, der ihren Machtansprüchen mit Gelächter begegnet und sie dadurch in Frage stellt, gründet die katholische Kirche in ihrer langen und turbulenten Geschichte auf Macht, Regeln und Disziplin. Und das ist eben nicht lustig.

Christus habe nie gelacht

In der Verfilmung von Umberto Ecos Roman „Der Name der Rose" (1986)[209] bringt der Benediktinermönch Jorge (Fjodor Fjodorowitsch Schaljapin) die tendenzielle Kirchenmeinung über das Lachen überspitzt auf den Punkt: „Das Lachen ist ein teuflischer Wind, der die Gesichtszüge auf das Unnatürlichste verzerrt und die Menschen wie wilde Affen aussehen lässt." Und er ergänzt: „Christus hat nie gelacht!"[210]

Entsprechend rigide verfährt er im Laufe der Geschichte mit den Lesern eines verschollen geglaubten Werkes von Aristoteles, das „Zweite Buch der Poetik", das in seinen Augen der kirchlichen Doktrin widerspricht, weil es die Wichtigkeit der Komödie hervorhebt. Durch Kontaktgift auf den Seiten des umstrittenen Buches sterben mehrere Klosterbewohner, nachdem sie es aus der Bibliothek entliehen und gelesen haben.

Doch ganz abschreiben darf man das Lachen in der Bibel dennoch nicht. Es ist im Alten und im Neuen Testament vorhanden, wenn auch spärlich und auch widersprüchlich. Denn: Gelacht wird von Gott, Jesus und den anderen Protagonisten der Bibel nicht nur aus Fröhlichkeit, sondern auch aus durchaus moralisch fragwürdigen Gründen.

Abraham und das ungläubige Lachen

Eine Geschichte im Alten Testament ist im Vergleich zum Rest der Bibel besonders *lachintensiv*. Als Gott dem 100-jährigen Abraham kundtut, dass dessen Frau Sara (immerhin auch schon 90 Jahre alt) noch Mutter werden wird, reagiert der Greis unerwartet respektlos: „Da fiel Abraham auf sein Gesicht nieder und lachte." (Genesis 17,17).

Und auch seine Frau, die hinter einer Zeltplane dem Gespräch lauscht, ist erheitert: „Sara lachte daher still in sich hinein und dachte:

Ich bin doch schon alt und verbraucht und soll noch das Glück der Liebe erfahren?“ (Genesis 18,12).

Selbst in der Pointe der Geschichte versteckt sich noch ein Lachen. Als Sara tatsächlich schwanger wird und einen Sohn auf die Welt bringt, bekommt er den Namen Isaak, eine Kurzform für „Jizchaq-El“, was so viel bedeutet wie „Gott lächelt“. (Genesis 21,6).

Der alttestamentarische Gott lacht in dieser Geschichte zuletzt – und dies, obwohl seine Macht zuvor von Sterblichen verlacht und angezweifelt wurde. Aber wenn er es ansonsten tut, hat es selten etwas Gutmütiges.

Göttlicher Spott

Gott lacht im Alten Testament zumeist andere schamlos aus, die sich gegen ihn stellen, ihn anzweifeln oder sonst irgendwie gegen seine Unfehlbarkeit und Allmacht aufbegehren. So gesehen gleicht Jahwe also eher einem modernen Schurken (siehe auch das Kapitel „Schurkenlachen“), der andere seine Überlegenheit durch Spott und Hohn ungefiltert spüren lässt.

Derart zum Handkuss kommen aufbegehrende Zweifler (Psalm 2,4), respektlose Frevler (Psalm 37,13) und Heiden (Psalm 59,9):

> „Er, der in den Himmeln thront, lacht, der Herr überhäuft sie mit Spott.“
> „Der Herr lacht über ihn, denn er sieht: Sein Tag wird kommen.“
> „Siehe, sie geifern mit ihrem Munde, Schwerter stecken in ihren Lippen, denn (sie denken): »Wer hört es?« Doch du, o HERR, du lachest ihrer, spottest aller Heiden.“

Auch im Neuen Testament wenig Fröhliches

Im Neuen Testament tritt Gott eher in den Hintergrund, aber auch der Sohn Gottes glänzt nicht unbedingt mit Heiterkeitsausbrüchen. Tatsächlich findet man im gesamten Text keinen Hinweis auf ein Lachen des Messias.

Selbst das Wort kommt ihm nur zweimal über die Lippen.[211] In der Bergpredigt sagt Jesus zunächst „Wehe, die ihr jetzt lacht, ihr werdet weinen und klagen“ und ergänzt es kurz darauf mit „Selig, die ihr jetzt weint, ihr werdet lachen.“ (Lukas 6,21).

Das spöttische Lachen übernahmen im Neuen Testament dafür jene Soldaten, die Jesus kreuzigten – und vollendeten damit den endgültigen Imageverlust des Lachens in der Bibel. Denn das höhnische Verlachen galt fortan im Christentum sogar als Todsünde. Kein Wunder also, dass die christlichen Gotteshäuser lachfrei geblieben sind – zumindest in der Blütezeit des Glaubens.

Der Theologe Friedrich Bernack quantifizierte in der Publikation „Es ist besser zu lachen als sich zu ärgern! Vom Humor in der Bibel“ penibel das Lachen. In der Einheitsübersetzung kommt das Wort *Lachen* 41 Mal vor – lediglich elf Mal wird es dabei in einem positiven Zusammenhang erwähnt.[212]

„Als der Herr das Los der Gefangenschaft Zions wendete, da waren wir alle Träumende. Da war unser Mund voll Lachen.“ (Psalm 126). Dies ist noch eine jener Stellen, in der man beim Lesen so etwas wie fröhliches Hochgefühl anstatt Verwunderung über den beißenden Spott empfindet.

Feel-good-Jesus und Kirchenclowns

Mittlerweile gibt es in der Kirche und in Pfarren auch Motive vom lachenden Jesus, Christus-Statuen mit Daumen hoch und zahlreiche Produkte, auf denen der Gottessohn auf andere Weise gut aufgelegt posiert. Zudem haben Clips auf Social Media mit Lachanfällen in der Kirche oder vor dem Altar tanzenden Priestern ihr Übriges getan, um Gotteshäuser ein wenig lachfreundlicher zu machen.

In Deutschland haben sogar Clowns Einzug in die Kirche gehalten! Die Theologin und Autorin Gisela Matthiae bietet seit 2007 Kurse für Menschen an, die an der „Verbindung von Komik und Theologie, Humor und Bibel, Clownerie als Lebenskunst interessiert sind". Bestandteil der Seminare ist unter anderem das Entwickeln eines Clowncharakters, der in diesem ungewöhnlichen Setting funktioniert.[213]

Päpstliches Lächeln

Und wie sieht es mit den Führungsriegen in Rom aus? Immerhin erinnert sich die Welt an einen „Lächelnden Papst"!

Die unübersehbar zur Schau getragene Freundlichkeit von Johannes Paul I. (alias Albino Luciani) stach dermaßen hervor, dass er gleich mehrere Spitznamen bekam, die mit seinem auffälligen Lachen in Verbindung standen – so zum Beispiel „*Il Papa del sorriso*" („Papst des Lächelns") und „*Il sorriso di Dio*" („Das Lächeln Gottes").

Es war jedoch nicht nur das Lächeln: Der Italiener brach Ende der 70er-Jahre mit einer Reihe von Traditionen und versuchte, das päpstliche Amt zu modernisieren. Er sprach von sich nicht mehr wie sämtliche Vorgänger im Majestätsplural („Wir"), sondern in der Ich-Form. Er schaffte den bis dahin obligatorischen Kniefall der Schweizer Garde in seiner Anwesenheit ab und auch das Benutzen des Papstthrones missfiel ihm.

Leider verstarb er nach nur 33 Tagen im Amt – und mit ihm das markante Papstlächeln und der frische Wind der Erneuerung. Am 29. September 1978 wurde er kurz vor Mitternacht tot in seinem Bett gefunden. Vermutliche Todesursache: Herzversagen.

Bald machten eine Reihe von Verschwörungstheorien die Runde. Es gibt jedoch bis heute keine seriösen Hinweise darauf, dass der überraschende Tod des „lächelnden Papstes" keine natürlichen Ursachen hatte.[214]

Seine beiden Nachfolger, Johannes Paul II. und Benedikt XVI., lächelten nicht mehr gar so viel und setzten auch den liberalen Kurs des Italieners nicht fort.

Der aktuelle Pontifex Franziskus gibt sich hingegen wieder gerne freundlich lächelnd – jedoch immer mit der nötigen Ausgewogenheit. Schließlich gilt es auch in der Kirche des 21. Jahrhunderts, eine Macht zu festigen und Autorität zu bewahren. Das gelingt – wie die Kirchentradition zeigt – nur mit dem nötigen Ernst.

Der „Lächelnde Papst" Johannes Paul I. feierte jedoch kürzlich ein fulminantes Comeback in der Kirchenhierarchie: Papst Franziskus sprach ihn am 4. September 2022 selig.

Der „Lachende Buddha": Lachen und Zen

Wenn Sie an eine Buddha-Statue denken, erscheint vermutlich ein lachender Mönch mit rundlichem Bauch und aufgestelltem Bein vor ihrem geistigen Auge. Es handelt sich um die bekannte Figur des Budai (oder Hotei in Japan). Sein Name war Qìcǐ und er stammte aus der chinesischen Stadt Fenghua.

Als gut gelaunter Bettelmönch war er im 10. Jahrhundert westlicher Zeitrechnung mit einem prall gefüllten Sack unterwegs, dessen Inhalt er gerne auch an Kinder weitergab. Er gilt als sehr populär, in Japan sogar als Glücksgottheit, aber es handelt sich bei ihm nicht um Buddha, meinen die Japaner. Die chinesischen Zen-Buddhisten halten ihn für eine Inkarnation des Buddhas der Zukunft.

Im Zen spielt Humor eine große Rolle, ist vielleicht sogar ein Ausdruck von Glück. Wir fragten den in Österreich lebenden Zen-Meister Kiichi Gong über Zen: „Ein Zustand von Glückseligkeit, Freiheit, Erlösung, Erleichterung oder grundloses Glück führen unweigerlich zum Lachen, zu einem mitfühlenden Schmunzeln oder einem leisen Lächeln – man sieht einfach alles weniger ernst." Das sei günstig, so Kiichi Gong, denn: „Zen ist auch jenseits von Wörtern und Konzepten. Unsere Logik und Gedanken können uns nicht in die ‚unbeschreibliche Tiefe' bringen, oder uns helfen, tief zu unserer ursprünglichen Natur durchzudringen."

Für viele Menschen scheine der Weg zum Glück, zum ungestörten Erleben des unmittelbaren Augenblicks, kein einfacher zu sein, so Kiichi Gong. Sie wüssten nicht, was der japanische Zen-Buddhist, Maler und Autor Hakuin Ekaku in etwa so formulierte: Die Menschen seien in ihrem tiefsten Wesen Buddha. Wie beim Wasser und Eis – es gäbe kein Eis ohne Wasser, so gäbe es keinen Menschen ohne die Buddha-Natur. Lao Tzu, der chinesische Philosoph aus dem 6. Jahrhundert v. Chr. hätte wiederum gesagt: Das Tao, das sich mit Worten beschreiben ließe, sei nicht das wahre Tao. Auch deshalb hält Zen-Meister Kiichi Gong Humor für eine mögliche Abhilfe. Etwas „auf den Punkt zu bringen" verlange oft nicht nur nach Erklärungen oder Beschreibungen, sondern nach Geschichten, sogenannten Koans oder Sprüchen, die humorvoll, lustig, satirisch oder scheinbar paradox sind. Menschen seien so verfangen in ihrer Logik, Dualität und ihren Vorurteilen, dass man oft

Humor bräuchte, um diese Menschen „aufzurütteln". Humor könne Menschen helfen, eine plötzliche „Einsicht" in die Non-Dualität zu gewinnen, gelassener zu sein, loszulassen von den Spannungen und der Unzufriedenheit, verursacht durch das Ego, so der Zen-Experte. Er gibt uns eine Anekdote, also einen Koan, mit auf den Weg, um uns verstehen zu helfen, dass man sich mit dem Verstehen schwertun kann:

„Der japanische Meister Nan-in empfing einen Professor zu Besuch. Nan-in schenkte seinem Besucher Tee ein, doch als die Tasse voll war, goss er immer weiter. Der Professor sah zu, wie die Tasse überfloss. »Halt! Die Tasse ist schon übervoll, mehr geht nicht hinein!«

Nan-in sagte: »Wie diese Tasse bist auch du voll von deinen eigenen Ansichten und Spekulationen. Wie soll ich dir Zen zeigen, bevor du nicht deine Tasse geleert hast?"

Und da wäre jetzt noch gar nicht jene Parabel zur Sprache gekommen, so Kiichi Gong, in der Zen Meister Yunmen einem Mönch auf die Frage, was Buddha sei, wohl geantwortet hätte: „Ein getrockneter Scheißstock."

Ja, auch das ist Zen. Um dieses Bildnis besser zu verstehen, hilft es zu wissen, dass man sich seinerzeit nach dem Stuhlgang mit einem Stock säuberte. Der Stock aus dem Zitat steht also für einen äußerst gewöhnlichen Alltagsgegenstand. Gut, das ist ja auch schon rund 1.100 Jahre her. Kiichi Gong gibt uns noch eine andere Antwort auf die Frage, was Buddha sei. Zum Beispiel die Version von Meister Tung-shan: „Drei Pfund Flachs."

Die Botschaft: Zen ist nicht etwas Abgehobenes und nicht auf Sitzmeditation begrenzt, sondern etwas Alltägliches. Und in diesem Alltag ist Buddha gegenwärtig.

Haben Sie alles verinnerlicht? Nein? Na ja, vielleicht sind auch Sie eines Tages ein Zen-Meister.

Belachew Girma: Weltrekordhalter im Dauerlachen

Wenn man sich selbst zum König krönt, sind da meistens andere, die etwas dagegen haben. Im Fall des Äthiopiers Belachew Girma gab es jedoch keine Einsprüche. Der fünffache Vater reklamiert den Weltrekord im Dauerlachen für sich.

Drei Stunden und 6 Minuten hat Belachew Girma 2008 ohne Unterbrechung gelacht[215] – die „Impossibility Challenger“ haben es sich zum Ziel gesetzt, „Menschen aus allen Lebensbereichen zu inspirieren, den Geist und die Freude des „Sich-selbst-Transzendierens“ – des “Über-sich-selbst-Hinauswachsens” und der Überschreitung der eigenen Grenzen – auf eine ganz besondere Art zu erleben“.[216]

Bei den Events zählte das stundenlange Dauerlachen des Äthiopiers noch zu den am wenigsten exzentrischen Darbietungen. Andere Teilnehmende malten während der Veranstaltung 20 Stunden lang mit Wasserfarben, falteten mikroskopisch kleine Papierboote oder rezitierten 1.062 Gedichte auswendig.

Der Deutsche Charuhasi Eckhard Schröder grinste bei den Spielen im Jahr 2006 ganze 13 Stunden lang mit jeweils fünf Minuten Pause zu jeder vollen Stunde und stellte damit ebenfalls einen Weltrekord mit Lachbezug auf.

Belachew Girma begnügte sich übrigens bei den „Impossibility-Challenger-Events“ nicht mit seinem Dauerlachweltrekord, sondern versuchte sich auch erfolgreich als Herausforderer in der Disziplin „Kopfstand auf einem fahrenden Auto“ und spielte 3 Minuten lang ohne Luft zu holen auf einer Trompete. So nebenbei verbesserte er seinen eigenen Dauerlachrekord 2015 in Berlin dann auch noch auf 3 Stunden, 35 Minuten und 35 Sekunden.

Zu diesem Zeitpunkt war der Äthiopier aber mit seinem außergewöhnlichen Lachen bereits sehr erfolgreich. Der Gründung der ersten Lachschule in Afrika 2012 verdankt Belachew Girma eine bemerkenswerte Karriere und Weltruhm auf einem Gebiet, was ihm keiner so schnell streitig macht – und dies, obwohl er im offiziellen „Guinness Book of Records" nicht zu finden ist. Dort ist „Dauerlachen" nämlich keine offizielle Disziplin.

Unlustige Vergangenheit

Mit seinem Lachen will Belachew Girma dennoch so vielen Menschen wie möglich helfen. Seine eigene Geschichte ist wohl sein bestes Testimonial. Der ehemalige Lehrer war drogenabhängig, Alkoholiker, Nachtklubbesitzer und Zuhälter sowie auch selbstmordgefährdet, ehe er laut eigener Aussage dank der Bibel und einem Selbsthilfebuch, in dem die heilende Wirkung von Lachen gepriesen wurde, zurück in die Spur fand.[217]

Der Lieblings-Bibelvers des Äthiopiers: „Ein fröhlich Herz macht das Leben lustig; aber ein betrübter Mut vertrocknet das Gebein." (Die Sprüche Salomos, Kapitel: 17, Vers: 22).

Schülerinnen und Schüler in Girmas Lachschule zahlen viel Geld für das Erlernen der angebotenen Kunst. Die Kursteilnahme kostet so viel, wie ein äthiopischer Hilfsarbeiter im Monat verdient. An Waisen-, Schul- und Straßenkinder in seiner äthiopischen Heimat gibt der Weltrekordhalter sein Wissen jedoch gratis weiter.[218]

Neben der Wirkung auf Seele und Gemüt vollbringt der Weltrekordhalter mit seinem Dauerlachen auch körperlich Spitzenleistungen. „Wenn du mehr als drei Stunden am Stück gelacht hast, bist du fix und fertig", erzählte Girma einem Reporter im Jahr 2012. „Das ist ein Workout für den ganzen Körper. Du hast danach Muskelkater an Stellen, von denen du gar nicht wusstest, dass du da Muskeln hast. Im Kopf bist du danach leer wie ein neugeborenes Baby, und du willst nur schlafen."[219]

Einen Witz seinen Nachnamen Be*lach*ew betreffend, wird der *Laughter King* vermutlich nicht verstehen, da er kein Deutsch spricht. Vielleicht ist dies ein versteckter Hinweis darauf, dass das Universum wirklich Humor hat.

Die Tanganjika-Lachepidemie: Lachen als Massenhysterie

Am 30. Januar 1962 nahm im ostafrikanischen Tanganjika ein außergewöhnliches Phänomen seinen Anfang, das seither beispiellos in der Weltgeschichte geblieben ist – und auch heute nur bedingt erklärt werden kann: *Die Epidemie des wahnsinnigen Lachens.*

Als Tanganjika am 9. Dezember 1961 seine Unabhängigkeit erlangte, blickte seine rund 8,5 Millionen zählende Bevölkerung auf eine bewegte Kolonialgeschichte zurück. Zunächst waren die Deutschen in *Deutsch-Ostafrika* nicht gerade zimperlich mit den eroberten Gebieten und den Menschen umgegangen, dann hatte nach dem Ersten Weltkrieg auch die Gebietsübernahme durch Großbritannien für die Bevölkerung wenig Gutes gebracht. Extreme Armut, Gewalt, politische Unruhen und Malaria setzten dem Land zu – und doch hoffte man, dass der neue Status als unabhängige Republik vieles zum Positiven wenden würde. Die Erwartungen waren hoch – speziell an die junge Generation, die als erste in der

Geschichte des Landes nicht mehr unter fremder Herrschaft leben musste und die Zukunft einer selbstverwalteten, stolzen Nation gestalten sollte.

Weniger schön ausgedrückt: Inmitten einer recht trostlosen wirtschaftlichen, sozialen und politischen Situation ruhte auf den Schultern junger Menschen enormer Druck durch Eltern, Elite und Gesellschaft. Doch niemand hatte damit gerechnet, welchen Einfluss das alles auf die junge Bevölkerung haben sollte.

Drei Schulmädchen begannen zu kichern

In einer Mädchenschule am Westufer des Lake Victoria brachen Ende Januar 1962 drei Schülerinnen in Gelächter aus. An sich keine große Sache, wenn auch nicht gerade förderlich für die Schuldisziplin. Doch das Lachen war ansteckend – und zwar dermaßen, dass die Schulleitung bald hilflos einer Gruppe von rund hundert Schülerinnen gegenüberstand, die einfach nicht aufhören konnten, immer wieder in Lachen auszubrechen.

Am 18. März – also rund eineinhalb Monate (!) nach Beginn des Phänomens – sahen sich die Behörden gezwungen, die Schule zu schließen und die Kinder nach Hause zu schicken.

Nachträglich betrachtet, war dies vielleicht keine gute Idee. Denn die in ihren Heimatdörfern gestrandeten Schülerinnen sorgten dafür, dass sich das Lachen wie eine Krankheit verbreitete: Von Person zu Person und beinahe ausschließlich in der jungen Bevölkerung.

Das Phänomen, das sich in vielerlei Hinsicht wie ein Virus in Wellen verbreitete, hatte nur auf wenige Erwachsene Einfluss. Doch im Laufe der nächsten 18 Monate mussten insgesamt 14 weitere Schulen wegen außer Kontrolle geratener lachender Jugendlicher geschlossen werden. Die Lachepidemie hatte sich über hunderte Kilometer und sogar bis ins benachbarte Uganda ausgebreitet.[220]

Eineinhalb Jahre Lachen? Wie war das möglich?

Im letzten Kapitel des Buches werden Sie mehr darüber erfahren, was für eine immense Belastung Dauerlachen für den menschlichen Körper sein kann.

Im Falle der ostafrikanischen Lachepidemie wurde jedoch berichtet, dass es durchaus Pausen zwischen den Lachanfällen gab. Sie dauerten wenige Minuten oder auch manchmal Stunden, doch das Lachen begann immer wieder von Neuem. Einzelne Personen waren bis zu zwei Wochen und länger in diesem unkontrollierbaren Zustand gefangen. Spaßig war das jedenfalls nicht. Augenzeugen berichteten davon, dass das Lachen von Weinen, Schreien, Angst und Gewaltausbrüchen begleitet war. Die Betroffenen hatten geweitete Pupillen, fielen in Ohnmacht, rangen um Atem und verspürten offensichtlich unglaubliche Schmerzen. Nach dem *Ausbruch* waren die Personen weder zu kontrollieren, noch waren sie imstande, ihren normalen Alltagspflichten nachzugehen. Das Lachen hatte Körper und Geist komplett in Anspruch genommen. Insgesamt durchliefen rund 1.000 Personen – zum Großteil junge Mädchen und Frauen – dieses beispiellose Phänomen, ehe es im Jahr 1964 abebbte und ganz verschwand. Erstaunlicherweise gab es im gesamten Verlauf der *Lachepidemie* trotz der offensichtlichen körperlichen Belastungen kein einziges Todesopfer durch Lachen zu beklagen.[221]

Die Suche nach dem Auslöser

Verständlicherweise ging die Angst unter der erwachsenen Bevölkerung um. Sie bangte nicht nur um ihre Kinder, sondern wohl auch um das Schicksal der noch jungen Republik. Es begann die fieberhafte Suche nach möglichen Ursachen. War Gift in der Nahrung oder in der

Luft? Sogar ein geheimer Atombombentest mit verheerenden Folgen wurde als Auslöser in Betracht gezogen. Aber weder in den Blutproben noch in sonstigen Messungen fanden sich verdächtige Substanzen oder Erreger.[222]

Im Land gab es indessen bereits wieder politische Veränderungen: Die frischgebackene Republik vereinigte sich mit dem Inselstaat Sansibar und ist auch heute noch als Teil der „Vereinigten Republik Tansania" geopolitisch verankert.

Die junge Generation des Landes hatte sich also durch die komplette, kurze Geschichte der politischen Eigenständigkeit gelacht. Heute gilt der Vorfall offiziell als Massenhysterie – ausgelöst durch Stress in der Bevölkerung. Wissenschaftlich genauer untersucht wurde der Vorfall erst rund 40 Jahre später – allerdings auf sehr dünner Faktengrundlage, da nicht viele Aufzeichnungen die Zeit überdauert hatten. Manche zweifeln sogar an, dass sich die Geschichte überhaupt so wie geschildert abgespielt hätte. Doch es gibt Beweise.

Das authentischste Dokument über die Vorfälle lässt sich heute noch im Internet nachlesen. Im „Central African Journal of Medicine" (Mai 1963) dokumentierten die Ärzte A. M. Rankin und P. J. Philip ihre Beobachtungen im Bezirk Bukoba am Südwest-Ufer des Lake Victoria. Neben den bereits geschilderten Symptomen zeigt der ausführliche Bericht der Mediziner auch deutliche Hinweise auf Paranoia bei den Betroffenen: Viele der Patientinnen und Patienten hätten Angst vor etwas und schienen zu fürchten, dass jemand hinter ihnen her sei.[223]

Der Bericht beinhaltet auch den Augenzeugenbericht des 52-jährigen Betroffenen im Dorf Kanyangereka – einer der wenigen Erwachsenen, der selbst von der Epidemie erfasst worden waren. Zunächst hätte er die Lachenden nur bedauert, ohne selbst betroffen zu sein. Doch als er zu seiner Hütte zurückgekehrt sei, habe ihm etwas befohlen, ebenfalls zu lachen, zu weinen und zu schreien. Das Fazit der Mediziner vor Ort liest sich in dem Bericht wie die Schlussszene eines Endzeitfilms. Die

Krankheit breite sich weiter in andere Dörfer aus, die Schulbildung der Kinder sei ernsthaft beeinträchtigt. Es herrsche beträchtliche Angst in der Bevölkerung.[224]

Im Zentrum des Wahnsinns

Da die Mediziner 1963 nicht wussten, womit sie es zu tun hatten, konnten sie der Epidemie nicht einmal einen Namen geben. Die Einheimischen jedoch fanden ihre eigene Bezeichnung dafür: „Akajanja". Es bedeutet schlicht „Wahnsinn".

Heute weiß man mehr über das Phänomen der Massenhysterie und versteht darunter „starke emotionale Erregung in großen Menschenmengen, z. B. aus Anlass von Rock- und Popkonzerten, großen Sportereignissen oder nach dem Tod von berühmten Personen"[225]. Die Beatlemania oder die Trauer um Eva Peron gelten als bekanntere historische Beispiele für das spontan auftretende, absonderliche Verhalten von Menschen und Gesellschaften. Dennoch sucht man vergeblich nach einem Vorfall, der mit den Vorkommnissen in Tanganjika vergleichbar wäre.

Der Wahnsinn tobte auch im Westjordanland

Am ehesten einem Vergleich dienlich wäre ein Phänomen im Westjordanland aus dem Jahr 1983. Die sogenannte *Arjenyattah-Epidemie* (auch als *West-Bank-Epidemie* bekannt) begann mit einer Schülerin, die über Übelkeit klagte. Der Vorfall endete eineinhalb Monate später mit insgesamt 949 betroffenen Personen (77 % davon junge Frauen im Alter von 12 bis 17 Jahren). Die Symptome: Kopfschmerzen, Schwindel, Übelkeit und Ohnmacht. Als psychologische Ursache für die Epidemie, bei der ebenfalls etliche Schulen im ganzen Land geschlossen werden mussten, gilt heute die panische Angst vor einem Giftgasanschlag auf die palästinensische Bevölkerung.[226]

Die „Epidemie des wahnsinnigen Lachens" in Tanganjika ist jedoch das einzige neuzeitliche Ereignis, bei dem unkontrollierbares Lachen als länderübergreifendes Massenphänomen in Erscheinung getreten ist. Sprachwissenschaftler Christian Hempelmann, der die Vorfälle in Ostafrika Anfang der 2000er untersuchte, ist der Meinung, dass Derartiges nach wie vor passieren könne: „Vorbedingung für das Auftreten einer solchen Massenhysterie ist ein hoher Stressfaktor der betroffenen Gruppe. Besonders häufig trete Massenhysterie in Gruppen auf, die nur wenig Macht haben – sie ist praktisch ein letzter Ausweg für Menschen von niedrigem Status, auszudrücken, dass etwas nicht in Ordnung ist."[227]

Unkontrollierbares Lachen ist also wahrscheinlich nur eines von vielen möglichen psychischen Ventilen, die sich in einer derartigen Stresssituation öffnen. Es ist auch eines, das uns aufgrund der dadurch sichtbaren Nähe von Angst, Schrecken und Lachen besonders befremdet.

Wie Tiere lachen: Spaßvögel und andere tierische Lachnummern

Wer sagt, dass nur Menschen lachen können? Ist nicht bereits die Bezeichnung „Spaßvogel" ein Indiz dafür, dass es auch unter Tieren etwas zum Lachen gibt?

„*Yes, they can!*" lautet das Ergebnis einer Meta-Studie der Anthropologin Sasha Winkler und des Kommunikationswissenschaftlers Greg Bryant von der UCLA in Kalifornien. Bei nicht weniger als 65 Arten identifizierten sie ein Verhalten, dass dem menschlichen Lachen entspricht – also das spielerische, körpersprachlich unterstützte Signal, miteinander eine Gaudi zu haben.

Wesentliche Funktion dieses Verhaltens: Ein eindeutiges Zeichen an den anderen, das Spiel nicht falsch zu verstehen und dadurch ja keinen ungewollten Kampf zu provozieren.[228] Die Bedeutung des Lachens und seine möglichen Ursprünge haben wir auch schon im Kapitel "Es lacht! Lachen im Gehirn" beleuchtet.

Tiere verhalten sich hier wie Menschen. Denn auch wir wollen mit dem Lachen meistens signalisieren, dass wir Spaß haben (wollen), und andere dazu animieren, es uns gleich zu tun.

Tierische Entertainer im Überblick

Zu den größten Spaßvögeln im Tierreich zählen Sittiche und Elstern, aber auch Säugetiere sind zahlreich vertreten. Für die größten Lacher sorgen dabei Schwarzbären und afrikanische Elefanten (das Rüsseltier trompetet seine Emotionen wortwörtlich hinaus). Aber auch Seelöwen, Seehunde und des Menschen bester Freund, der Hund, lachen unüberhörbar [229]

Hunde haben auch insofern eine Sonderstellung, als sie im Laufe der Evolution seit langer Zeit unsere Begleiter sind. Daraus resultierend attestierten ihnen Forscher und Forscherinnen der japanischen Azabu Universität menschenähnliche sozial-kognitive Fähigkeiten. Das geht so weit, dass ausschließlich bei Hunden tierische Freudentränen beobachtet wurden, wenn sie Glück empfinden. Wenn Hunde ihrem Besitzer begegnen, nimmt ihr Tränenvolumen zu. Dieses Phänomen tritt nur bei der Begegnung mit dem Hundehalter und bei der Gabe von Oxytocin auf – einem Bindungshormon, das auch als *Kuschelhormon* bezeichnet wird.[230]

Im Rahmen einer weiteren Studie beobachteten Forscher, dass Hunde eine Kombination aus mindestens 19 unterschiedlichen Gesten nutzen, um mit Menschen zu kommunizieren. Damit verhalten sie sich ähnlich zu Menschenaffen. Offenbar verwenden also auch Arten außerhalb des Primatenstammbaums sog. Referenzsignale zur Kommunikation mit nicht verwandten Arten.[231]

Die größte Gruppe unter den lachenden Säugern nehmen aber wenig überraschend doch die Primaten ein. Forscherteams haben sich im Rahmen ihrer Arbeit bemüht, das Lachen von Primaten näher zu beschreiben. So erinnert es beim Sumatra-Orang-Utan an spielerisches Grunzen. Der Berggorilla hingegen hat keuchendes Kichern anzubieten.[232] Ein weiteres Säugetier, das auch unbestritten zu den intelligenten Lebewesen auf unserem Planeten gehört, ist der Delfin: Aus den Weltmeeren tönt uns das rhythmische Quieken des großen Tümmlers entgegen. Die Seelöwen signalisieren ihre Stimmung wiederum mit bellendem Klicken.[233]

Wiehern Pferde aus Vergnügen?

Wie sieht es mit Pferden aus? Lacht ein Pferd, wenn es wiehert wie ein Mensch, der wie ein Pferd wiehert? Oder haben wir es nur beim „Flehmen“ erwischt? Dabei wird die Oberlippe hinaufgezogen, die Zähne werden sichtbar und wer will, kann dies als Lachen interpretieren. Tatsächlich umschreibt das Verb „flehmen“ aber das Aufnehmen der Witterung: Das Tier versucht Gerüche zu identifizieren. Der Spaßfaktor hält sich für das Pferd dabei in Grenzen.

Das Lachen und die Primaten – Eine Theorie

Biologen und Verhaltensforscher haben sich auf unterschiedliche Weise mit dem Lachen bei Tieren auseinandergesetzt. Dabei wurde nicht ausschließlich das Lachen im sozialen Umfeld beobachtet – auch der uns aus dem Kapitel „Es lacht! Lachen im Gehirn“ bereits bekannte „Kitzel-Test“ kam zum Einsatz. Zum Beispiel bei Menschenaffen.

Elke Zimmermann, die im Jahr 2019 verstorbene Verhaltensforscherin und Direktorin des Instituts für Zoologie in Hannover, kitzelte 2009 mit ihrem Team zahlreiche Primaten – darunter Orang-Utans, Gorillas, Schimpansen und Bonobos unter der Achsel. Ihr Resümee, angelehnt an Charles Darwin, der seinerzeit schon angemerkt hatte, dass sich das Verhalten des Menschen aus entsprechenden Vorstufen bei Tieren entwickelt hat: „Wir haben nun an Menschenaffen gezeigt, dass unser Kitzellachen von ihrem abgeleitet worden ist.“[234]

Also: Tiere lachen nicht wie Menschen, sondern Menschen lachen tierisch – zumindest, wenn sie gekitzelt werden.

Tatsächlich geht die Forscherin davon aus, dass das erste Lachen wahrscheinlich vor mehr als 16 Millionen Jahren erklungen ist – aus dem Mund gemeinsamer Vorfahren der großen Menschenaffen und des Menschen. Denn auch das Kichern, das das Kitzeln beim Orang-Utan ausgelöst hat, ist dem menschlichen sehr ähnlich. Und das obwohl uns eigentlich die Schimpansen genetisch näherstehen.[235]

Ähnlich, aber nicht identisch: Menschen lachen anders

Wir Menschen produzieren ausschließlich beim Ausatmen rhythmisch harmonische Töne. Die noch als harmonisch zu bezeichnenden Töne von Schimpansen und Bonobos entstehen hingegen während des Ein- und Ausatmens und sind weniger rhythmisch. Noch unstrukturierter sind die Geräusche von Orang-Utans und Gorillas.[236]

Apropos Geräusch: Eine Vermutung zur Entstehung des Lachens ist, dass es sich dabei ursprünglich um ein Nebenprodukt des Atmens gehandelt hatte. Die Evolution leistete aber ganze Arbeit: Mittlerweile nimmt das Lachen eine wichtige soziale Funktion ein.[237]

Und noch eine Fähigkeit hebt uns mittlerweile von anderen Primaten ab: Nur wir können einander dazu bringen zu lachen, auch wenn uns ganz und gar nicht danach zumute ist.

KAPITEL 6

WER ZULETZT LACHT

Lachen und der Tod

„Wenn es den Himmel wirklich gibt, wäre es wundervoll zu wissen, dass dort auch gelacht wird."
Robin Williams (1951 – 2014)

In diesem Kapitel:

Lachgas: Alles andere als lustig
Wir machen Abstecher zu Events des 18. Jahrhunderts, bei denen „Lachen, Singen, Tanzen, Reden oder Prügeln" als Attraktionen versprochen wurden, treffen ein blutendes Schienbein, das die Welt veränderte, und finden heraus, warum auch Sie mit hoher Wahrscheinlichkeit schon Lachgas konsumiert haben.

Rescue Annie: Das *meistgeküsste* Lächeln der Welt
Wir treffen eine Dame, die seit 230 Jahren die Welt in Atem hält, in Kunst und Kultur ihre Spuren hinterlassen hat und durch Michael Jackson zu Hitparaden-Ehren kam und erklären Ihnen, warum auch Sie ihr Gesicht mit hoher Wahrscheinlichkeit bereits gesehen und „geküsst" haben.

Zum Totlachen: Wenn Lachen lebensgefährlich ist
Wir staunen darüber, dass „freche Esel" in der Antike eine lebensgefährliche Angelegenheit waren, lesen Witze, die anderen Menschen das Leben kosteten, und informieren darüber, warum es schief gehen kann, wenn man sich zu Hause Gemüse in die Nase steckt.

Wir alle verwenden unbedarft Redewendungen, deren Hintergründe uns nicht wirklich bewusst sind. Phrasen, wie „sich kranklachen", „Lachen bis der Arzt kommt", „sich krumm und buckelig lachen" oder „vor Lachen platzen" erscheinen uns als übertrieben formulierte Beschreibungen irrsinnig komischer Situationen. Doch sie haben durchaus ernste Grundlagen.

Besonders rätselhaft erscheint die Redewendung „sich einen Ast lachen". Denn was könnte ein menschlicher Körper mit Holz zu tun haben?! Doch auch dahinter verbirgt sich ein medizinischer Hintergrund. „Ast" war im 19. Jahrhundert eine gängige Bezeichnung für einen Buckel bzw. einen krummen Rücken. Wer sich vor Lachen schüttelt, kann nicht mehr aufrecht stehen. So ergibt der „Ast" in der Redewendung wieder Sinn.

Aber wieso bezeichnete man einen Buckel als „Ast"? Eine Erklärung liefert Band 1 des „Illustrierten Lexikons der deutschen Umgangssprache" aus dem Jahr 1982. Dort wird erläutert, dass ein Buckel – ähnlich wie ein Ast aus dem Baumstamm – „schief und krumm aus dem Rücken hervorwächst".[238]

Viele dieser Redewendungen, die Lachen mit körperlichen Fehlfunktionen oder -haltungen verbinden, stammen aus Zeiten, in denen es zur medizinischen Fachmeinung zählte, dass man (in seltenen Fällen) Lachen tatsächlich mit dem Leben (oder zumindest mit schwerwiegenden gesundheitlichen Folgen) bezahlen konnte.

Untermauert durch historische Fälle waren Heiterkeitsausbrüche nach damaligem Wissensstand ein ernstzunehmendes Risiko. Tatsächlich bewiesen diese historischen Lachtode aber lediglich, dass der menschliche Körper in geschwächtem Zustand äußerst anfällig für jede Form emotionaler Ausnahmezustände ist.

Keine Angst, wir wollen Ihnen mit diesem letzten Kapitel des Buches die Freude am Lachen nicht nehmen und auch nicht das Wissen um die positiven Auswirkungen des Lachens auf Geist, Körper und Seele mindern. Interessant ist es aber allemal, wie eine durch und durch positive Sache bei ungünstigen Umständen ziemlich schief gehen kann. Das betrifft auch die einzige Droge, die den Begriff des Lachens im Namen führt: das Lachgas.

Sie sehen schon: Lachen ist zwar gesund, aber nicht auch automatisch lustig und ganz selten leider auch … *zum Totlachen*.

Lachgas: Alles andere als lustig

Aufgrund ihrer Unsichtbarkeit und oft auch Geruchlosigkeit werden Edelgase oft als wertvolle Ressource verkannt.

So beklagen sich zum Beispiel Wissenschaftlerinnen und Wissenschaftler seit vielen Jahren darüber, dass das Edelgas Helium als Ballonfüllung und spaßiger Stimmlagenveränderer verramscht wird, obwohl die weltweiten Vorkommen einen weitaus sensibleren Umgang mit dem Gas gebieten würden.[239] Denn: Die irdischen Heliumvorkommen sind endlich und verschwinden bei Freisetzung in die oberen Luftschichten der Atmosphäre. Das ist bitter, denn Helium spielt beispielsweise eine unverzichtbare Rolle in der Halbleiterindustrie, bei der Reinigung von Raketentreibstofftanks oder als effektives Kühlmittel bei Teilchenbeschleunigern.

Ein Gas macht Spaß

Auch das farblose Dickstoffmonoxid wird häufig unterschätzt, oft mit gefährlichen Folgen. Distickstoffmonoxid oder N_2O begann seine Laufbahn Anfang des 19. Jahrhunderts als Belustigungsmittel auf Jahrmärkten bzw. in der britischen High Society und erhielt damals den unseriös vereinfachten Namen *Lachgas*, unter dem es bis heute bekannt ist (nennen wir es hier der einfacheren Lesbarkeit halber ebenfalls so).

Wenn wir heute in Mitteleuropa an Lachgas denken, assoziieren wir es mit Filmen und Cartoons, in denen sich Zahnärztinnen, Zahnärzte und/oder deren Patientinnen und Patienten mit einer Dosis aus dem Inhalator kichernd berauschen. Dieses Klischee und der irreführende Name haben dazu geführt, dass man Lachgas für eine spaßige Sache hält. Die Wahrheit sieht allerdings ein wenig anders aus.

Tatsächlich wird Lachgas noch immer in der Zahnmedizin eingesetzt, ist aber gleichzeitig zu einer gefährlichen Partydroge geworden, deren Genuss bei falscher Dosierung auch schon einmal tödlich enden kann. Und wie die Geschichte zeigt, bekam das Gas mit dem lustigen Namen auch seinen Entdeckern und Pionieren nicht wirklich gut.

Karriere als Narkosemittel

Lachgas wurde im Jahr 1772 von dem englischen Theologen, Philosophen, Chemiker und Physiker Joseph Priestley (1733-1804) entdeckt. Seine nützliche Wirkung der Linderung von Schmerzen, während es eingeatmet wird, wurde 1799 erstmals beschrieben.[240] Doch schon damals war der Weg für Gase in die Unterhaltungsbranche offensichtlich einfacher als jener in die Wissenschaft, zumal Lachgas ein Hilfsmittel mit höchst willkommenen Nebenwirkungen ist.

Lachgas lindert nicht nur Schmerzen, sondern löst (bei Überdosierung) auch Euphorie aus. Aus diesem Grund wurde es bei Veranstaltungen im 18. Jahrhundert als Attraktion angekündigt, die „je nach Charakter der damit berauschten Probanden bei Inhalation Lachen, Singen, Tanzen, Reden oder Prügeln bewirken könne."[241] Infolgedessen boomte es rund 100 Jahre lang als Partydroge bei Veranstaltungen der Oberschicht bzw. als Attraktion bei Vorführungen auf Jahrmärkten.

Der Zahnarzt Horace Wells erkannte schon früher, dass Lachgas zu weit mehr zu gebrauchen war. Im Dezember 1844 wohnte er einer Jahrmarktaufführung des ehemaligem Medizinstudenten und Showman, Gardner Quincy Colton in Connecticut bei. Den Teilnehmerinnen und Teilnehmern wurde ein mit Lachgas gefüllter Lederbeutel gegeben, wer wollte, konnte die Wirkung am eigenen Leib ausprobieren.[242]

In einem Hörspiel aus den 70er-Jahren bekommt man einen Eindruck davon, wie derartige „Lachgas-Shows" über die Bühne gingen: „Meine Herren, der Griff ist das Ventil. Drehen Sie jetzt das Ventil bitte vorsichtig auf, damit das Gas ausströmen kann. Und atmen Sie tief ein! Schön ruhig und tief einatmen! Ausatmen durch die Nase! Gleich, liebe Zuschauer, werden sich Wunderdinge begeben! Oh, da haben wir einen Sänger entdeckt! Und dieser Gentleman hat sich soeben in ein Huhn verwandelt ...!"[243]

Es waren nicht die absurden Eskapaden des euphorisierten Publikums, die Horace Wells beeindruckten. Er beobachtete vielmehr Erstaunliches mit medizinischem Mehrwert: Unter dem Einfluss von Lachgas zog sich ein Teilnehmer an einer Holzbank eine blutende Schienbeinverletzung zu und bekam diesen schmerzvollen Zwischenfall nicht einmal mit. Der nachvollziehbare Gedanke von Horace Wells: Was beim Bein funktioniert, sollte auch bei Zähnen nützlich sein.

Um die Probe aufs Exempel zu machen, legte sich Wells am nächsten Tag selbst auf den Zahnarztstuhl eines Kollegen, atmete Lachgas ein und ließ sich einen Problem-Weisheitszahn im Oberkiefer ziehen – ein erfahrungsgemäß unerfreulicher und schmerzhafter Eingriff. Doch dank dem Lachgas spürte Horace Wells so gut wie nichts von der Behandlung. Nach dem erfolgreichen Selbstversuch soll er begeistert ausgerufen haben, dies sei der Beginn einer neuen Epoche des Zähneziehens.[244]

Lachgas World Tour

Überzeugt von der revolutionären schmerzlindernden Wirkung startete Wells eine Reihe von weiteren Versuchen und tourte bald darauf durch Europa und die USA, um Lachgas und Äther zu promoten – noch unwissend, wie heikel die richtige Dosierung tatsächlich ist. Dies wurde ihm schließlich bei einer groß angekündigten Vorführung an der Universitätsklink in Boston zum Verhängnis. Ein stark übergewichtiger und alkoholkranker Student nahm auf dem Zahnarztstuhl Platz und brüllte bald – entgegen der angekündigten Wunderbehandlung – vor Schmerzen. Die vollmundige Behauptung vom schmerzlosen Zahnziehen wurde dadurch schlagartig zur Farce. Grund für das Desaster: Wells hatte die Dosis Lachgas für den Patienten mit seinen körperlichen Besonderheiten viel zu niedrig angesetzt. Doch das interessierte an jenem Abend ein Publikum aus ohnehin skeptischen Kollegen wenig. Wells wurde ausgepfiffen, verhöhnt und ausgelacht. Sein Ruf in der Medizin war über Nacht ruiniert.[245]

Von da an ging es mit der Karriere des Visionärs bergab. Als schließlich auch noch einer seiner Schüler die Entdeckung des Prinzips der Anästhesie für sich allein beanspruchte, verfiel Wells in Depressionen, experimentierte zu fahrlässig mit Chloroform, wurde davon abhängig und schließlich verhaltensauffällig. An seinem 33. Geburtstag bewarf er zwei Frauen auf offener Straße mit Schwefelsäure, wurde inhaftiert und schnitt sich im Gefängnis aus Scham und Verzweiflung über seine Tat die Beinschlagader auf. [246]

Auch für einen anderen Lachgas-Pionier endete die Beschäftigung mit dem neuen Wundermittel tödlich. Der Londoner Chemiker und Erfinder Humphrey Davy unternahm sogar noch vor Horace Wells intensive Selbstversuche, die er letztlich nicht überlebte. Er starb mit 50 Jahren, ohne den globalen Höhenflug von Lachgas mitzuerleben.[247]

Der Welterfolg stellte sich trotz Wells' missglückten Demonstration in Boston ein. Obwohl Lachgas meistens nur unterstützend eingesetzt wurde, ist es bis heute in der Zahnmedizin im Einsatz. Hier schätzt man es – richtig dosiert – allerdings eher als Mittel, das Kindern und ängstlichen Patientinnen und Patienten hilft, gelassen zu bleiben. Auch bei Geburten wird es eingesetzt, um beruhigend zu wirken.

Lachgas finden Sie aber auch im Supermarkt: Wenn Sie das nächste Mal einen Blick auf die Inhaltsstoffe eines Milchprodukts werfen und dort den Lebensmittelzusatzstoff „E942“ entdecken, handelt es sich um Lachgas. Es wird aufgrund seiner guten Fettlöslichkeit unter Druck – z. B. zum Aufschäumen von Sahne – als Treibgas eingesetzt.

Als Rauschmittel noch immer präsent

Trotz dieser hilfreichen Einsatzgebiete hat Lachgas bis heute nichts von seiner Gefährlichkeit verloren. Falsch dosiert kann Lachgas tödlich sein. Das hat allerdings nicht verhindert, dass es nach wie vor als Partydroge gefragt ist.

Der Rausch dauert zwischen 30 Sekunden und 3 Minuten und bewirkt das, was schon seinerzeit auf Jahrmärkten für viele verlockend war: Eine unvorhersagbarer Kontrollverlust mit erweiterter Wahrnehmung zu einem relativ günstigen Preis. Da der Konsum zwecks Berauschung illegal ist, lassen sich Lachgas-Junkies so einiges einfallen, wie sie das Gas konsumieren. So wird es unter anderem in Sprühsahneflaschen oder auch in kleinen Luftballons transportiert und eingesetzt.

Zu häufiger Konsum kann einen Vitamin-B12-Mangel herbeiführen. Bei hohen konsumierten Mengen (insbesondere, wenn Lachgas pur inhaliert wird) kann es zu tödlichen Kreislaufstillständen und zu Hirnschäden kommen.

Lachgas ist als Droge so stark im Umlauf, dass die Universität Nottingham im Jahr 2022 vor einer „Epidemie von Rückenmarks- und Nervenschäden durch Lachgas" warnte. Laut einem Bericht der britischen Regierung aus dem Jahr 2020 nimmt Lachgas unter den von britischen Jugendlichen missbrauchten Substanzen die zweite Stelle ein.[248]

Ein Grund für die ungebremste Popularität des Rauschmittels ist laut Experten auch die Corona-Pandemie, in der viele Jugendliche nach einem vermeintlich harmlosen Kick suchten und zum relativ billigen Lachgas griffen.

Fazit: In den falschen Händen und mit den falschen Motiven ist Lachgas alles andere als lustig – auch wenn der Name die Illusion der Harmlosigkeit suggeriert.

Rescue Annie: Das „meistgeküsste" Lächeln der Welt

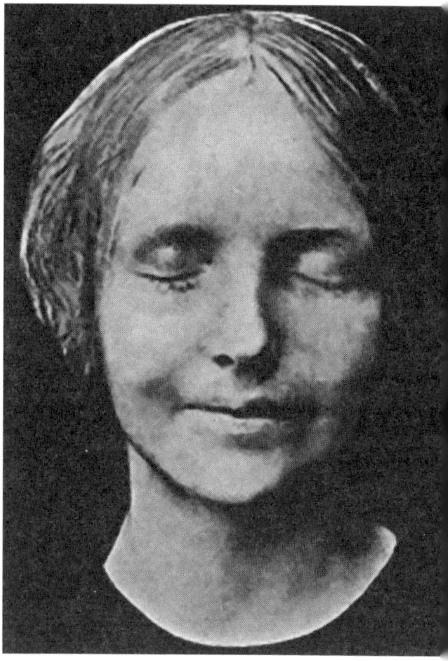

Wenn Sie auf der nächsten Familienfeier für erstaunte Gesichter sorgen wollen, behaupten Sie einfach einmal, dass Sie mit dem *meistgeküssten* Lächeln der Welt auf Tuchfühlung waren. Während die anderen darüber rätseln, wo ausgerechnet Sie Julia Roberts oder George Clooney getroffen haben, können Sie noch einen Promi-Fact draufsetzen: „Und übrigens: Michael Jackson hat darüber gesungen."

In der Tat verknüpft die Geschichte von „Rescue Annie" (oder „Resusci Anne") nicht nur drei Jahrhunderte, sondern auch erstaunliche Zufälle, eine persönliche Tragödie und letztlich Millionen von direkt oder indirekt betroffenen Menschen. Das Lächeln, von dem hier die Rede ist, gehört nämlich einer unbekannten Toten aus dem 19. Jahrhundert, die gleich dreimal im Laufe der Zeit internationale Berühmtheit erlangte.

Rund um das Jahr 1890 wurde die Leiche eines 16-jährigen Mädchens aus der Pariser Seine geborgen. Da sich an ihr keine Zeichen von Gewalteinwirkung fanden, wurde angenommen, dass sie aus Verzweiflung Selbstmord begangen hatte (was damals angesichts großer Armut und Perspektivenlosigkeit für Großstadtbewohnerinnen und -bewohner aus den unteren Schichten keine Seltenheit war).

Doch etwas war sonderbar bei dem Mädchen aus der Seine: Es lächelte – und das so unverwechselbar selig, dass ein Mitarbeiter des Pariser Leichenschauhauses beschloss, eine Totenmaske anzufertigen (auch um dadurch bei der Identifizierung der Frau zu helfen). Das Mädchen blieb jedoch auch nach der öffentlichen Ausstellung der Maske namenlos.

Die „Unbekannte aus der Seine" („L'Inconnue de la Seine") wurde zum europaweiten Phänomen. Unzählige Abdrücke der geheimnisvoll lächelnden Totenmaske wurden angefertigt und verbreiteten sich als beliebtes und erschwingliches Kunstobjekt auf dem ganzen Kontinent.

Rainer Maria Rilke erwähnte in seinem einzigen veröffentlichten Prosa-Roman „Die Aufzeichnungen des Malte Laurids Brigge" (1910) das Gesicht der Unbekannten: „Der Mouleur, an dem ich jeden Tag vorüberkomme, hat zwei Masken neben seiner Tür ausgehängt. Das Gesicht der jungen Ertränkten, das man in der Morgue abnahm, weil es schön war, weil es lächelte, weil es so täuschend lächelte, als wüsste es."[249]

1934 wurde das Lied „Die Unbekannte aus der Seine (An eine Totenmaske)", gesungen von Hilde Körber, zum dramatisch-morbiden Verkaufsschlager („Wir wissen nichts von Deiner letzten Reise. Deine toten Lippen lächeln leise.")[250].

1937 wurde die Geschichte nach einem Buch von Reinhold Conrad Muschler[251] als Liebesdrama für das Kino von Frank Wisbar verfilmt („Die Unbekannte")[252]. Bei den Aufführungen des Films in Wien herrschte strengstes Jugendverbot. Das hatte aber wohl auch damit zu tun, dass die Titelrolle einer „Animierdame eines Nachtlokals" auf den Leib geschrieben worden war, die nach dem Verlust ihrer großen Liebe den Freitod im Wasser wählte. Die Kritiker waren nicht sonderlich beeindruckt: „Das sentimentale Buch leidet an Unwahrscheinlichkeiten. Es verwischt das besondere Schicksal dieser Halbweltblüte."[253]

1945 versuchte der Fotograf Man Ray alias Emmanuel Radnitzky der Maske mit ungewöhnlichen Beleuchtungstechniken Leben einzuhauchen.

Zum zweiten Mal Weltkarriere

Mitte des 20. Jahrhunderts bekam der in Norwegen lebende Kinderbuchverleger und Spielzeughersteller Asmund Laerdal einen ungewöhnlichen Auftrag: Mediziner meldeten Bedarf an einer Puppe an, mit der man die Mund-zu-Mund-Beatmung und Herzdruckmassage als lebensrettende Maßnahme üben konnte. Beide Maßnahmen waren im Jahr 1949 noch neu, revolutionär, gewöhnungsbedürftig und gefährlich. Denn beim zu forschen Üben der neuen Methode zur Lebensrettung an Menschen konnten recht schnell Verletzungen wie Rippenbrüche entstehen – ganz abgesehen von der Unannehmlichkeit, anderen dabei derart nahekommen zu müssen. Eine Übungspuppe würde all diese Probleme lösen!

Neben dem richtigen Material und den nötigen Funktionen (wie ein drehbarer Kopf und ein dehnbarer Brustkorb) benötigte man für diese Puppe aber vor allem eines: ein Gesicht.

Laerdal erinnerte sich an die Wohnung seines Schwiegervaters (in manchen Versionen der Geschichte ist es auch die Wohnung seiner Großeltern) und an die Reproduktion der Maske der „Unbekannten aus der Seine“, die dort als Dekoration an der Wand hing. Perfekt!

1958 brachte er schließlich mit Hilfe des Arztes Peter Safar die erste CPR-Übungspuppe auf den Markt. Ihr Name (bis heute): „Rescusci Anne”.[254]

Die Puppe der Firma „Laerdal Medical“ wurde ein Bestseller und wichtiger Wegbereiter in der Ersten Hilfe. Bald übten Menschen auf der ganzen Welt an „Rescue Annie“ die Lebensrettung – die meisten davon in Unkenntnis darüber, wem das Gesicht, das sie Mund-zu-Mund-beatmeten, ursprünglich gehörte.

„Lardal Medical" gibt es noch, genauso wie „Rescusci Anne" (auf der Unternehmenswebsite verwendet man das seriösere „Anne" statt des umgangssprachlich gebrauchten „Annie") als eines der wichtigsten Produkte im Sortiment. [255]

Mittlerweile hat der Kassenschlager, der das Unternehmen berühmt machte, allerdings Zuwachs bekommen. Es gibt Wiederbelebungs- und Trainingspuppen in einer Männer-, Kinder-, Baby- und Seniorenausführung mit jeweils anderen Gesichtern.

Glauben Sie jetzt wirklich, sie hätten das erste Mal von „Rescue Annie" gehört? Sie haben höchstwahrscheinlich schon über sie gesungen!

„Annie, are you okay? Are you okay, Annie?"

Diese Zeilen aus dem Lied „Smooth Criminal" von Michael Jackson (enthalten auf dem 1987er-Album „Bad"[256]) wurden von der CPR-Übungspuppe inspiriert. Zumindest verrät dies Spike Lee in seiner Dokumentation „Bad 25" [257] aus dem Jahr 2012, die Hintergründe zu den einzelnen Songs auf dem platinveredelten Millionenseller liefert.

Jedem, der schon einmal einen Erste-Hilfe-Kurs in englischer Sprache absolviert hat, kommen diese zwei Sätze bekannt vor. Laut mustergültigem Ersthelfer-Vorgehen fragt man eine bewusstlose Person, um festzustellen, ob sie tatsächlich Hilfe benötigt: „Are you okay? Are you okay?".

Nach Schätzungen haben mittlerweile mehr als 300 Millionen Menschen das Lächeln von „*Rescue Annie*" gesehen und dramatisch überspitzt geküsst.

Hier schließt sich also ein Kreis von einem verzweifelten Pariser Mädchen aus dem Jahr 1890 und einer dreifachen posthumen Weltkarriere, die auf einem außergewöhnlichen Lächeln basiert.

Ein Ende ist nicht abzusehen. Einerseits wird die Trainingspuppe auch in Zukunft ausgeliefert werden, andererseits inspiriert die Unbekannte aus der Seine nach wie vor Kunstschaffende aus aller Welt. In einem Spielfilm aus dem Jahr 1968 wurde ihre Geschichte thematisiert, in Deutschland musiziert eine Band namens „Rescue Annie“ und immer wieder ist die faszinierende Geschichte Thema von Dokumentationen.

Der Schriftsteller und Maler Albert Camus verglich den Zauber der Maske mit dem Lächeln der Mona Lisa. Max Frisch („*Die chinesische Mauer*“, 1946) und Johannes Mario Simmel („*Und Jimmy ging zum Regenbogen*“, 1970) setzten ihr literarische Denkmäler.

Alternative Hintergründe

Manche bezeichnen die inzwischen mehr als 130 Jahre alte Totenmaske als „eine der bekanntesten unidentifizierten Personen“. Ein Beweis für die Richtigkeit dieser Aussage ist vielleicht auch die Tatsache, dass im Laufe der Zeit andere Ursprungsgeschichten rund um das lächelnde Gesicht entstanden sind.

So gibt es eine Legende von zwei Zwillingsschwestern aus Liverpool. Die eine Schwester folgte einem Mann nach Paris, die andere verblieb in England und die beiden verloren sich aus den Augen. Eines Tages sah die eine Schwester verblüfft die Maske an der Wand einer Wohnung hängen und erfuhr so vom tragischen Schicksal ihrer Schwester. Sie tröstete sich damit, dass ihre Schwester nun immer jung bliebe, während sie selbst altern müsste.[258]

Der englischer Künstler John Goto erfand rund um die Maske eine eigene Hintergrundgeschichte und schrieb sie der fiktiven ungarischen Schauspielerin Ewa Laszlo zu, die von ihrem Liebhaber Louis Aragon ermordet worden wäre. Als „Beweis“ wurde im Internet auch ein Foto präsentiert, das aber eindeutig manipuliert worden war, um eine Ähnlichkeit zu der weltbekannten Totenmaske vorzutäuschen. [259]

Die wohl glanzloseste Erklärung stammt von der Münchner Autorin Elisabeth Bronfen. Sie berichtet in ihrem Buch „Nur über ihre Leiche. Tod, Weiblichkeit und Ästhetik" (1994) von einem geschäftstüchtigen Hamburger Gipsfabrikanten, der einen Abdruck vom Gesicht seiner lebenden Tochter herstellte und damit ein Vermögen verdiente. [260]

Fakt ist: Die Unbekannte aus der Seine bewegt weltweit – mit einem Lächeln, das irgendwie anders ist und Generationen von Menschen fasziniert hat.

Zum Totlachen: Wenn Lachen lebensgefährlich ist

„Lachen ist gesund, mein Kleines, totgelacht hat sich noch Keines", war einstmals ein beliebter Spruch in Poesiealben. Doch leider irrt hier die deutsche Amateur-Dichtkunst: Sogar beim Lachen kann es todernst werden, wenn man einen Blick in die Menschheits- und Kulturgeschichte wirft. Dort finden sich in Legenden, Literatur und Lexika überraschend zahlreiche Schilderungen über die „Todesursache Lachen".

Auch wenn der obige Poesiealbum-Spruch heute antiquiert wirkt, so hat sich zumindest die Redewendung „sich totlachen" (manchmal auch „sich halb tot lachen") erhalten – dies übrigens nicht nur in der deutschen Sprache. Auch die Engländer („to die of laughter") oder die

Franzosen („mort de rire") wissen um die Tatsache, dass Lachen unter Umständen schmerzlich und tödlich sein kann.

Totlachen in der Antike: Risikofaktor „Frecher Esel"

Bereits die alten Griechen und Römer wussten warnende Geschichten vom exzessiven Lachen mit Todesfolge zu erzählen – und das sogar mit Promifaktor. Immerhin soll Zeuxis von Herakleia (griechisch Ζεῦξις), der bedeutendste Maler seiner Zeit, an den Folgen eines Lachanfalls verstorben sein. Grund für den folgenreichen Heiterkeitsausbruch: Der Künstler, der einst die schönsten Frauen Griechenlands gemalt hatte, soll sich an der von ihm selbst geschaffenen Darstellung einer „hässlichen Alten" totgelacht haben.[261]

Es geht aber noch rätselhafter: Dem griechischen Komödiendichter Philemon dem Älteren wurde angeblich der Anblick eines „frechen Esels" zum Verhängnis. Was die ganze Geschichte relativiert: Er war zum Zeitpunkt dieser Begegnung schon 97 Jahre alt (ein mehr als stolzes Alter seinerzeit) und wäre vermutlich auch durch andere *aufregende* Ereignisse schnell in gesundheitliche Schwierigkeiten geraten.[262]

Aber das ist noch nicht das Ende der Eselei mit Todesfolge. Denn der Philosoph Chrysippos von Soloi starb laut Aufzeichnungen ebenfalls durch Lachen über einen … „frechen Esel".

Bei diesem Fall liegen mehr Details über die verhängnisvolle Situation vor: Besagter Esel soll in einem unbeobachteten Moment die Feigen des Philosophen verzehrt haben, worauf Chrysippos seinen Bediensteten die Anweisung gab, dem Esel auch noch Wein zu servieren. Diese Bemerkung fand er selbst so komisch, dass ihm „vor Lachen der Bauch platzte".[263]

Paradoxes Detail am Rande: Chrysippos gilt als wichtiger Vertreter der stoischen Lehre, die bekanntlich auf disziplinierter Selbstbeherrschung und dem Meistern von Emotionen jeglicher Art beruht. Sein hochemotionales Ende steht also im krassen Gegensatz zu dem, was er zu Lebzeiten gelehrt hat – und hat dadurch wahrscheinlich auch als interessante Geschichte die Jahrhunderte überdauert.

Weitere prominente Lachtodesopfer

Martin I. von Aragón, genannt „der Humane" (1356-1410)

Der Dreifach-König (Aragón, Sardinien und Sizilien) und „*Graf von Barcelona*" starb am 31. Mai 1410 im Kloster Valldonzella durch einen Lachanfall. Schuld daran: Sein Lieblings-Hofnarr Borra, der mit einer pointierten Bemerkung die tödliche Episode ausgelöst haben soll (Spoileralarm: Es handelt sich nach heutigen Maßstäben nicht um einen Schenkelklopfer).

Als der Narr die Kammer des unter einer Verdauungsstörung leidenden Königs betrat, wollte Martin wissen, wo er gewesen sei. Die Antwort des Narren: „*In den Weinbergen, wo ich einen jungen Hirsch sah, der am Schwanz auf einem Baum aufgehängt worden war, so als hätte ihn jemand für den Diebstahl von Feigen bestraft.*"[264]

Moment, kommt uns das nicht bekannt vor? Esel/ Dattel – Hirsch/ Feigen?! Warum fanden wohl Menschen früher fruchtstehlende Huftiere so dermaßen lustig?

Der König lachte jedenfalls drei Stunden lang unkontrolliert über die Bemerkung des Narren, fiel dann aus dem Bett und war tot. Aber auch hier ist anzunehmen, dass eher der fragwürdige Lebenswandel des Königs dafür verantwortlich war und nicht der Witz, der uns heute nicht einmal ein leichtes Schmunzeln entlockt.

Martin I. war extrem fettleibig und hatte einen unstillbaren Appetit (er hatte vor seinem Tod eine Gans verspeist). Noch dazu war er als König stets potenzielles Ziel von Giftanschlägen. Trotzdem schlägt sich als offizieller Grund für sein Ableben ein Lachanfall zu Buche (und dadurch steht er auch in diesem Buch).

Pietro Aretino (1492-1556), Schriftsteller, Dichter, Satiriker und Polemiker

Ein „derber Witz", erzählt von Aretinos Schwester, der im Wortlaut leider nicht überliefert ist, soll dem Renaissance-Künstler am 21. Oktober 1596 in Venedig zum Verhängnis geworden sein. Aretino fiel vor Lachen rücklings vom Stuhl und brach sich das Genick. Nach heutigen medizinischen Erkenntnissen vermutet man einen Schlaganfall als Todesursache.[265]

Sir Thomas Urquhart (1611-1660), Schottischer Autor und Übersetzer

Der Schotte war nicht nur geübt mit der Feder, sondern auch mit dem Schwert. Als überzeugter Königstreuer beteiligte er sich 1648 an einem Aufstand gegen Oliver Cromwell in Inverness und zog ein Jahr später im Namen von König Charles II. auch in die Schlacht von Worcester, wo er als Verräter gefangen und im Tower of London inhaftiert wurde. Danach ging er ins Exil und erlebte dort die Überraschung seines Lebens, als Charles II. im Jahr 1660 nach all den Wirren der englischen Geschichte tatsächlich wieder den Thron bestieg.

Urquhart fand das großartig, begann zu lachen und konnte nicht mehr aufhören – ein Dilemma, das schließlich tödlich endete. Wo in Europa das Ganze passiert ist, ist nicht bekannt. Sein Todesjahr (und die Legende des Lachtods) kann überhaupt nur auf das Jahr 1660 datiert werden, weil Urquharts Bruder in diesem Jahr den Titel für sich beanspruchte – ein adeliger Transfer, der nur zulässig war, wenn der vorherige Titelträger das Zeitliche gesegnet hatte.[266]

Auch das gemeine Volk lacht sich tot

Vor Lachen zu sterben war nicht nur den Reichen und Mächtigen vorbehalten, obwohl diese traditionell weitaus mehr zu Lachen hatten als das einfache Volk. Doch auch die *kleinen Leute* fielen letalen Lachanfällen zum Opfer. Überliefert wurden diese Ereignisse aber meist nur dann, wenn sie entweder in der Öffentlichkeit für Aufmerksamkeit sorgten oder von der Medizin als Kuriosa dokumentiert wurden.

1782, Northhamptonshire/UK: Einem Bericht im „Gentleman's Magazin" ist es zu verdanken, dass das Lachtod-Schicksal von Mrs. Fitzherbert der Nachwelt erhalten blieb. Die Witwe besuchte am 17. April 1782 eine Vorstellung der „Beggar's Opera" im Londoner Drury Lane Theatre und wurde völlig davon aus der Fassung gebracht, dass Schauspieler Charles Bannister in seiner Rolle als „Polly Peachum" in Frauenkleidern auf der Bühne erschien.[267]
Nachdem sie sich nicht beruhigen konnte, verließ sie – immer noch lachend – die Vorstellung, lachte anschließend zwei Tage (!) weiter, ehe sie am 19. April verstarb. Dem trockenen Abschlusskommentar des Zeitungsberichts ist zu entnehmen, dass sie den Anblick des Schauspielers in Frauenkleidern nicht aus dem Kopf bekam, zunehmend hysterisch wurde und am Freitagmorgen starb.[268]

1825, Wien: Mrs. Fitzherbert war nicht die einzige Person, der ein Theaterbesuch nicht gut bekam. Aus zweiter Hand erfuhr der Mediziner Michael von Lenhossék im Jahr 1825 eine Geschichte, wonach ein Mann im Zuschauerraum eines Lustspieltheaters an einem Lachanfall verstorben war. Er berichtete darüber in Band 2 seines Werks „Darstellung des menschlichen Gemüths in seinen Beziehungen zum geistigen und leiblichen Leben: für Ärzte und Nichtärzte höherer Bildung".[269]

1843, Prag: Eine Zeitungsmeldung des Magazins „Pannonia" berichtete unter der Rubrik „Moderne Verzweiflungen" sehr ausführlich und detailreich vom tragischen Tod einer hundertjährigen Pfründnerin in einem Prager Friseursalon. Als „Pfründner" bzw. „Pfründnerin" bezeichnete man übrigens seinerzeit die Insassen eines Altersheims oder Armenhauses.

„**Tod durch Lachen beim Haarabschneiden.** Vor einiger Zeit kam ein Friseur in Prag, welcher graue Haare zu Perrücken suchte, in das Armenhaus zu St. Bartholomäus und frug unter anderem auch eine alte, sehr lustige Pfründnerin, ob sie ihm einen Theil ihrer Haare gegen Bezahlung überlassen wollte.
Lachend erwiederte sie, wie viel er dafür zu geben gesonnen sey? „Dreißig Kreuzer" war die Antwort. „Nun gut, sagte die Alte, „schneiden Sie ab, so viel Sie wollen, ich kann mir dafür einen Kaffee kochen; aber Eins beding ich noch, daß Sie mich nach dem Haarschneiden recht schön frisieren."
Der Friseur versprach es; und nachdem er der Alten die Haare geschnitten, machte er ihr mit dem Brenneisen die schönsten Locken. Hierauf stellte sie sich vor den Spiegel und lachte herzlich über diese Metamorphose.
Aber die lustige Sache nahm einen traurigen Ausgang. Denn die gute Alte konnte aus dem Lachen nicht herauskommen, was sie so aufregte, daß sie mitten im Lachen plötzlich der Schlag traf."[270]

1893, Laurel, Indiana/USA: Der 70-jährige Farmer Wesley Parsons gelangte aufgrund seines ungewöhnlichen Lachtodes international in die Schlagzeilen. Nach einem einstündigen Lachanfall, gefolgt von zwei Stunden Schluckauf, starb er an Erschöpfung. Er hatte davor „mit Freunden gescherzt". Von dieser Zeitungsgeschichte sind mehrere Versionen im Umlauf, die an verschiedenen Orten spielen. In der ausführlichsten Variante war Parsons vor Lachen vom Sessel gefallen. Nach heutigem medizinischem Wissen war der arme Farmer dem sogenannten „Long QT Syndrome", einer durch Adrenalin oder Anstrengung ausgelösten Herzrhythmusstörung, zum Opfer gefallen.[271]

1920, Leichhardt/Australien: „The Argus", eine Zeitung aus Melbourne, berichtete am 18. Oktober 1920 von einem Lachtod mit originellem Auslöser: Der 54-jährige Jagdhundetrainer Arthur Cobcroft hatte eine fünf Jahre alte Zeitung zur Hand genommen und war über die damaligen Preise diverser Produkte und den Unterschied zum aktuellen Preisniveau in wildes Gelächter ausgebrochen, das er nicht mehr stoppen konnte. Er brach zusammen und starb. Der herbeigerufene Doktor konnte nur mehr Herzversagen infolge von exzessivem Lachen feststellen.[272]

1975, Kings Lynn, Norfolk/UK: Dass ein Entertainmentprogramm im öffentlichen Fernsehen unterhält, ist ja durchaus erwünscht. Im Falle des 50-jährigen Maurers Alex Mitchel war es dann aber doch zu viel des Guten. Beim Betrachten der Folge „The Kung Fu Kapers" aus der BBC-Comedy-Serie „The Goodies" lachte Mitchell länger als 20 Minuten über einen Sketch, bei dem sich zwei Schotten mit Black Pudding und einem Dudelsack verprügeln, und brach dann tot zusammen. Zweifellos eine Tragödie, aber die Ehefrau sah bemerkenswerterweise auch die andere Seite der Medaille und schrieb einen Brief an die drei Protagonisten der „Goodies", um sich für das fröhliche Lebensende ihres Mannes zu bedanken. Besagte Folge (und auch eine Dokumentation über den Lachtod des Maurers[273]) findet man übrigens heute noch auf YouTube – und stellt schnell fest, dass der tragische Zwischenfall nichts damit zu tun hat, dass das Programm unfassbar lustig ist. Auch hier vermuten Mediziner heute als Hintergrund das „Long QT Syndrom“, das uns schon im Jahr 1893 bei Farmer Wesley Parsons begegnet ist.[274]

1989, Dänemark: Leider ereilte auch den dänischen Arzt Oleg Bentzen vierzehn Jahre später das gleiche Schicksal wie den Maurer aus Norfolk. Auslöser hierfür war die Kinohitkomödie „Ein Fisch namens Wanda“. Dass die Medizin für den Tod des 71-jährigen Dänen den Begriff (übersetzt) „Herzversagen aus Fröhlichkeit“ erfanden, wirkt wie eine Pointe, die aus dem Streifen mit den Monty Phyton Stars John Cleese und Michael Palin selbst stammen könnte. Die Szene, die den tödlichen Lachanfall auslöste, war übrigens der Versuch des Amerikaners Otto (Kevin Kline), dem stotternden Ken (Michael Palin) wichtige Informationen zu entlocken, indem er dessen geliebten Goldfische verzehrte und dem leidenden Fischbesitzer Pommes Frites in die Nase steckte. Der Grund, warum Oleg Bentzen gerade diesen Teil des Films so lustig fand, basierte auf persönlichen Erfahrungen des Dänen. Er hatte einstmals bei einem Familienessen alle am Tisch Sitzenden dazu gebracht, sich Karfiol/Blumenkohl in die Nase zu stecken und darauf gewettet, wer am längsten weiteressen konnte, ohne dass ihm das Gemüse aus der Nase fällt. Wer hätte damals gedacht, dass dieser harmlose Spaß einstmals tödliche Folgen haben würde.[275]

2003, Bangkok/Thailand: Im Schlaf zu sterben ist eine Todesart, mit der sich viele prinzipiell anfreunden könnten. Lachend im Schlaf zu sterben ist ungewöhnlich, aber nicht unmöglich. Das zeigte der Fall eines Eisverkäufers in Indien.

Damnoen Saen-um begann, zum Erstaunen seiner Frau, am 20. August 2003 im Schlaf zu lachen und ließ sich, als es der Gattin unheimlich wurde, auch nicht aufwecken. Schließlich verstummte das Lachen und der 52-jährige war tot. Die Mediziner waren ratlos und konnten nur mutmaßen, dass intensive Gefühlsregungen im Schlaf Herzinfarkte auslösen können.[276]

2013, Mumbai, Indien: Und noch ein Opfer einer Komödie: Der 22-jährige Mangesh Bhogal löste gemeinsam mit seiner Freundin eine Kinokarte für den indischen Film „*Grand Masti*", amüsierte sich dabei lautstark und erlitt im Kinosaal einen Schlaganfall. Trotz sofortiger Überstellung in ein Krankenhaus konnten die Ärzte nur mehr den Tod feststellen.[277]

Der Lachtod in der Popkultur

Obwohl die Geschichte zeigt, dass der Lachtod real ist, ist er immer noch ein mythenbehaftetes Kuriosum, das ein überraschend beliebter Stoff in Film und Fernsehen ist. Sich buchstäblich „totzulachen" und damit eine beliebte Redewendung als real darzustellen, hat offensichtlich einen besonderen Reiz – auch oder gerade weil man die historischen Fakten nicht kennt. Hier ein kleiner Auszug aus bekannten Produktionen und einem Computerspiel, in denen der „Tod durch Lachen" eine Rolle spielt.

Batman: Der Joker (wer sonst?) setzt in der Graphic Novel „Batman: Lächeln bitte!" („Batman: The Killing Joke") aus dem Jahr 1988 Lachgift ein, das dazu führt, dass sich die Betroffenen totlachen. Die Opfer werden stets mit einem breiten Grinsen auf den Lippen aufgefunden.[278]

Who framed Roger Rabbit? (Falsches Spiel mit Roger Rabbit): Der menschliche Star des Films, Privatdetektiv Eddie Valiant (Bob Hoskins), entledigt sich einer Gruppe von animierten Schurken-Wieseln, indem er es schafft, dass sie sich zu Tode lachen. Er rettet damit Roger Rabbit und seine Frau Jessica vor dem sicheren Tod.[279]

Ice Age 3: Die Dinosaurier kommen: Die Hauptdarsteller stoßen auf die „*Schlucht des Todes*", gefüllt mit giftigen Dämpfen, die unkontrollierbares, tödliches Lachen verursachen. Die Gruppe schafft es aber dann doch lebend auf die andere Seite.[280]

Little Shop of Horrors (Der kleine Horrorladen): Der sadistische Zahnarzt Dr. Orin Scrivello (Steve Martin) verpasst sich dank eines defekten Inhalators eine Überdosis Lachgas und stirbt hysterisch kichernd. Er bedient damit ein Klischee, das uns bereits im Kapitel über Lachgas als Rauschmittel begegnet ist.[281]

Mary Poppins: Die familienfreundliche Disney-Komödie beinhaltet am Ende des Films einen (erzählten) Lachtod. Die Figur des knöchernen (und ziemlich humorlosen) Bankdirektors „Mr. Dawes Sr." (dargestellt von Hauptdarsteller Dick van Dyke) stirbt laut der Erzählung vor Lachen über einen Holzbein-Witz, was seinen Sohn aber nicht allzu traurig macht, da sein Vater zumindest an seinem Lebensende so glücklich gewesen ist wie noch nie.[282]

Monty Phytons' Flying Circus: In einem berühmten Sketch der britischen Comedy-Truppe entwickelt der Witzfabrikant Ernest Scribbler (Michael Palin) für das Britische Militär im Zweiten Weltkrieg einen tödlichen Sketch als Waffe gegen die Deutschen. Der Witz ist so tödlich, dass für jedes einzelne Wort ein anderer Übersetzer verwendet werden muss. Der Witz im Original-Wortlaut (natürlich nur deutsch klingender Kauderwelsch zum Amüsement der britischen Zuseher): „Wenn ist das Nunstück git und Slotermeyer? Ja! … Beiherhund das Oder die Flipperwaldt gersput!" Die Deutschen entwickeln daraufhin ihrerseits einen tödlichen Witz, der allerdings nicht an die Durchschlagskraft der britischen Wunderwaffe heranreicht. Der „Tödlichste Witz der Welt" feierte seine Premiere 1969 in der ersten Folge der TV-Show „Monty Phytons Flying Circus“ auf BBC und wurde 1971 in einer gekürzten Fassung für den ersten Kinostreifen der Truppe, „And Now For Something Completely Different“ („Monty Phytons wunderbare Welt der Schwerkraft“) neu verfilmt. Der Sketch erfreut sich großer Beliebtheit in der Popkultur. Die Band „Killing Joke“ führt ihn als Inspiration für ihren Namen an. Und auch auf Google Translate gab es ein Easter Egg dazu: Wenn man den Wortlaut des Witzes von Deutsch auf Englisch übersetzen wollte, wurde als Übersetzung nur „[FATAL ERROR]“ ausgegeben. Mittlerweile wird der Witz jedoch übersetzt („When is the now piece git and slotermeyer? Yes! ... At hand the Or the Flipperwaldt gersput!”).[283]

Pinocchio: In der Geschichte von Carlo Collodi, die 1881 wöchentlich in einem Kindermagazin erschien und 1883 als Roman veröffentlicht wurde, stirbt eine Schlange vor Lachen.
„Und er stürzte so unglücklich, dass sein Kopf im Straßenschlamm stecken blieb und seine Beine kerzengerade nach oben standen. Beim Anblick des hölzernen Jungen, der mit dem Kopf im Schlamm steckte und wie wild mit den Beinen in der Luft zappelte, bekam die Schlange einen Lachkrampf, sie lachte und lachte und lachte, dass ihr vor lauter Lachen eine Ader in der Brust platzte. Und diesmal starb sie tatsächlich.“[284]

Seinfeld: In der Episode „The Stand-in“ (Die Einlegesohlen“) besucht Jerry Seinfeld seinen Freund Fulton (Michael Rivkin), der im Krankenhaus liegt und laut dessen Frau dringend ein wenig Lachen nötig hat. Jerrys Witze zeigen jedoch keine Wirkung bei dem Bettlägerigen. Fulton geht es in Folge noch schlechter, doch Jerry kehrt mit besseren Witzen zurück ins Krankenhaus. Fulton kann sich vor Lachen über die neuen Pointen nicht halten und stirbt.[285]

Sims 4: Im vierten Teil der populären Simulations-Computerspielreihe können Figuren mit einem hohen Wert an „Verspieltheit" an Lachen sterben, wenn die Emotion „Hysterisch" zu stark ausgeprägt ist. Eine Möglichkeit, diesen letalen Lachanfall zu verhindern, ist der Befehl „Sich zu beruhigen versuchen", der vor einem Spiegel stattfindet.[286]

Six Feet Under: In der Episode „Parallel Play" stirbt eine Jugendliche nach einem Telefonscherz, weil sie nicht aufhören kann zu lachen.[287]

South Park: „Oh mein Gott! Sie haben Kenny getötet!" – „Ihr (verdammten) Schweine!".[288] Das ist der wohl berühmteste Running Gag der Animationsserie von Trey Parker und Matt Stone. Zwar stirbt die Figur Kenneth „Kenny" James McCormick (Erkennungsmerkmal: der orange über den Kopf gezogene Kapuzenparka) in jeder Folge tatsächlich, taucht in der nächsten aber dann immer wieder (ohne Erklärung) quicklebendig auf – um prompt wieder zu sterben. In der dreizehnten Episode der fünften Staffel stirbt Kenny aber dann tatsächlich und endgültig an einem Lachanfall beim Betrachten eines TV-Videos, taucht aber dann weiterhin als transparente „Seele" in den darauffolgenden Episoden auf.[289]

The Hitchhiker's Guide to the Galaxy (Per Anhalter durch die Galaxis): Im dritten Buch der Romanserie von Douglas Adams, „Das Leben, das Universum und der ganze Rest", bekommt dem Charakter Prak ein Wahrheitsserum nicht gut. Er versteht alle Zusammenhänge des Daseins und lacht sich über einige Tage buchstäblich tot.[290]

The Mummy (Die Mumie): Im Originalfilm von 1932 mit Boris Karloff ist einer der furchtbaren Flüche des Pharaos unkontrollierbares Lachen. Opfer ist der junge Ägyptologe Ralph Norton (Bramwell

Fletcher), der alle Warnungen missachtet, beim Anblick der erweckten Mumie unkontrolliert zu lachen beginnt und anschließend (wie später im Film erzählt wird) in einer Zwangsjacke eingeschnürt stirbt, ohne bis dahin je mit dem Lachen aufgehört zu haben.[291]

Sie merken schon: Es sind die Nebenwirkungen

Doch kehren wir zurück in die Wirklichkeit und zu den harten Fakten. An den zahlreichen realen und fiktiven Geschichten rund um den „Lachtod“ ist Ihnen vielleicht schon aufgefallen, dass das Lachen selbst zumeist der Auslöser ist – das eigentlich Tödliche aber die diversen Nebenerscheinungen sind. Dieser Erkenntnis näherte man sich im Laufe der Zeit langsam an. Hier ein kleiner Auszug aus den jeweils gängigen medizinischen Fachmeinungen zum Thema „Tod durch Lachen“ ihrer Zeit:

- „... dergleichen durch den Gebrauch des oder herbae Sardoniae, durch überflüßigen Gebrauch des u.d.g. kann verursachet werden, welches Lachen der genennet, und unter grossen Schmerzen endlich durch den Tod geendiget wird.“[292] Allgemeines Lexicon der Künste und Wissenschaften, Johann Theodor Jablonski, 1748

- „... nachtheilig wirkt das Lachen bey Vollblütigen und bey solchen Individuen die eine Neigung zu Entzündungskrankheiten oder zur Apoplexie haben, die sehr reizbar und von zartem Körperbau sind, die an Lungenkrankheiten, Bluthusten, Blutbrechen und anderen leiden ... bey Gebärenden und Wöchnerinnen, und bey vorhandenen Vorfällen und . Gänzlich muß endlich das Lachen bey solchen Menschen vermieden werden, die an Herz-

krankheiten und leiden. Man hat sehr viele Fälle, wo das Lachen plötzlichen Tod bewirkte, aufgezeichnet."[293]
Darstellung des menschlichen Gemüths in seinen Beziehungen zum geistigen und leiblichen Leben: für Ärzte und Nichtärzte höherer Bildung, Band 2, Carl Gerold, 1825

- „Mit dem Lachen ist jedoch Maß und Zeit zu halten; denn die Redensarten: sich kranklachen, buckelig lachen, vor Lachen bersten wollen etc., sind nicht ganz aus der Luft gegriffen. Das Blut dringt nämlich beim Lachen nach Hals, Kopf, den Lungen und dem Herzen, und wenn dieses im Uebermaß und zu gewaltsam geschieht, so können allerdings sehr schlimme Folgen daraus entstehen; es kann eine Brust- oder Kopfader springen, man kann sich eine Zwerchfellentzündung, einen Bruch oder Kropf lachen oder die Kinnbacken aussetzen."[294]
  „Illustrirtes Lexikon der gesammten Wirtschaftskunde. Für alle Stände.", William Löbe, 1854

Dass das Lachen nicht die eigentliche Todesursache ist, wurde zuletzt im Jahr 2013 in einer britischen Studie wissenschaftlich akribisch nachgewiesen. Dabei wurden Berichte über Vorteile oder Schäden durch Lachen beim Menschen aus den Jahren 1946 bis 2013 aus medizinischer Sicht unter die Lupe genommen.[295]

Überraschendes Ergebnis: Es blieb nur ein einziger Fall übrig, bei dem man aus medizinischer Sicht tatsächlich dem Lachen die alleinige „Schuld" am Ableben eines Menschen geben konnte – und selbst bei diesem fühlen wir uns an die meisten historischen Fälle mit „Nebenwirkungen", Vorbelastungen oder Lifestyle-Konsequenzen erinnert, denen wir in diesem Kapitel bereits zuhauf begegnet sind.

Es handelte sich um den Fall einer 50-jährigen Frau, die an Schizophrenie und Herzbeschwerden litt. Die vertraute Geschichte des tragischen Vorfalls: Die Dame hörte einen Witz, lachte darüber und brach tot zusammen.

Das Fazit der Studie: Lachen ist meistens gesund, birgt aber auch Risiken. Zu den identifizierten Gefahren zählen Synkopen (Bewusstlosigkeit aufgrund einer kurzfristigen Unterversorgung des Gehirns mit Sauerstoff), Herz- und Speiseröhrenrisse, Bauchhernien (Weichteilbrüche an schwachen Stellen des Bindegewebes), Asthmaanfälle, Lungenemphyseme (Zerstörung der Lungenbläschen), Kataplexie (Muskelversagen), Kopfschmerzen, Kieferluxation und Belastungsinkontinenz.

Bemerkenswert: Ansteckendem Lachen wird bescheinigt, dass es sich wie eine Infektion verbreiten kann (siehe dazu auch das Kapitel über die Tanganjika-Lachepidemie). Die Empfehlung, wie man dies stoppt, kommt uns nach der COVID 19-Pandemie auch sehr bekannt vor: „*Lachen Sie sich ins Fäustchen!*"

Abschließender augenzwinkernder Kommentar der Studie, die im British Medical Journal veröffentlicht wurde (in Übersetzung): „Lachen ist nicht nur förderlich. Die Schäden, die es verursachen kann, sind unmittelbar und dosisabhängig, wobei die Risiken für unkontrollierbares Lachen am größten sind. Die Nutzen-Schaden-Bilanz fällt aber günstig aus. Es bleibt abzuwarten, ob kranke Witze krank machen oder Witze mit schlechtem Geschmack zu Geschmacksstörungen führen und ob unsere Ansichten über Comedians einer weiteren Prüfung standhalten."[296]

Danksagungen

In Gesellschaft lacht es sich leichter. So lassen sich auch Bücher über das Lachen leichter mit wohlgesinnten, wohlgelaunten und wohlbekannten Menschen schreiben.

Sehr viel Zeit für unser Projekt genommen haben sich *Roman Szeliga* (Gründer der CliniClowns) und *Eva Primavesi* (Public Relations Mastermind der Rote Nasen Clowndoctors International), die wir zu ausführlichen Hintergrundgesprächen persönlich treffen durften.

Speziellen Dank auch an das wundervolle Team des Braumüller-Verlags für die professionelle Kunstfertigkeit, unser buntes Lachwissen auf die Straße bzw. unter die Leute zu bringen.

Und danke natürlich auch an Sie und an all jene, die dieses Buch lesen und damit unsere Arbeit würdigen: Wenn Ihnen danach das Lachen leichter fällt, haben wir unser Ziel erreicht. Dann würden wir uns natürlich auch freuen, wenn Sie unser Buch weiterempfehlen, weiterschenken oder Ihrer Familie, Ihren Freundinnen, Freunden und Bekannten verraten, woher ihr neues geballtes Lachwissen stammt.

Falls Sie uns daran teilhaben lassen wollen, was unser Buch bei Ihnen ausgelöst hat: Wir freuen uns über Feedback unter norbertpeter@hotmail.com und marco.seltenreich@chello.at.

Norbert Peter und Marco Seltenreich, März 2023

Quellenhinweise

Als Autor und Autorin steht man bei jeder Veröffentlichung auf den Schultern von sehr vielen klugen und leidenschaftlichen Menschen, die sich über das Thema Gedanken und Arbeit gemacht und dies auch analog oder digital veröffentlicht haben.

Bei der Recherche für dieses Buch haben wir viele hervorragende Bücher, Artikel und Blogbeiträge gelesen und waren erstaunt und erfreut, dass das Thema Lachen und seine vielen Facetten weltweit so große Aufmerksamkeit genießen.

Wir haben versucht, allen geschätzten Kolleginnen und Kollegen in den Endnoten unseres Buches Respekt und Tribut zu zollen, und bitten um Verzeihung, falls wir angesichts der Fülle an gelesenem Online-Material jemand vergessen haben sollten.

Darüber hinaus wollen wir all jenen, die sich möglicherweise vertiefend mit dem spannenden Thema Lachen beschäftigen wollen, folgende Buchveröffentlichungen ans Herz legen.

Adams, Patch; Mylander, Maureen: Gesundheit. 1997, Zwölf & Zwölf.

Beard, Mary: Das Lachen im Alten Rom. 2016, wbg Philipp von Zabern in Wissenschaftliche Buchgesellschaft (wbg).

Bossart, Yves: Trotzdem lachen: Eine kurze Philosophie des Humors. München, 2022, Karl Blessing Verlag.

Chaplin, Charles: Die Geschichte meines Lebens, Frankfurt am Main, S. Fischer Verlag, 1954.

Chaplin, Laura: Lachen ist der erste Schritt zum Glück. 2016, Hoffmann und Campe Verlag.

Eco, Umberto: Der Name der Rose. München, Hanser Verlag, 1982.

Hansmeier, Katrin; Ullmann, Eva: Humor. Das Manifest für verzögerte Schlagfertigkeit. Leipzig, 2020, 2. Aufl., Deutsches Institut für Humor.

Heckl, Reiner W.: Das lachende Gehirn. Stuttgart, 2019, Schattauer Verlag.

Müller, Christoph (Hrsg.): HumorCare. Das Heiterkeitsbuch für Pflege- und Gesundheitsberufe. 2019, Hogrefe Verlag, Bern.

Schönhusen, Helge: Der Bauplan des Humors. Berlin, selbstverlegt, 2016.

Szeliga, Roman F.: Frustschutzmittel. Zürich, Midas Management, 2015.

Szeliga, Roman F.: Erst der Spaß, dann das Vergnügen. München, Kösel Verlag, 2011.

Szeliga, Roman F.: Hirn mit Herz hat Hand und Fuss. Wie Humor und gute Gefühle ihr Leben verändern. 2020, Amalthea Verlag.

Titze, Michael; Rößler, Silvia: Das Lachen. Ein theoretischer und praktischer Überblick. Tuttlingen 2020, HCD-Verlag.

Trumble, Angus: A Brief History of the Smile. 2004, Basic Books.

Trybek, Michael: schöön!, erfolgreich scheitern, leichter leben. 2010, Edition Trybek.

Zimmer, Claudia Madeleine: Lachen: 3 x täglich. Humor in Gesundheitsberufen. Berlin Heidelberg, 2013, 2. Aufl., Springer Medizin.

Endnoten

1 Juvenal: Zehnte Satire, Vers 356.

2 Ebd.

3 Brutsche, Martin: Lachen gegen Lungenkrankheiten. Universität Basel: Das Wissenschaftsmagazin (Humor 03/2011). https://www.unibas.ch/de/Aktuell/Uni-Nova/Uni-Nova-118/Uni-Nova-118-Lungenkrankheiten.html

4 Lungenärzte im Netz: Auch Lachen kann Asthma auslösen. (2005, 29.05.) https://www.lungenaerzte-im-netz.de/news-archiv/meldung/article/auch-lachen-kann-asthma-ausloesen/

5 Ebd.

6 Clifford, Christine: „Not Now ... I'm Having A No Hair Day. Humor & Healing for People with Cancer". University of Minnesota Press, 1996.

7 Clifford, Christine: „Our Family Has Cancer Too". University of Minnesota Press, 1998.

8 360 Grad - GEO Reportage: Die Suche nach dem Glück: Die Kraft des Lachens. Ein Film von Ludo Graham. Erstausstrahlung am 12.10.1999. https://www.youtube.com/watch?v=TCOpr5a6tAY

9 Ebd.

10 Ebd.

11 Cousins, Norman: „Anatomy Of An Illness As Perceived By The Patient" Norton & Company. New York, 1979.

12 Titze, Michael: Humor und Lachen: Spekulationen, Theorien und Ergebnisse der Lachforschung. (1988, 1.4.) http://www.michael-titze.de/content/de/texte_de/text_d_25.html

13 Tan, Stanley A.; Tan, Linda G.; Lukman, Sharon T.; Berk, Lee S.: Humor, as an adjunct therapy in cardiac rehabilitation, attenuates catecholamines and myocardial infarction recurrence. Adv Mind Body Med. 2007/Winter; 22(3-4), S. 8-12.

14 Deutsche Gesellschaft für Endokrinologie: Lachen ist gesund – jetzt auch wissenschaftlich belegt. Heiterkeit für Diabetiker beste Zusatzmedizin. (2009, 7.5.) https://www.endokrinologie.net/pressemitteilungen-archiv/090507.php

15 Miller, M.; Mangano, C.; Park,Y.; Goel R.; u. a.: Impact of cinematic viewing on endothelial function. In: Heart, Vol. 92 (2). https://heart.bmj.com/content/92/2/261

16 Everschor, Franz: Der Soldat James Ryan. https://www.filmdienst.de/film/details/509352/der-soldat-james-ryan#filmkritik. Die Katholische Filmkommission für Deutschland ist Herausgeberin des Portals www.filmdienst.de.

17 Ebd.

18 Jekubzik, Günter H.: Kingpin. https://www.filmdienst.de/film/details/68626/kingpin

19 Cinema 11/1996. https://de.wikipedia.org/wiki/Kingpin_(Film)

20 Lachen erweitert die Blutgefäße. (2005, 8.3.) https://sciencev1.orf.at/news/133269.html

21 Samson, Andrea; Wattendorf, Elise: Warum lachen Sie eigentlich? In: Dossier, Universitas, Das Wissenschaftsmagazin der Universität Freiburg. (2019/20, 02.) https://www.unifr.ch/universitas/de/ausgaben/2019-2020/spielen/warum-lachen-sie-eigentlich.html

22 Ebd.

23 Ebd.

24 Ebd.

25 Wenn lachen unkontrollierbar ist. (2022, 13.10.) https://science.orf.at/stories/3215554/
Originalpaper: Westermann, B.; Lotze, M.; Varra, L. u. a.:
When laughter arrests speech: fMRI-based evidence. (2022, 21.9.) https://doi.org/10.1098/rstb.2021.0182

26 Warum die Marsmission einen Clown braucht. (2019, 21.2.) https://www.mdr.de/wissen/wer-muss-ins-perfekte-raumfahrt-team-100.html

27 Lessiak, Katharin: Gesundheitsclownerie wirkt. https://www.rotenasen.at/humor-wissenschaft/gesundheitsclownerie-wirkt/

28 Bürger, Andrea; Cordes, Charlotte: Michael Christensen. http://www.humorcare.com/humorcare-ev/mitglieder/michael-christensen.php

29 Lachen ist die beste Medizin! https://cliniclowns.at/ueber-uns/

30 Hirschhausen, Eckhart: Lachen ist die beste Medizin. https://www.humorhilftheilen.de

31 Dachverband Clowns in Medizin und Pflege Deutschland e.V. https://www.dachverband-clowns.de

32 Die Traumdoktoren. https://theodora.ch/de/die-traumdoktoren/

33 Clowns ohne Grenzen. https://clownsohnegrenzen.org/

34 360 Grad - GEO Reportage: Die Macht des Lachens. (1999, 12.10.) https://www.youtube.com/watch?v=TCOpr5a6tAY

35 Ebd.

36 Lachyoga-Kauderwelsch: https://lachclub.info/lachyoga-kauderwelsch/

37 360 Grad - GEO Reportage: Die Macht des Lachens. (1999, 12.10.) https://www.youtube.com/watch?v=TCOpr5a6tAY

38 Ebd.

39 Kataria, Madan: Lauthter Yoga For Health and Happiness. https://laughteryoga.org

40 Michael Titze: Therapeutischer Humor. Grundlagen und Anwendungen. Fischer, Frankfurt/Main 4. Aufl. 2003.

41 Wiseman, Richard: Laughlab. http://www.laughlab.co.uk/

42 Ebd.

43 Michael Rosie: Rhetorik ist keine Kunst. https://www.youtube.com/watch?v=o2_e2I_uqvw

44 Ebd.

45 Duchenne-Lächeln. In: Dorsch Lexikon der Psychologie. https://dorsch.hogrefe.com/stichwort/duchenne-laecheln

46 Kupferschmied, Kai: Das Geheimnis des Lächelns. (2011, 2.9.): https://www.tagesspiegel.de/wissen/das-geheimnis-des-lachelns-1985566.html?fbclid=IwAR1wN2m2S2-281v3t_yFEDkEtyNTwaGns-cKH0vY4hlv2O9Q9nzU08rcvTc8
Niedenthal, Paula M; Mermillod, Martial; Maringer, Marcus; Hess, Ursula: The Simulation of Smiles (SIMS) model: Embodied simulation and the meaning of facial expression. (2010, 12.) https://pubmed.ncbi.nlm.nih.gov/21211115/

47 Jiménez, Fanny: Ansteckendes Lächeln. (2016, 12.2.) https://www.welt.de/print/die_welt/wissen/article152147200/Ansteckendes-Laecheln.html

48 Bryant, Gregory A.; Fessler, Daniel; Fusaroli, Riccardo; Zhou, Yi: Detecting Affiliation in Colaugther across 24 Societies. (2016, 11.4.) https://www.pnas.org/doi/full/10.1073/pnas.1524993113
erwähnt in: Obermüller, Eva: Freunde am Lachen erkennen. (2016, 12.4.) https://science.orf.at/v2/stories/2767979/

49 Titze, Michael: Der „Pinocchio-Komplex". http://michael-titze.de/content/de/texte_de/text_d_36.html

50 Ebd.

51 Website von HumorCare, Deutschland – Österreich. http://www.humorcare.com/humorcare-ev/satzung/index.php

52 Bolten, Götz: Lachen. (2020, 24.) https://www.planet-wissen.de/gesellschaft/psychologie/lachen/index.html

53 McGhee, Paul E.: Humor: Its Origin and Development. San Francisco, W. H. Freeman & Co, 1979. Aus einer Zusammenfassung von Karen Seidler (vormals Klein). https://humorinstitut.de/kila/McGhee-Humor-Ursprung-und-Entwicklung.pdf

54 Ebd.

55 Pathologisches Lachen - Nicht immer ist Lachen ein gutes Zeichen. Arbeitskreis Krankenversicherung. https://arbeitskreis-krankenversicherungen.de/pathologisches-lachen-nicht-immer-ist-lachen-ein-gutes-zeichen-26372/
Deppe, Kerstin; Nickels, Lothar: Lachen - Humor und Psyche. 2020, https://www.planet-wissen.de/gesellschaft/psychologie/lachen/pwiehumorundpsyche100.html

56 Ebd.

57 Sind Helge-Schneider-Fans intelligenter als Flachwitz-Anhänger? In: SRF Wissen, Humorforschung. (2022, 14.6.) https://www.srf.ch/wissen/mensch/humorforschung-sind-helge-schneider-fans-intelligenter-als-flachwitz-anhaenger

58 Ebd.

59 Ebd.

60 Ebd.

61 Ebd.

62 Darwin, Charles: Der Ausdruck der Gemüthsbewegungen bei dem Menschen und den Thieren. Schweizerbart'sche Verlagshandlung E. Koch, Stuttgart, 1872. (Orig.: The Expression of the Emotions in Man and Animals, 1872)

63 Acoustical Society of Amerika: How do babies laugh? Like chimps! https://www.sciencedaily.com/releases/2018/11/181107130301.htm

64 Rohling, Hendrick: Kitzeln – Das Rätsel um den Witz unseres Körpers. (2015, 22.10.) https://www.welt.de/wissenschaft/article147906267/Kitzeln-Das-Raetsel-um-den-Witz-unseres-Koerpers.html
Originalpaper: Ali, Jannath Begum; Spence, Charles; Bremner, Andrew J.: Human infants' ability to perceive touch in external space develops postnatally. In: Current Biology, 2015; Vol. 25 (20), S. 978 f.
https://www.sciencedirect.com/science/article/pii/S0960982215010714

65 Babylächeln macht Mütter high. (2021, 16.4.) https://www.swissmom.ch/de/baby/alltag-mit-baby/babylaecheln-macht-muetter-high-12457
Originalpaper: Strathearn, Lane; Li, Jian; Fonagy, Peter; Montague, P Read: What's in a smile? Maternal brain responses to infant facial cues. In: Pediatrics 2008 Jul;122(1):40-51. https://pubmed.ncbi.nlm.nih.gov/18595985/

66 Smile-Markeover. Jürgen Klopp: Neue Zähne, neues Lachen. GQ- Magazin. (2017, 7.12.)
https://www.gq-magazin.de/mode-stil/pflege/juergen-klopp-zaehne-171207

67 Krutschnitt, Christine: Das strahlende Lächeln von Hollywood. (2008, 8.10.) https://www.stern.de/gesundheit/zaehne/zahnkosmetik-das-strahlende-laecheln-von-hollywood-3760982.html

68 Brits "smile shy" says Bupa. (2017, 6.1.) https://www.dentalreview.news/dentistry/19-dental-health-hygiene/1755-brits-smile-shy-says-bupa

69 Wikinger feilten und färbten sich die Zähne. (2006, 17.1.) https://www.derstandard.at/story/2299546/wikinger-feilten-und-faerbten-sich-die-zaehne

70 Ohaguro. https://de.wikipedia.org/wiki/Ohaguro

71 Betelnuss Kauen: Was steckt hinter dem beliebten Rausch? Indojunkie – on the road & inside Indonesia. (2022, 4.1.) https://indojunkie.com/betelnuss-indonesien-papua/

72 Wallace, Elisabeth: Mark Twain and the Happy Island. A.C. McClurg & Company, 1913. http://www.twainquotes.com/Photographs.html.

73 Watch The Birdie! Smile for me toys. http://www.smileformetoys.com/watch-the-birdie.html

74 Buch, Marco: Life is a trip, 'Say Cheese!' worldwide – Get everyone to smile! (2016, 7.7.) https://life-is-a-trip.com/en/say-cheese-worldwide/

75 Bundesministerium für Inneres: Passbild-Kriterien. https://www.bmi.gv.at/607/files/Passbild_Kriterien_2022.pdf

76 Homepage Günther Lainer: https://www.guentherlainer.at

77 Homepage Roman Szeliga: https://www.roman-szeliga.com

78 Homepage Nadja Maleh: https://nadjamaleh.com

79 Homepage Ronny Tekal: https://www.ronnytekal.com

80 Homepage Michael Trybek: https://www.michaeltrybek.com

81 Homepage Isabel Meili: https://www.isabelmeili.com

82 'OK boomer': millennial MP responds to heckler in New Zealand parliament. (Video) In: Guardian News, 5. November 2019. https://www.youtube.com/watch?v=OxJsPXrEqCI

83 Kalenderdatum. https://de.wikipedia.org/wiki/Kalenderdatum

84 Erste E-Mail erreichte Deutschland vor 30 Jahren. (2014) https://www.kit.edu/kit/pi_2014_15510.php

85 Die E-Mail ein Auslaufmodell? (2016, 7.3.) https://www.srf.ch/news/panorama/die-e-mail-ein-auslaufmodell

86 Hunt, Paul D.: World Emoji Day 2021: How emoji can help create a more empathetic world, for all of us. (2021, 7.5.) https://blog.adobe.com/en/publish/2021/07/15/global-emoji-trend-report-2021#gs.6984py

87 https://emojis.wiki/de/cowboygesicht/

88 https://emojis.wiki/de/kirschen/

89 https://emojis.wiki/de/umgedrehtes-gesicht/

90 Chris Stokel-Walker, How These Emojis Can Derail Your Career, Juni 2022. https://www.bloomberg.com/news/articles/2022-07-15/fist-bump-or-punch-emoji-mishaps-can-cause-confusion-at-work#xj4y7vzkg

91 Geier, Manfred: Worüber kluge Menschen lachen. Rororo, Reinbek bei Hamburg. 2007, S. 34f.

92 Ebd., S. 32f.

93 Umberto Eco: Lachen gotteslästerlich (2013, 24.3.) https://www.diepresse.com/1379816/umberto-eco-lachen-gottelaesterlich Eco, Umberto: Der Name der Rose, Übersetzung v. Burkhart Kroeber, Verlag Hanser, München. 1982.

94 Geier, Manfred: Worüber kluge Menschen lachen. Rororo, Reinbek bei Hamburg. 2007, S. 34.

95 Ebd., S. 51.

96 Ebd., S. 51.

97 Ebd., S. 47. Aus: Marcus Tullius Cicero: De Oratore. Über den Redner. Reclam, Stuttgart. 3. Aufl., 1977, S.359.

98 Ebd., S. 48. Aus: Cicero: De oratore. A.a.O. S.377.

99 Geier Manfred: Worüber kluge Menschen lachen. Rororo, Reinbek bei Hamburg. 2007, S. 48. Aus: Aristoteles: Rhetorik (Drittes Buch, Abschnitt II) Stuttgart 1999, S. 177.

100 Ebd., S. 48.

101 Caius Plinius Secundus: Naturalis historia (Naturgeschichte), VIII, 76 (Kap. 31).

102 Ebd., XI, 17, (Kap. 198).

103 Ebd., XXIV, 5, (Kap.164).

104 Ebd., XXXI, 19.

105 Beard, Mary: Das Lachen im Alten Rom – Eine Kulturgeschichte. 2014, S. 39.

106 Ebd. S. 40.

107 Ruiz, Christina: Mona Lisa Style: The Real Value of an Old Master. In: Vanity fair. https://www.vanityfair.com/london/2018/11/mona-lisa-the-real-value-of-an-old-master

108 Lacayo, Richard: Art's Great Whodunit: The Mona Lisa Theft of 1911. (2009, 27.4.) https://content.time.com/time/arts/article/0,8599,1894006,00.html

109 Mona Lisa hinter Zick-Zack-Barrieren. (2020, 5.7.) https://www.zeit.de/news/2020-07/05/mona-lisa-hinter-zick-zack-barrieren

110 Salzburger Forscher enträtseln Mona Lisa. (2010, 17.5.) https://sbgv1.orf.at/stories/443235

Originalpaper: Hutzler, Florian: Mona Lisa's Smile – Perception or Deception? https://www.academia.edu/17646123/Mona_Lisas_Smile_Perception_or_Deception

111 Hilbish, Judy: Napoleon Bonaparte meets Mona Lisa. https://www.judyhilbish.com/works/1048123/napoleon-bonaparte-meets-mona-lisa

112 Hugo, Viktor: Paris Guide par les principaux écrivains et artistes de la France. https://www.abebooks.com/Paris-Guide-principaux-%C3%A9crivains-artistes-France/19934264143/bd

113 Zöllner, Frank: Leonardo Da Vinci, Mona Lisa. Das Porträt der Lisa del Giocondo: Legende und Geschichte. Fischer Taschenbuch Verlag, Frankfurt am Main. 1994, S. 5f.

114 Faszinierende Fakten über Mona Lisa. (2021, 1.3.) https://factandfun.de/5-faszinierende-fakten-ueber-mona-lisa-im-louvre/

115 Das Stendhal Syndrom. https://en.wikipedia.org/wiki/Stendhal_syndrome Originalpaper: Chatzichristodoulou,Maria; Jefferies, Janis; Zerihan, Rachel, eds. (2009). Interfaces of Performance. Ashgate Publishing, Ltd. p. 196.

116 Anschlag auf „Mona Lisa". (2015, 9.9.) In: Focus Online. https://www.focus.de/kultur/kunst/anschlag-auf-mona-lisa-pariser-louvre_id_1797154.html

117 Torten-Attentat auf „Mona Lisa" im Louvre von Schutzscheibe abgewehrt. (2022, 30.5.) https://www.swr.de/swr2/leben-und-gesellschaft/kulturmeldung-tortenwurf-auf-mona-lisa-100.html

118 Mona Lisa war schwanger. (2006, 28.9.) https://www.faz.net/aktuell/gesellschaft/wissenschaft-mona-lisa-war-schwanger-1355248.html

119 War die Mona Lisa Leonardo da Vincis Mutter? (2014, 2.12.) https://de.kino.yahoo.com/nachrichten/war-die-mona-lisa-leonardo-da-vincis-mutter-115213998.html

120 Ist die „Mona Lisa" ein Selbstporträt? (2010, 26.2.) https://www.stern.de/panorama/wissen/mensch/leonardo-da-vinci-ist-die--mona-lisa--ein-selbstportraet--3898638.html

121 Baier, Ute: Forscher entdeckt Mona Lisas Augenbrauen. (2007, 22.10.) https://www.welt.de/kultur/article1287419/Forscher-entdeckt-Mona-Lisas-Augenbrauen.html

122 Dequeker, Jan: De Kunstenaar En De Dokter Anders Kijken Naar Schilderijen. 2010.

123 Zöllner, Frank: Leonardo Da Vinci, Mona Lisa. Das Porträt der Lisa del Giocondo: Legende und Geschichte. Fischer Taschenbuch Verlag, Frankfurt am Main. 1994, S. 5f.

124 Scientists dissect Mona Lisa's smile. (2005, 15.12.) https://www.nbcnews.com/id/wbna10484224

125 3-D Scan Illuminates Mona Lisa. (2006, 26.9.) https://www.photonics.com/Articles/3-D_Scan_Illuminates_Mona_Lisa_/a26827

126 Martinez-Conde, Susana: The Neural Seat of the Thatcher Face Illusion. (2015, 24.7.) https://blogs.scientificamerican.com/illusion-chasers/the-neural-seat-of-the-thatcher-face-illusion/

127 Warnender Schock. In: Spiegel Wissenschaft. (1986, 21.12.) https://www.spiegel.de/wissenschaft/warnender-schock-a-f27184aa-0002-0001-0000-000013522434

128 Martyrdom (Crucifixion) of St Peter. https://www.michelangelo.net/martyrdom-of-st-peter/?utm_content=cmp-true

129 Warum wir überall Gesichter sehen. (2017, 12.12.) In: Spiegel Psychologie. https://www.spiegel.de/gesundheit/psychologie/pareidolie-darum-sehen-wir-ueberall-gesichter-a-1182898.html

130 https://www.musixmatch.com/lyrics/Charles-Penrose/The-Laughing-Policeman

131 George W. Johnson. In: The Ragtime Ephemeralist. https://web.archive.org/web/20020414122307/http://home.earthlink.net/~ephemeralist/geowjohnson.html

132 Elvis can't stop laughing. https://www.youtube.com/watch?v=WoqV-FEE1UBY

133 Vincent Price & Michael Jackson's Session for "Thriller". https://www.youtube.com/watch?v=gSip-frDcGM

134 1945 HITS ARCHIVE: Holiday For Strings – Spike Jones. https://www.youtube.com/watch?v=oMhcxNhhGX0

135 Charlie Chaplin: Modern Times (Film) USA. 1936.

136 Zollo, Paul: Behind The Song: "Smile" by Charlie Chaplin with Turner & Parsons, and, most likely, Raksin. https://americansongwriter.com/smile-charlie-chaplin-david-raskin-turner-parsons-behind-the-song/

137 Tidelanders, Houston: The History of the song "Smile". https://houston-tidelanders.org/the-history-of-the-song-smile/

138 Charles Chaplin (Melodie), John Turner& Geoffrey Parsons (Songtext): Smile (Song). 1956 Bourne Co. Music Publishers.

139 https://secondhandsongs.com/work/10911/versions

140 Chaplin, Laura: Lachen ist der erste Schritt zum Glück. 2016.

141 Michael Jackson: Smile. In: Der Bussard. (2021, 16.4.) https://der-bussard.de/2021/04/16/michael-jackson-smile/

142 Michael Jackson – Billie Jean Ending Dance – Smile. https://www.youtube.com/watch?v=l8FB29-Sw0Y

143 Chesire Cat. https://de.wikipedia.org/wiki/Cheshire_Cat

144 Wienerwald (Restaurant). https://de.wikipedia.org/wiki/Wienerwald_(Restaurant)

145 Kaiser, Florian: Ein Nürnberger Lachen für 1000 Mark. (2008, 3.5.) https://web.archive.org/web/20141205191908/http://www.nordbayern.de/nuernberger-zeitung/ein-nurnberger-lachen-fur-1000-mark-1.941887

146 Walter Thiele (Erfinder). https://de.wikipedia.org/wiki/Walter_Thiele_

147 Einen Scherz will er sich machen. In: Wiener Zeitung. (2014, 19.1.) https://www.wienerzeitung.at/magazine/wiener_journal/600296_Einen-Scherz-will-er-sich-machen.html?em_cnt_page=2

148 Laughter Bag. https://www.mariowiki.com/Laughter_Bag

149 laff box. In: Lexikon der Filmbegriffe. https://filmlexikon.uni-kiel.de/doku.php/l:laffbox-8837

150 Kringiel, Dann: Der Erfinder der Lachkonserve (2019, 20.8.) https://www.spiegel.de/geschichte/fernseh-lacher-laff-box-erfinder-charles-douglass-a-1282574.html

151 https://www.emmys.com/bios/robert-douglass

152 Armer schwarzer Kater. https://de.wikipedia.org/wiki/Armer_schwarzer_Kater

153 Hitoshi Matsumoto presents Documental. https://www.fernsehserien.de/hitoshi-matsumoto-presents-documental

154 Steffes-lay, Friedrich: Millionen Menschen schauen Youtubern dabei zu, wie sie sich Youtube-Videos ansehen – das steckt hinter dem absurden Trend (2020, 16.2.) https://www.businessinsider.de/panorama/millionen-menschen-schauen-youtubern-dabei-zu-wie-sie-sich-youtube-videos-ansehen-das-steckt-hinter-dem-absurden-trend/

155 Platzer, Torben: Reaktion Videos – was steckt dahinter? (2020, 22.6.) https://www.horizont.net/marketing/talkingheads/content-trend-reaktion-videos--was-steckt-dahinter-183726?crefresh=1

156 Why Do Japanese TV Shows Have Little Boxes of Celebrity Reactions? https://www.youtube.com/watch?v=5_nScf0alik

157 Galleta, Jordan: Hexenlachen lernen - so geht's. https://www.helpster.de/hexenlachen-lernen-so-geht-s_122613

158 The Shadow Knows Old Time Radio All Night Long / 12 Hours. https://www.youtube.com/watch?v=D-f0aLuDEkY

159 DeForest, Tim: The Shadow. In: Britannica. https://www.britannica.com/topic/The-Shadow-American-radio-program

160 Hand, David: Snow White and the seven dwarfs. Walt Disney, USA. 1937.

161 Kjeldgaard-Christiansen, Jens: Social Signals and Antisocial Essences: The Function of Evil Laughter in Popular Culture. The Journal of Popular Culture, 2018 (Stangl, 2022).

162 Leni, Paul: The man who laughs (Film) Universal Pictures, USA. 1928.

163 Hugo,Viktor (Hrsg. Carl J. Perl): Der lachende Mann. Bastei-Verlag Lübbe, Bergisch Gladbach 1999.

164 Leni, Paul: The man who laughs. USA. 1928

165 Dozier, William: Batman. USA. 1966-1968.

166 Batman - Surfing. https://www.youtube.com/watch?v=AlusgU-MUZ4

167 Burton, Tim: Batman. USA. 1989.

168 Radomski, Eric; Timm, Bruce: Batman: The Animated Series. USA. 1992-1995.

169 Philips, Todd: Joker. USA, 2019.

170 Hitchcock, Alfred: Psycho. USA. 1960.

171 Myers, Mike: Austin Powers. USA. 1997-2002.

172 Finn, Parker: Smile. USA. 2022.

173 Beard, Mary: Das Lachen im Alten Rom – Eine Kulturgeschichte. 2014, S. 11.

174 Chaplin, Charles: Der große Diktator. USA. 1944.

175 The Tramp and the dictator. https://www.youtube.com/watch?v=VbgfbSruqrk.

176 The little tramp and the great dictator. In: Financial Review. (2003, 26.9.) https://www.afr.com/life-and-luxury/arts-and-culture/the-little-tramp-and-the-great-dictator-20030926-j70ar

177 Der große Diktator (Rede) https://genius.com/Charlie-chaplin-der-groe-diktator-rede-annotated Der Film: https://www.youtube.com/watch?v=xY9_rA2RSsE

178 Kazim, Hasnain: Nicht lachen, Mund halten. (2015, 30.7.) https://www.spiegel.de/politik/ausland/buelent-arinc-tuerkischer-vize-premier-und-frauenfeind-a-1046022.html.

179 Atassi, Mohamed Ali: Wenn sich Puppen gegen den Diktator auflehnen. (2012) https://de.qantara.de/inhalt/kultur-und-widerstand-in-syrien-wenn-sich-puppen-gegen-den-diktator-auflehnen.

180 Bekannter Karikaturist entführt und misshandelt. (2008, 25.11.) https://www.diepresse.com/688258/syrien-bekannter-karikaturist-entfuehrt-und-misshandelt.

181 Christie Davie: Humour and Protest: Jokes under Communism. Cambridge University Press. (2007, 21.11.) https://www.cambridge.org/core/journals/international-review-of-social-history/article/humour-and-protest-jokes-under-communism/126099C7CFD31625B32FFD564937E251

182 The Tramp and the dictator. https://www.youtube.com/watch?v=VbgfbSruqrk.

183 Petitjean, Cécile und Morel, Etienne: “Hahaha”: Laughter as a resource to manage WhatsApp conversations. In: Journal of Pragmatics, Vol. 110, 2017, S. 1-19. https://www.sciencedirect.com/science/article/abs/pii/S0378216616302594

184 Kommunikation auf WhatsApp. “Hahaha” oder “:-D” dient als Signal. (2017, 7.3.) https://www.persoenlich.com/digital/hahaha-oder-d-dient-als-signal

185 Taylor, Adam, LOLGATE: Huge Embarrassment For UK PM David Cameron As It’s Revealed He Didn’t Know What ‘LOL’ Meant. (2012, 11.5.) https://www.businessinsider.com/david-cameron-lol-lots-of-love-rebekah-brooks-2012-5

186 Pearson, Wayne: The origin of LOL. http://pages.cpsc.ucalgary.ca/~crwth/LOL.html

187 Moran, Padraig: In the '80s, this Calgary man invented one of the most common words in internet-speak (2019, 4.9.) https://www.cbc.ca/radio/thecurrent/the-current-for-september-4-2019-1.5269696/in-the-80s-this-calgary-man-invented-one-of-the-most-common-words-in-internet-speak-1.5269807

188 Wang, Yanan: For first time ever, an emoji is crowned Oxford Dictionaries' Word of the Year. (2015, 17.11.) https://www.washingtonpost.com/news/morning-mix/wp/2015/11/17/for-first-time-ever-an-emoji-is-crowned-oxford-dictionaries-word-of-the-year/

189 Magic Voice. https://www.c64-wiki.de/wiki/Magic_Voice

190 Hexen-Lache erschreckt die Alexa-User – so reagiert Amazon. (2018, 8.3.). https://www.stern.de/digital/homeentertainment/alexa-verstoert-mit-gruseligem-lachen---nun-reagiert-amazon-7892034.html

191 Mansholt, Mante: Deshalb sollte uns die Lauscherei von Alexa, Siri und Co. wirklich unheimlich sein. (2018, 12.5.) https://www.stern.de/digital/online/siri--alexa-und-co---deshalb-sollte-uns-die-lauscherei-wirklich-unheimlich-sein-7979740.html

192 Devlin, Hannah: Scientists try to teach robot to laugh at the right time. (2022, 15.9.) https://www.theguardian.com/technology/2022/sep/15/scientists-teach-robot-laugh-right-time-research.
Originalpublikation: Koji Inoue; Divesh Lala; Tatsuya Kawahara: Can a robot laugh with you? Shared laughter generation for empathetic spoken dialogue, Front. Robot. AI, Volume 9. (2022, 15.9.)

193 Erica: 'I want to be more like a human'.
https://www.youtube.com/watch?v=87heidlFqG4&t=121s.

194 Grobe, Max: The Origins of the Smiley Face and How It Became a Counter-Cultural Symbol.
https://www.highsnobiety.com/p/smiley-face-symbol-origins/

195 Crockett, Zachary: The $500m smiley face business. (2022, 8.7.)
https://thehustle.co/who-owns-the-smiley-face/

196 Coldwell, Will: Fifty years and $500m: the happy business of the smiley symbol. In: The Observer. (2022, 25.9.) https://www.theguardian.com/business/2022/sep/25/fifty-years-and-500m-dollars-the-happy-business-of-the-smiley-symbol

197 Grombacher, Welf: Der Grossvater der Smileys verdiente an seiner Erfindung nur 45 Dollar – trotzdem blieb er ein Leben lang positiv. (2021, 10.7.) https://www.tagblatt.ch/leben/wie-der-grossvater-der-emojis-die-welt-zum-lachen-brachte-ld.2161879

198 Sack, Harald: Scott Fahlman and the Origin oft he Emoticons. In: Scihi Blog. (2018, 19.9.) http://scihi.org/scott-fahlman-emoticons/

199 Emoji-Erfinder: „Ich habe ein Häufchen gezeichnet". (2016, 16.12.) https://kurier.at/leben/emoji-erfinder-shigetaka-kurita-vom-weltweiten-erfolg-seiner-bildchen-ueberrascht/236.178.093

200 World's 'oldest smiley emoji' found in Turkey. (2017, 18.7.) https://www.hurriyetdailynews.com/worlds-oldest-smiley-emoji-found-in-turkey-115642

201 Gelbe Gesichter für gute Laune. In: Kirchenzeitung, Ausgabe 08/2020, (2020, 18.2.). https://www.kirchenzeitung.at/site/themen/bewusstleben/gelbe-gesichter-fuer-gute-laune

202 Reiss, Mike; Klickstein, Mathew: Springfield Confidential: Jokes, Secrets, and Outright Lies from a Lifetime Writing for The Simpsons. 2018.

203 Risitas - Las Paelleras (Original video with English Subtitles). https://www.youtube.com/watch?v=WDiB4rtp1qw.

204 Hancock, Jaime Rubio: The Giggles: Andalusian comedian becomes a viral YouTube hit. In: El Pais. (2015, 13.5.) https://english.elpais.com/elpais/2015/03/13/inenglish/1426236832_667094.html

205 Nikias Chryssos: Der Bunker. Deutschland. 2015.

206 Parkinson, Hannah Jane: Apple engineer spoof video: is Spanish Laughing Guy the new Downfall? In: The Guardian. (2015, 13.3.) https://www.theguardian.com/technology/2015/mar/13/apple-macbook-engineer-spoof-el-risitas-spanish-laughing-guy-downfall

207 El Risitas. https://de.wikipedia.org/wiki/El_Risitas

208 Spanischer Komiker El Risitas gestorben. (2021, 29.4.) https://www.spiegel.de/kultur/el-risitas-gestorben-komiker-als-lachender-mann-meme-weltberuehmt-a-4f7d1200-6a1d-4043-ae41-fa0c00eb1def.

209 Annaud, Jean-Jacques: Der Name der Rose (Film). Deutschland, Italien, Frankreich. 1986.
Umberto Eco: Der Name der Rose. (dt. von Burkhart Kroeber). Hanser, München. 1982.

210 Auszug aus „Der Name der Rose“. https://www.youtube.com/watch?v=sg3fWUeAeMU

211 Bernack, Friedrich: Es ist besser zu lachen als sich zu ärgern! Vom Humor in der Bibel. Katholisches Bibelwerk. Stuttgart. 2007.

212 Ebd.

213 Kirchenclownerie – Clownerie in der Kirche und auf der Bühne des Lebens. www.kirchenclownerie.de

214 Albino Luciani: Der lächelnde Papst. (2018, 26.8.) https://www.katholisch.de/artikel/18691-der-33-tage-papst

215 Laughter King. https://londonworldrecords.com/news/worlds-longest-laugh-record-belachew-girma/

216 Fordere die Unmöglichkeit heraus! https://www.impossibility-challenger.de/willkommen/

217 Training mit dem Lachweltmeister. Ein Selbstversuch. https://weltreporter.net/reporterwelt/training-mit-dem-lachweltmeister-ein-selbstversuch/

218 Ebd.

219 Hedemann, Philipp: Lachweltmeister Girma und seine Lachschule. (2012, 13.3.) https://www.welt.de/dieweltbewegen/article13920304/Lachweltmeister-Girma-und-seine-Lachschule.html

220 Rankin, A.M. und Philip P.J.: From the Central African Medical Journal, 1963: An Epidemic of Laughing in the Bukoba District of Tanganyika. (2017, 31.5.) http://rltz.blogspot.com/2007/05/from-central-african-medical-journal.html.

221 Ebd. In besser lesbarer Version: http://rltz.blogspot.com/2007/05/from-central-african-medical-journal.html.

222 Ebd.

223 Ebd.

224 Ebd.

225 Massenhysterie. https://de.wikipedia.org/wiki/Massenhysterie

226 Landrigan, P.J.; Miller, B.: The Arjenyattah epidemic. Home interview data and toxicological aspects. In: The Lancet, 332, 1983, S. 8365–8366.

227 Kringiel, Danny: Bizarre Epidemie: Lachen bis die Ärzte kamen. (2011, 21.9.) https://www.spiegel.de/geschichte/bizarre-epidemie-a-947338.html.

228 Wolf, Jessica: Animals laugh, too. (2021, 13.5.) https://www.universityofcalifornia.edu/news/animals-laugh-too. Das Originalpaper: Sasha L. Winkler & Gregory A. Bryant, Play vocalisations and human laughter: a comparative review, Bioacoustics Vol. 30, 2021.

229 Diese Tiere können lachen. (2022, 27.12.) https://www.br.de/radio/bayern1/lachende-tiere-100.html Das Originalpaper: Sasha L. Winkler & Gregory A. Bryant, Play vocalisations and human laughter: a comparative review, Bioacoustics Vol. 30, 2021.

230 Murata, Kaori u. a.: Increase of tear volume in dogs after reunion with owners is mediated by oxytocin. In: Current Biology Volume 32, Issue 16. (2022, 22.8.) https://www.cell.com/current-biology/fulltext/S0960-9822(22)01132-0

231 Zachos, Elaina: Hunde vermitteln Menschen mit 19 Gesten, was sie wollen (2018, 07.10.) https://www.nationalgeographic.de/wissenschaft/2018/07/hunde-vermitteln-menschen-mit-19-gesten-was-sie-wollen. Originalpaper: Worsley, H.K., O'Hara, S.J. Cross-species referential signalling events in domestic dogs *(Canis familiaris). Anim Cogn* 21, 457–465 (2018) https://doi.org/10.1007/s10071-018-1181-3

232 Gräub, Matthias: Die Liste der Lachenden. In: TierWelt. (2021, 15.09.) https://www.tierwelt.ch/artikel/wildtiere/die-liste-der-lachenden-403948 Das Originalpaper: Sasha L. Winkler & Gregory A. Bryant, Play vocalisations and human laughter: a comparative review, Bioacoustics Vol. 30, 2021.

233 Ebd.

234 Lach-Evolution: Auch Affen werden gerne gekitzelt. (2009, 4.6.) https://www.diepresse.com/484644/lach-evolution-auch-affen-werden-gerne-gekitzelt

235 Ebd.

236 Ross, Marina Davila u. a.: Reconstructing the Evolution of Laughter in Great Apes and Humans. In: Current Biology, Vol. 19 (2009, 14.7.) https://www.sciencedirect.com/science/article/pii/S0960982209011294

237 Lach-Evolution: Auch Affen werden gerne gekitzelt. (2009, 4.6.) https://www.diepresse.com/484644/lach-evolution-auch-affen-werden-gerne-gekitzelt

238 Küpper, Heinz: »Illustriertes Lexikon der deutschen Umgangssprache«, Bd. 1, Stuttgart, 1982 und Röhrich, Lutz: »Das große Lexikon der sprichwörtlichen Redensarten«, Bd. 1., Freiburg u. a., 1992.

239 Is it right to waste helium on party balloons? In: BBC News. (2013, 18.11.) https://www.bbc.com/news/magazine-24903034

240 Weimann, Jörg: Lachgas-Lehrbuch Online. (2014, 18.6.) http://www.lachgas-lehrbuch.de/Grundlagen/Lachgas-Geschichte.php

241 Distickstoffmonoxid. https://de.wikipedia.org/wiki/Distickstoffmonoxid Originalquelle: Hügin, Werner: Anaesthesie. Entdeckung, Fortschritt, Durchbrüche. Editiones ‹Roche›, Basel 1989, S. 11 f.

242 Meichsner, Irene: Visionärer Zahnarzt entdeckte Lachgas als Narkosemittel. (2019, 11.12.) https://www.deutschlandfunk.de/beginn-der-anaesthesie-visionaerer-zahnarzt-entdeckte-100.html

243 Ebd.

244 Ebd.

245 Wells, Horace: Von der Fachwelt ausgebuht. In: Focus online. (2014, 7.9.) https://www.focus.de/wissen/mensch/von-der-fachwelt-ausgebuht-horace-wells_id_2786602.html

246 Ebd.

247 The Nitrous Oxide Experiments of Humphry Davy. In: Public Domain Review. https://publicdomainreview.org/collection/the-nitrous-oxide-experiments-of-humphry-davy

248 Laughing gas sparks ‚epidemic' of youngsters being hospitalised - as doctors warn about dangers of nitrous oxide. In: SkyNews. (2022, 30.8.) https://news.sky.com/story/laughing-gas-sparks-epidemic-of-youngsters-being-hospitalised-as-doctors-warn-about-dangers-of-nitrous-oxide-12685121

249 Rainer Maria Rilke: Sämtliche Werke. Herausgegeben vom Rilke-Archiv in Verbindung mit Ruth Sieber-Rilke, besorgt von Ernst Zinn, Wiesbaden und Frankfurt a.M.: Insel. 1955–1966, Band 6, S.778f.

250 Körber, Hilde: Die Unbekannte aus der Seine (An eine Totenmaske) Vortragslied. https://www.youtube.com/watch?v=HQDH93ThmOo

251 Reinhold Conrad Muschler: Die Unbekannte. Plaut Verlag Wuppertal, 1934.

252 Frank Wisbar, Die Unbekante (Film). Terra Film, Deutschland. 1936. https://www.youtube.com/watch?v=jZRpzJJzjtk.

253 Der gute Film. 1937, Folge 230, S. 7.

254 Taylor, Ashley P.: How a girl's ‚death mask' from the 1800s became the face of CPR dolls. (2020, 16.12.) https://www.livescience.com/cpr-doll-resusci-annie-face.html

255 Hoher Realismus in der simulationsbasierten Lehre. https://laerdal.com

256 Michael Jackson: Bad, Epic Records. 1987.

257 Michael Jackson – Bad 25 (Full Documentary.) https://www.youtube.com/watch?v=XWDuLFDmWic.

258 Resusci Anne and L'Inconnue: The Mona Lisa of the Seine In: BBC News. (2013, 16.10.) https://www.bbc.com/news/magazine-24534069

259 Ebd.

260 Bronfen, Elisabeth: Nur über ihre Leiche: Tod, Weiblichkeit und Ästhetik. Königshausen u. Neumann, 2004.

261 Lachhafte Bilder, Sedimente des Komischen in der Kunst der frühen Neuzeit. In: Roland Kanz: Das Komische in der Kunst, Böhlau Verlag, Köln Weimar. 2007, S. 26.. In: Journal für Kunstgeschichte 11, 2007, Heft 4, S. 292. https://journals.ub.uni-heidelberg.de/index.php/jfk/article/view/32790/26491.

262 Pöschl, Heinrich Ernst (Hrsg.): Thusnelda. Zeitschrift zur Bildung und Unterhaltung der Jugend; insbesondere der weiblichen. Band 5. Büreau der Thusnelda. 1841, S. 34.

263 Schweizer, Franz: Wie Philosophen sterben. Bachmaier. 2003.

264 Fassbender, Tom: The joke that killed Martin of Aragon. (2015, 18.5.) https://www.takingontheworld.net/world-travel-blog/spain/the-joke-that-killed-martin-of-aragon

265 Elhassan, Khalid: 10 People Who Laughed Themselves to Death. (2018, 28.7.) https://historycollection.com/10-people-who-laughed-themselves-to-death/7/

266 Thomas Urquhart. https://www.nndb.com/people/834/000094552/

267 The Untimely Death of Mrs. Fitzherbert. (2005, 3.12.) https://scribal-terror.blogs.com/scribal_terror/2005/12/the_untimely_de.html

268 Wallechinsky, David und Wallace, Amy: The Book Of Lists: The Original Compendium of Curious Information. Canongate Books Ltd. 2005.

269 Lenhossék, Michael: Darstellung des menschlichen Gemüths in seinen Beziehungen zum geistigen und leiblichen Leben. Carl Herold, Wien. 1824.

270 Richter, Adolph Friedrich(Red.): Pannonia. Welt- und Zeitgemälde zur Belehrung und Unterhaltung. Band 7, Nr. 14 (1843), S.54.

271 https://www.reddit.com/r/AskHistorians/comments/5nd7un/in_1893_farmer_wesley_parsons_laughed_to_death/

272 Laughter Causes Death. The Argus, Melbourne. 1920, S. 7. https://trove.nla.gov.au/newspaper/article/4577221

273 Died Laughing – Alex Mitchell – The Goodies (1975). https://www.youtube.com/watch?v=T1OZ5qk3zEU

274 https://en.wikipedia.org/wiki/Death_from_laughter

275 10 people who literally died from laughing too hard. (2018) https://unbelievable-facts.com/2017/11/people-who-died-laughing.html

276 The Odd Truth. (2003, 22.8.), https://www.cbsnews.com/news/the-odd-truth-aug-21-2003/

277 Fazal, Imran: 'Grand Masti' laughter gives youth heart attack, dies. (2013, 21.11.) https://www.dnaindia.com/entertainment/report-grand-masti-laughter-gives-youth-heart-attack-dies-1892117

278 Batman: Lächeln, bitte! https://de.wikipedia.org/wiki/Batman:_L%C3%A4cheln,_bitte!

279 Who framed Roger Rabbit – The Weasels Laugh To Death. https://www.youtube.com/watch?v=pCJSkaABFV8

280 Ice Age: Dawn of the Dinosaurs Clip – "The Chasm of Death" (2009). https://www.youtube.com/watch?v=9_d_IECIOyo

281 Little Shop Of Horror – Laughing Death. https://www.youtube.com/watch?v=B4pYSaUQvmQ

282 Mary Poppins (Film). https://ultimatepopculture.fandom.com/wiki/Mary_Poppins_(film)

283 Der tödlichste Witz der Welt. https://de.wikipedia.org/wiki/Der_t%C3%B6dlichste_Witz_der_Welt

284 The Story of a Puppet / XX. https://en.wikisource.org/wiki/The_Story_of_a_Puppet/XX

285 Van Voorhis, Justi: 5 Times The Seinfeld Characters Killed Someone (& 5 Times They Probably Would Have In Real Life). (2021, 3.4.) https://screenrant.com/seinfeld-characters-killed-someone-real-life/

286 Emotionen. https://sims.fandom.com/de/wiki/Emotionen

287 Six Feet Under: "Parallel Play". https://www.avclub.com/six-feet-under-parallel-play-1798180953

288 Kenneth "Kenny" James McCormick. https://de.wikipedia.org/wiki/Figuren_aus_South_Park#Kenneth_%E2%80%9EKenny%E2%80%9C_James_McCormick

289 South Park: Kennys Tod. Staffel 5, Folge 13. https://www.southpark.de/folgen/zb407b/south-park-kennys-tod-staffel-5-ep-13

290 Douglas Adams, Das Leben, das Universum und der ganze Rest. Heyne, 1999.

291 The Mummy (1932 film). https://ultimatepopculture.fandom.com/wiki/The_Mummy_(1932_film)

292 Johann Theodor Jablonski: Allgemeines Lexicon der Künste und Wissenschaften. Hartung, 1748, S. 571.

293 von Lenhossek, Michael: Darstellung des menschlichen Gemüths in seinen Beziehungen zum geistigen und leiblichen Leben: für Ärzte und Nichtärzte höherer Bildung. Band 2, Carl Gerold, 1825, S. 309.

294 Löbe, William: Illustrirtes Lexikon der gesammten Wirtschaftskunde: Für alle Stände. Band 3, O. Wigand, 1854, S. 294.

295 Laughter and MIRTH (Methodical Investigation of Risibility, Therapeutic and Harmful): narrative synthesis. (12/2013) https://www.bmj.com/content/347/bmj.f7274

296 Laughter and MIRTH (Methodical Investigation of Risibility, Therapeutic and Harmful): narrative synthesis, (12/2013) https://www.bmj.com/content/347/bmj.f7274

Datum des letzten Zugriffs auf Online-Quellen: 10.03.2023.

Norbert Peter

Mailbox voll, Akku leer.

Müssen wir jetzt reden?

Sofcover, 184 Seiten,
ISBN 978-3-99100-114-0
€ 19,90

Wiegen die Vorteile der neuen Kommunikationsmöglichkeiten deren Nachteile noch auf? Sie erleichtern uns viele Abläufe, aber um den Preis der Entmündigung. Nicht nur, dass wir an Konzentrationsfähigkeit verlieren, weil die Vielzahl an Abläufen uns überfordert, die Breite an Themen nur durch den Verlust an Tiefe zu bewältigen ist – wir delegieren auch erlernte Fähigkeiten an technische Geräte. Und für die dadurch frei werdenden Kapazitäten gibt es zum Glück YouTube …

Steckt die Menschheit nur temporär in der lustvollen Dauer-Kommunikationsfalle fest oder haben wir es mit einer beunruhigenden Entwicklung zu tun? Norbert Peter zeigt die Komplexität und die Absurdität der modernen, multimedialen Gesellschaft auf – aus satirischem Blickwinkel. Das Lachen bleibt uns dabei aber mehr als einmal im Halse stecken.

Norbert Philipp

Wir reden, noch

Die Kultur des Gesprächs in der digitalen Ära

Sofcover, 304 Seiten,
ISBN 978-3-99100-291-8
€ 19

Die Gesellschaft ist das Produkt von Millionen Gesprächen. Doch heute führt man diese ganz anders als früher. Im Alltag „redet" man zum Großteil digital. Mit Emojis statt mit Empathie. Oft mit Maschinen statt mit Menschen.

Für viele ist das besorgniserregend und verwirrend. Für andere ziemlich effizient und ganz normal. Medienwissenschaftler, Psychologen, Soziologen, Architekten und andere kommen hier zu Wort. Sie erläutern, warum eine Kultur des analogen Gesprächs stärker und nachhaltiger wirkt als jeder digitaler Dialog. Vor allem auf Bindungen, soziale Beziehungen und ganz persönliche Glücksgefühle. Und Experten erklären, was im digitalen Umgang heute zum „guten Ton" gehört, wenn das Smartphone mehr Aufmerksamkeit bekommt als das Gegenüber. Oder wenn man sich regelmäßig zum Video-Chat trifft statt zum Plaudern im Café.

Johanna Schechner
Heidemarie Zürner

Krisen bewältigen
Viktor E. Frankls 10 Thesen
in der Praxis

Sofcover, 344 Seiten,
ISBN 978-3-99100-110-2
€ 19,90

Mobbing, Krankheit, Geldsorgen, der Verlust eines geliebten Menschen: Warum zerbrechen manche Menschen an Schicksalsschlägen, während andere sie scheinbar mühelos überwinden?
Menschen meistern Krisen, wenn sie in ihrem Leben einen Sinn sehen, ist Viktor Frankls Antwort. In ihrem Buch Krisen bewältigen stellen die Expertinnen Johanna Schechner und Heidemarie Zürner die Lehre des österreichischen Neurologen, Psychiaters und Begründers der Logotherapie vor und zeigen, wie sie uns dabei hilft, mit den Herausforderungen des menschlichen Lebens umzugehen. Konkrete Beispiele führen vor, wie jede/r von uns mit Frankls zehn Thesen ihr/sein Leben gestaltend in die Hand nehmen und Probleme überwinden kann. Das praxisorientierte Buch macht die Grundzüge von Frankls Lehre verständlich und nachvollziehbar und bietet in krisenhaften Zeiten wertvolle und taugliche Lebenshilfe.

Bibliografische Information der Deutschen Nationalbibliothek
Die Deutsche Nationalbibliothek verzeichnet diese Publikation in der Deutschen Nationalbibliografie; detaillierte bibliografische Daten sind im Internet über http://dnb.d-nb.de abrufbar.

1. Auflage 2023

Servitengasse 5, A-1090 Wien
www.braumueller.at

Cover: shutterstock/© Khorzhevska
Bildquellen: S. 111, 119, 120, 225: © Wikimedia Commons / Public Domain,
S. 175: Preply (https://preply.com)

Druck: EuroPB, Dělostřelecká 344, CZ 261 01 Příbram
ISBN 978-3-99100-373-1